中国式家族办公室

如何战略性地构建家族资产管理体系

应松◎著

ZHEJIANG UNIVERSITY PRESS
浙江大学出版社
·杭州·

图书在版编目（CIP）数据

中国式家族办公室：如何战略性地构建家族资产管理体系 / 应松著. -- 杭州：浙江大学出版社, 2023.6

ISBN 978-7-308-21947-1

Ⅰ. ①中… Ⅱ. ①应… Ⅲ. ①家族—资产管理—研究 Ⅳ. ①F830.593

中国国家版本馆CIP数据核字(2023)第048819号

中国式家族办公室：如何战略性地构建家族资产管理体系

应　松　著

策　　划　杭州蓝狮子文化创意股份有限公司
责任编辑　黄兆宁
责任校对　卢　川
责任印制　范洪法
封面设计　水玉银文化
出版发行　浙江大学出版社
（杭州市天目山路148号　邮政编码　310007）
（网址：http://www.zjupress.com）
排　　版　杭州真凯文化艺术有限公司
印　　刷　杭州钱江彩色印刷有限公司
开　　本　710mm × 1000mm　1/16
印　　张　23
字　　数　408千
版 印 次　2023年6月第1版　2023年6月第1次印刷
书　　号　ISBN 978-7-308-21947-1
定　　价　128.00元

浙江大学出版社市场运营中心联系方式：（0571）88925591；http://zjdxcbs.tmall.com

推荐序

招商银行发布的《2021中国私人财富报告》显示，2020年中国个人持有的可投资资产规模达到241万亿元，可投资资产规模1000万元以上的高净值人士数量达到262万人，他们人均持有的可投资资产约为3209万元。在中国的民营经济中，亦有不少的家族企业。实现家族资产的保全、保值和增值，日益成为一种市场需求。家族办公室应运而生，并且有望迎来大发展。大家知道创富是非常艰难的，财富的保全和传承其实更加艰难。第一代创业者可能没有预计到传承的艰巨性，觉得这件事可以拖一拖，不用那么着急，但是他们在实践的过程中发现，这件事的难度超出了他们的预期。除了财富保值，家族还面临着家族资产控制权的跨代分配、公司财产与家庭财产的划分等诸多法律问题。单单聘请首席财务官（CFO），难以满足如此多的需求，更难以达成目标。

2015年被称为中国家族办公室发展的元年。在经历了7年的高速发展之后，家族办公室的数量快速上升，但真正规范的家族办公室目前还不多。很多家族办公室的创设者们在创立和发展家族办公室的过程中走入了误区，出现了很多问题。真正的家族办公室一定要站在家族的立场，为家族的传承做一站式的、全面的、科学的规划，从而实现家族传承的目的。

我看好家族办公室行业的长期发展。国内有那么多高净值家族想要实现家族资产的保全、保值和增值，这个市场可以容纳很多家族办公室。越来越多的高净值人士选择用家族办公室来满足家族资产管理与传承的需求，而家族办公室也同样需要专业的理论和内容来支撑其服务。创设一个家族办公室会面临哪些挑战，需要什么资源？如何构建治理结构和团队，如何运营？如何坚持家族办公室的核心价值？中国的实践能借鉴西方的成功经验吗？

应松先生的这本书里蕴藏着许多关于家族办公室创设、经营与发展的实践总结。我拿起这本书没读多久就发现，它与市面上许多讲家族办公室的书很不一样，它包含了大量作者自己的知识创造和心得体会，而不是西方经验和案例的简单搬运。待全部读完之后，我更是对书中体系化地梳理家族办公室创设与家族资产管理的内容印象深刻，譬如：

第二章描述了中国第一批联合家族办公室，其创始人的背景都不一样，有的是第一代企业家，有的是第二代接班人，有的是某领域的专业人士，还有的本身就是做财富管理的。书中对他们各自不同的初心和愿景分别进行了介绍，这对想要了解家族办公室行业的读者来说是非常有益的。因为之前大家了解家族办公室这个行业、学习行业相关知识，都是通过一些外国著作或西方家族案例，对其没有体系化的了解和认知，尤其是对中国的实际情况知之甚少。大家过去听到的绝大多数是愿意对这一行业做介绍的人的只言片语，但是说实在的，这些介绍是不是就能代表整个行业的现状呢？我心里对此也是打个问号的。回想几年前家族办公室这个概念刚刚出现的时候，有很多机构邀请我参加各种行业论坛，但后来慢慢地，我就不再参加了，因为我发现来参加论坛的人其实只代表了家族办公室业务的某个分支，而不是全貌，且有些演讲的内容目的性很强，和真正意义上的家族办公室的概念差得很远。这本书的内容，我认为可以为大家揭开家族办公室神秘的面纱。

从第三章开始，作者无私地分享了优脉家族办公室联盟8年来从0到1的探索，以及从中总结的最佳经验。过去很多人都说要从客户的立场出发，那么到底怎样才能真正做到这一点？其实最关键的一步就是要始终坚持买方定位，从财富管家的角度看待客户实际遇到的问题。作者阐述了家族办公室创设时的法律形式、股权架构、治理结构、作业流程、运营规范等核心问题，这些内容对初创期的家族办公室是很好的参考。作者创立的优脉家族办公室联盟为许多中国市场上初创的家族办公室提供了系统化的创设支持，让这些机构能够快速走上正轨，我觉得这对行业发展有很好的促进作用。因为任何一个新事物都要有慢慢成长的过程，这个过程就像学习的曲线，陡峭而曲折，而且还需要花很多时间、精力来试错和总结。但是前人走过的路，后人没有必要再从头蹚一遍，完全可以借助先驱的智慧和经验。

作者在本书的后面几个章节，将家族办公室涉及的方方面面娓娓道来。从设立运营到信息技术（IT）系统，从客户梳理到品牌建设，从资产管理到家族传承，具体到优脉目前正在使用的筛选原则和打分系统、如何尽调管理人等，这一系列经过实践检验的真知灼见一一呈现出来，引人入胜。我觉得这本书最大的特点就是有很强的实操性，接地气，对于希望在家族资产管理领域工作的人来说，是很有参考价值的。

相信此书对于想转型或者有志从事高端家族财富管理事业的人（也不一定非得是家族办公室，我觉得背后的逻辑是一样的，都是买方定位、以客户需求为中心）而言，是耳目一新的经典佳作，值得细细品读。

中欧国际工商学院金融与会计学教授

芮　萌

2022年4月

序 言

家族资产保值、增值和传承如今已经成为大部分中国（超）高净值人士[①]关注的话题。对拥有巨额财富的人士而言，其重要任务和目标已逐渐转变为：如何使拥有的财富长期保有、持续增值、有效传承、合理使用，以惠及家族成员及社会。

实现这一目标要解决三大问题：第一，拥有的资产如何尽量不被分割？获得财富重要的方式除了创造，还有分割。换位而言，财富拥有者需要对抗他人分割自己财富的风险。第二，如何保证在未来几十年甚至更长时间里资产不会贬值甚至灭失？战争、瘟疫、自然灾害都有可能让某类财富瞬间灰飞烟灭，通货膨胀、经济发展、科技进步、市场竞争等也有可能造成家族资产贬值。第三，如何让家族后人有效使用家族资产，支持和激励家族成员及后代更好地生活和发展？

如果我们回头看全球不同地区高净值人士的家族资产管理之路，会发现成功者身上的共同点：注重规划、及早根据自身情况建立专业性组织而非凭借个人智慧，如企业大亨洛克菲勒在反垄断法、遗产税还没有出来的1882年，就已经开始建设他的金融法律团队，专门研究家族资产管理。这种聘请或建设管理家族资产专业机构的行为是有战略性价值的，它在意识上摒弃了个人英雄主义式的努力打拼，通过分工合作、借助专业资源和组织来实现可持续的财富管理。海内外成熟的经验告诉我们，家族办公室就是这样的组织。

作为家族资产管理领域的从业者，这些年我在工作中不断实践和总结经验，还学习了不少专家学者的著作，也时常与国内外家族办公室行业精英进行深度交流、探讨。这些对我的成长有很大的帮助。在阅读国内出版的关于家族办公室的译著和文章时，我发现其内容大多是百年前欧美大家族的故事，距中国实际情况较远，而海外家族办公室行业的发展进程也和我们国家有巨大差异。在工作中我也体会到，如果直接

---

① 高净值人士一般指资产净值在1000万元以上的个人，超高净值人士一般指资产净值在1亿元以上的个人。这两类人群都是这本书的读者对象，以下不作细分。

照搬海外经验和做法，效果往往适得其反。作为这个行业的一名创业者，为了更好地带领优脉家族办公室联盟（简称优脉）做好家族资产保值、增值和传承相关的工作，我总结了海外家族的底层逻辑，并在此基础上创新实践。

我工作的优脉是2014年设立、专注于家族资产管理的机构，它致力于为家族办公室提供各种资产管理解决方案。在服务各类中国家族办公室的过程中，我感受到中国的家族办公室尚处于初创阶段，很多高净值人士对家族办公室缺乏认知，创设者对于家族办公室的创设、经营、发展等有很多困惑，面临诸多挑战。虽然市面上有很多介绍海外家族办公室的图书，但实操性强、能够贴合中国实际的参考资料却不多。

我和优脉团队在8年时间里服务过上百家中国市场中的家族办公室，曾与不同背景、动因和能力资源的家族办公室创始人沟通交流，了解他们的感受，思考他们的想法，协同解决他们面对的现实问题。这些工作在让优脉及其联盟成员成长的同时，也形成了市场上独有的解决方案——家族办公室创设与运营综合解决方案，包括认知、创设与运营三大部分。

随着时间的推移，高净值人士不断增加，家族办公室的创设需求也越来越大，各种力量都在推动着更多家族办公室的设立和发展。我把这些年的所见所得、所做所思整理成册，希望对我喜爱的家族资产管理领域有所贡献。我不仅想和大家分享中国家族办公室市场先行者的探索和经验，更期盼能够帮助那些想管理好自己家族资产或想建立家族办公室的人，清晰地认知家族办公室的底层逻辑。

这本书的读者，我想有三类人群。

第一类是高净值人士。如果您是一位拥有相当资产的高净值人士或其家族成员，那您就应该是第一读者。因为我相信这本书可以帮助您思考如何管理家族资产，如何战略性地构建您的家族办公室，或者如何选择一家适合您的家族办公室。

第二类是资深的金融专业人士，特别是私人银行家、银行支行长、资深理财师、证券营业部总经理、保险“百万圆桌会议”（MDRT）成员、私募股权投资者（PE）、风险投资者（VC）、证券投资分析师等在金融投资服务领域与客户有长时间专业服务关系和信赖关系的人士。这本书可以帮助您思考人生后半场的发展。通过本书，您或许会发现，一个崭新的，可以充分利用您过去积累的经验、人脉和资源，并能让您更上一层楼的人生机会正在向您招手。

第三类是各种专业服务机构的资深人士，如律师、会计师、税务师、咨询师、移民顾问、企业高管等。虽然您之前不在金融投资领域任职，也未必是超级富豪，对家族办公室这个行业也比较陌生，但您有成功的人生上半场，有切实的生命感悟，有自我再提升及可持续发展的愿景，自己及身边朋友也有财富有效管理的迫切需求，这本书中的内容或许可以帮助您找到人生的“第二曲线”。国际经验表明，成熟市场家族办公室的很多合伙人往往出自这一人群。

本书内容分为三大部分：家族办公室认知、创设和运营发展。

在认知层面，我希望褪去家族办公室的神秘外衣，还原其本来面貌。要认知一个未知的事物，最好从它的起源开始梳理。这一部分在分析大量海内外关于家族办公室的历史性研究资料后，从历史沿革的视角看家族办公室的发展历程，抽取其中的核心定位——买方定位的立场，并以此作为“照妖镜”，教读者学会辨别哪些是真正的家族办公室。

“家族办公室是个‘筐’，什么都能往里装。”很多人说起家族办公室，往往会谈及家族信托、家族文化、家族企业治理等。然而，家族办公室到底是个什么性质的机构？我在本书中着重梳理了家族办公室的业务范畴，并结合专业分析，得出家族办公室是经验型专业服务机构的结论，家族办公室的主要工作是专业咨询和家族资产管理。如果按这个标准去甄别，读者就很容易区分市场上打着家族办公室名头的第三方财富机构、销售机构和真正的家族办公室。

“水稻与稗草”的差别不在外形而在基因，读者理解了家族办公室的上述两个关键基因，就不容易被迷惑，也会知道应该坚持什么。

当然，要创设一个好的家族办公室，只知道基因远远不够。家族办公室这种业态是舶来品，能适应中国的国情吗？过去几年，很多有识之士特别是一些海归人士试图将海外家族办公室的成熟模式搬到中国，但几年下来，经营举步维艰，只能靠资本金度日。我和他们交流了很多，既赞许他们对理念的坚持，也为他们的困境感慨。“橘生淮南则为橘，生于淮北则为枳。”我们在设立家族办公室时，更要考虑如何适应国情，实现可持续发展。在书中，我专门分析了中国的家族办公室生态环境及其与海外成熟地区的差异，试图找出改善的方法，使得“甜美的橘子口味”得以保持。

最近几年，我们总能听到“中国的家族办公室比家族还多”的言论，虽然这是一句笑谈，但也反映出中国家族办公室行业不成熟、良莠不齐的现状。我们需要带着成长的眼光看待这个问题。

在创设部分，我着重分析和分享了不同类型的家族办公室创始人设立家族办公室的“起心动念”、创设规划及成败案例。这部分内容，读者可以根据自身情况选择性地阅读。

在家族办公室运营和发展这一部分，我分别就家族办公室的客户发展与客户关系，品牌建设，咨询业务能力建设，资产保值、增值与传承能力建设，信息管理与运营合规要求等内容进行了实践性的分析。书中很多内容是优脉团队在多年业务实践中的具体做法和心得体会，相信能给大家带来启发。

家族办公室作为家族资产管理的战略性行为，其创设、经营和发展是一个不断实践的过程，今天的经验只能说明今天的认知水平。相信国内家族办公室行业未来一定能获得更多市场的关注，吸引更多人才加入，也一定会有更广阔的发展前景。我会持续在这个领域工作和学习，也期待和大家有更多的沟通交流，与大家一同进步。

优脉家族办公室联盟创始人

应　松

2022年1月

目 录

01 正本清源：家族办公室的商业基因和组织基因

02 中国第一批联合家族办公室创设者的“起心动念”

03 家族办公室的创设规划和落地路径

04 家族办公室的品牌战略和客户关系

05 家族办公室基本功：咨询服务

06 家族资产管理：保值与增值

07 传承首次大考：中国的家族办公室如何破局

08 家族办公室的地基：法律合规、运营与信息系统

01 正本清源：家族办公室的商业基因和组织基因

无论是历史上的大管家、家宰、师爷，还是现代社会的单一与联合家族办公室，其共同特点是以委托人（主人、东家或客户）需求为核心出发点展开工作，所有行为首先体现委托人的利益。他们恪尽职守，受社会动机和成就动机的驱动，追求委托人的利益最大化。

其服务内容或许有所变化，但定位始终明确，即以管家身份基于信赖关系和买方定位服务客户。

中国家族办公室的发展，需要充分借鉴欧美家族办公室的实践经验，其中最重要的是传承其买方定位的核心基因。

家族办公室是经验型专业服务机构，主要工作是“以客户需求为导向的专业咨询服务+以资产管理为核心的专业解决方案”，从而确保家族资产的保值、增值和传承。

家族办公室或涵盖上百项具体业务，如同“1”后面有很多的“0”。创始人首先要明确所有业务类别中只有一件事情是“1”——家族资产管理。一旦忽视这一点，即使其他业务进行得再顺畅，也都可能面临昙花一现的窘境。

发展家族办公室最重要的并非在某些投资领域或专业领域专精，而是具备广阔的视野和长远的眼光，了解人性特质以及各大类资产属性和特征，明了税务和法律政策，洞察客户的真正需求，以此为基础进行有效的资产管理和传承规划，从而实现客户资产长期保值、增值和世代传承的目标。这也是家族资产管理的真正含义，即以人为本、以需求为导向的家族资产管理。

历史沿革背后的商业基因溯源

研究心理学、金融学、管理学的当代复杂科学领域的领军人物迈克尔·莫布森教授在他的《反直觉思考》一书中提出“默认设置”的观点。他认为人们的大部分思考基于大脑的“默认设置”，而且它所使用的是百万年进化形成的“自带软件”。这种思维模式就是直觉思维。书中举了一个例子：一位医生对某种疾病的治愈率只有50%，但每一个来看病的病人总是选择他给自己治疗，因为他总是对病人说“我上一个病人恢复得很好”。这就是我们的思考逻辑：不在乎真实的概率，只考虑对自己有用的信息。家族办公室是财富管理行业的皇冠，很多人因此直观地认为它比私人银行更高一个档次，把它奉为高端金融服务领域。

人们总是在不知不觉中固化某种认知模式并深陷其中。随着中国财富管理市场不断进化及家族办公室概念的兴起，越来越多不同背景的人开始创建家族办公室，有的是金融服务行业的资深人士，有的是其他领域的专业人士，还有的本身就是高净值人士。他们的想法也各式各样：有的关注全面的家族服务，有的只关注某一项专业服务；有的以保险为核心，有的以资产管理为核心，还有的把投资作为重点工作。在服务家族办公室的过程中，我看到有些办公室在持续发展，有些走了一段时间就消失不见了，还有很多办公室做的和创设者口中说的颇为不同。我也开始更深入地思考家族办公室的本质以及如何创设、发展等相关问题。

我花了不少时间向多位大学教授讨教，也到海外专门拜访成熟的家族办公室，阅读了市场上几乎所有关于家族办公室的图书，参加了不少家族办公室论坛并听取专家的观点。但这些还不足以让我把家族办公室说得十分清楚，因为大量的内容都是欧美几十年前的情况，那些知名家族办公室也与我们的现实情况相距甚远。

在投资领域我们常常讲“第一性原理”，即回到事物的本源探索真谛；中国还有句老话叫“要知道梨子的滋味，最好亲自去尝一下”。2014年开始，在金融行业工作20多年后，我转而专注于家族办公室行业的具体工作，并沉浸其中，不断实践与学习，逐渐对家族资产管理有了更深入的认知，也渐渐参悟了家族办公室行业的真经。

让我们从历史的维度出发，参考家族办公室的历史发展研究成果和当下的政治、经济、文化环境，探究家族办公室的核心。

因主人需求而生：西方大管家和东方家宰

市场上几乎所有关于家族办公室的图书，都将家族办公室的最早起源和雏形追溯至古罗马时期的“大管家”制度，也有很多人提及我国春秋战国时期的“家宰”制度，即富人权贵阶层家中的“管家”。

在马克斯·韦伯的《经济与社会》一书中，我们可以看到这样的场景：典型的罗马大地主大多居住在城市中，热衷于政治活动，他们在乡间的庄园通常交由忠诚的大管家经营。而大管家都是经过挑选和培养的，除了日常生产的管理，还负责主持庄园法庭。

在中国古代，家宰文化同样盛行。据郑玄的《周礼注疏》，“宰谓太宰，宰夫之长也”，“宰”即为古代贵族家中的管家。卿大夫家总管的家宰，有时也被称为“老”或者“家相”。这只是称谓上的不同，并无实质上的差别。

家宰作为卿大夫家内最重要的家臣，参与卿大夫家中包括经济、政治、军事所有事务的决策。

比如充当智囊，保护家主利益。春秋时代，礼崩乐坏，争夺土地、人口的战争频频发生，出奔族灭者不可胜数，卿大夫要想在激烈的斗争中站稳脚跟，必须不断增强自己的实力。家主作为家宰的衣食父母，其荣辱与家宰的命运息息相关。家宰深谙此道，故而在卿大夫扩张土地、抢夺人口、对抗公室的斗争中表现活跃，积极为家主出谋划策。

比如操纵家族内的经济大权。家宰几乎掌管家族内的所有财政收入和支出。《晏子春秋·内篇杂下》载：“进取于君，退得罪于士，身死而财迁于它人，是为宰藏也。”正因为家宰操纵着家族财政大权，所以会发生“栾祁与其老州宾通，几亡室矣”的惨剧。

比如掌管军事、参与战争。如《左传·哀公·哀公十一年》载：“齐为鄎故，国书、高无丕帅师伐我，及清。季孙谓其宰冉求曰：……冉求帅左师，管周父御，樊迟为右。……季氏之甲七千，冉有以武城人三百为己徒卒。老幼守宫，次于雩门之外。”鲁国当权者季孙在孟孙、叔孙两家不愿参加战争的情况下征求其家宰冉求（即冉有，孔子的弟子）的建议，冉求不仅给出建议，而且还亲自率军参与了对齐的战争。

此外，家宰还需要负责管理家族人员的日常生活起居，支配、管理及举荐其他家臣，等等，其职责可谓事无巨细。

不论是古罗马时期的庄园主，还是中国春秋时期以卿大夫为代表的强宗大族，都是足够富裕、拥有强大话语权、掌握了社会主要资源（土地）的阶层。他们需要类似管家的角色，为其提供私密、忠诚的服务。由于需要处理的事务较为烦杂，对服务的品质要求较高，因此他们对管家的专业性要求也很高。

管家角色的出现正是始于以富人权贵阶层为代表的主人需求——这在后世西方经济学家提出的管家理论中亦有所体现：管家理论源于组织社会学和组织心理学提出的一种主人假设，即不是受个人自利动机的驱动，而是出于与委托人目标保持一致的动机。管家理论提出：**恪尽职守、可以信赖和高度组织归属感的管家，其行为具有集体主义倾向，受社会动机和成就动机的驱动，其目标就是要追求主人的利益最大化。**由于管家的利益是整体组织利益的组成部分，其不可能牺牲组织利益来成就个人利益。管家相信，通过为组织努力工作来实现组织福利最大化的目标，进而也能够使其个人达到福利最大化的效用。

我们借助两个有意思的案例，进一步加深对主人需求和管家理论的理解。

一个案例发生在崇尚管家文化的英国。在以庄园经济为背景的电视剧《唐顿庄园》中，管家根据权势关系和社会距离，将所有交际对象分成楼上和楼下两大类。楼上指的是管家的服务对象，即上层贵族；而楼下则是管家的管理对象，即下层仆人。对于楼上贵族来说，管家的默认身份是侍者，这是由他们不平等的权势关系决定的。然而作为一位已经服侍了庄园三代人的老人，管家对于楼上来说更像是一位亲人，这是管家的私密身份。对于楼下仆人来说，他们都要直接对管家负责，管家是其首领，这是管家的默认身份。然而为了保持和谐的人际关系和更好地开展工作，管家有时候要对仆人表现出温和亲近的一面，要给出让整个庄园有序运转的专业意见，这就构成了管家的专业身份。

另一个案例发生在古代中国。从春秋战国到明清时期，大家族一直设有“管家”一职，并且家族成员亦逐步参与其中。在以明清社会为背景的古典名著《红楼梦》中，王熙凤作为显赫的贾府家族成员，肩负“管家”职责——不仅管理贾府的财务，也负责贾府几乎一切家族事务，包括接待亲朋来访、祭祀、节日安排、家族成员聚会等，甚至过问下一代人的教育学习问题——将整个家族打理得井井有条。

虽然以上案例中的家族内部组织与现代家族办公室有诸多不同，但基于主人利益的“管家精神”延续至今，在现代家族办公室中亦有着明显的体现。

我们可以发现，管家角色贯穿了人类社会的农业文明时期，其基于主人需求的主要职能也一直未有大变化，即兼顾大家族的各方面事务。优秀管家的画像（特质）非常清晰：诚实可靠、亲切和善、质朴谦恭、作风正派、恪尽职守，通晓当地的法律和风俗惯例，全心全意维护主人或家族在各方面的权益，并且具备一定的管理经验。但那个时期的管家与现代家族办公室相比，并未强调财富管理，更鲜少涉及资产管理和资产传承职能。

那么，管家的职能是何时开始转向家族资产保值、增值及传承的相关专业事务的？中西方既然都曾出现了家族办公室的雏形——管家，现代家族办公室又为何被称为“舶来品”？

要回答这两个问题，我们应站在更高的维度，从更宽广的视角了解人类文明的演变。

文明演进下的走向：财富管理团队与师爷

从人类文明演进的进程可以发现，16世纪起，西方社会率先从农业文明进化到工业文明，东西方经济发展进程就此拉开距离，财富创造、财富保有的方式和形态大不相同。在工业文明的推动下，西方通过全球扩张和自由贸易政策，经济快速发展，财富迅猛增长，财富不再仅以土地和黄金为核心，通过复杂专业的法律和金融体系建设，股权、债券、商品等金融化资产快速成长，这也使得“大管家”这个角色有了明显的东西方差异。在东方农业文明发展过程中，职业化的师爷（或称幕友）盛行，西方工业文明则催生了以金融、法律专业能力为核心的家族办公室。

东方农业文明发展过程中的师爷角色

师爷是明清——主要是清代——省一级高级衙门、将帅大营以及州县衙门聘请的体制外的参谋、顾问、文秘及其他佐助人员。明清时代的师爷地位很高，据传曾国藩吃饭时师爷不到绝不开席。以明清为背景的历史剧中，师爷更是不可或缺的角色。

师爷的工作职能是辅佐地方长官（家族）处理公务（包括部分私务）。由于事务涉及领域广，师爷的职责也有不同，包括刑名师爷、钱谷师爷、征比师爷、知客师爷、漕粮师爷、河工师爷、军幕师爷等主外型师爷，以及代书师爷、挂号师爷、账房师爷、教读师爷、阅卷师爷、著书师爷等主内型师爷。其中刑名师爷和钱谷师爷是专业度要求最高、最重要的类别。

师爷的3个特点非常明显：第一，师爷是在某个领域拥有特别的知识和经验的人，或法律或钱谷或其他；第二，师爷是买方定位的服务者，雇主付钱雇用他，他要完全站在雇主的角度利用其专业能力为保护雇主的权益而提供服务；第三，师爷是向社会高端人群（城市管理者、家族族长等）提供个性化服务的专业人士，一般情况下只定向服务少数人，不同时向众多陌生客户提供服务。与家宰相比，师爷也有了明显的社会进步，不再是服务主人，而是服务雇主，彼此间是契约关系而不是主仆关系。换言之，专业化的分工、职业化的培养和平等的雇佣关系，是师爷的最大特点，主人从此变成了客户——真正意义上的委托人。

师爷服务于社会上层，圈层小，所以要想得到客户的认可，口碑和品行非常重要。虽然雇主不再是主人而是客户，但是师爷尽心尽力为客户负责任的职业素养却在进一步加强。

西方工业文明发展过程中的用益与信托制度

让我们再将视野转向西方。当今家族资产管理系统建立在现代金融和法律体系之上，但欧美的金融和法律制度也不是一开始就十分成熟的，而是有一个起步和发展的过程。

虽然金融市场起源和发展于欧洲，但现在全球最发达的金融市场却在美国。这和美国建国时的国情很有关系。美国建国时由13个北美殖民地组成，这些殖民地的独立性都很强，因此彼此之间很容易形成分权制衡的行政体制和信用网络。之后，南北战争废除了南方的奴隶制，统一了美国，形成了统一的市场，美国联邦政府的力量得到加强，并统一了全国货币。由于在分权环境下得到充分发展，又在集权中进一步升级，美国的金融业很快就青出于蓝而胜于蓝，国家信用和民间信用并重成了美国金融市场的特色。

信托起源于英国的土地用益（use）制度。土地用益是指土地保有人为他人利益而保有土地的制度，其目的是规避封建土地制度及相关法律。

其中规避的制度之一就是彼时的长子继承制。12世纪末13世纪初，英国确立了以长子继承制为主要特征的普通法继承规则。在此规则下，只有成年长子才享有法定的土地继承权，且在继承土地时还必须向封建领主缴纳高额的土地继承税；如果土地保有人膝下无子，所持有的土地就会被封建领主收回。对于土地保有人来说，一方面希望在死后能够由长子继承土地、避免土地继承税，另一方面又希望其他没有继承权的子女和遗孀的生活有基本保障，因此他们迫切需要一种新的制度来满足这些需求。在当时的英国，由于土地保有人可以将自己保有的土地自由转让给他人，他们找到了变通之道：生前把土地转让给他人（比如信任的朋友）经营管理，获得的收益归转让者本人所有；转让者去世后，该利益则由转让者指定的继承人享有。土地被转让之后不再属于转让者，所以不被列入其遗产范围，无须缴纳土地继承税；利用这种用益制度也规避了长子继承制，可以为其他子女和亲人留下一份财产。

用益制度的施行导致国王和贵族从土地中获得的收入大幅减少，因此当权者极力反对，并制定了《用益法》（*Statute of Uses*）专门针对这一制度。但《用益法》本身存在诸多疏漏，加之此后英国封建体制不断瓦解，《用益法》不但没有实现当权者的目的，还导致了3项用益例外，直接催生了信托制度。

1925年，英国以《财产法》（*The Law of Property Act*）替代了《用益法》。从此，use与trust两词不再有区别，完全统一于信托的概念。这标志着现代信托制度的确立。

现代信托制度的演进和最终形成，最基本的动力源于自由对不自由、资本主义对封建主义、文明对野蛮的抗争。信托制度的出现并不是为了投资和财产增值，而是为了规避法律对财产继承和财富管理的一系列干预和规制，它使用一些方法和技巧，通过一套流程使得家族财富的继承得到保护。

换言之，从用益到信托，都是为了解决遗产继承和财富传承难题而诞生的。

不同国家和地区法律制度下的信托制度

具体到家族信托[①]，其在不同国家和地区的发展由于法律制度和地区经济文化等因素而有所差异。

我们先以英美法系家族信托为例进行分析。

---

① 家族信托，也称个人信托或私人信托，是指财富所有人以个人的名义将财产交给信托机构进行管理，并与信托机构签订信托合同，约定财产的管理方式和分配方式。在欧美，利用家族信托进行财富管理和财富传承是富裕家族广泛采用的方式。

英国是世界上最早使用信托的国家，也是开创了现代信托制度的国家。2000年《受托人法》修订时，对受托人的权利和义务进行了较多修改。比如，受托人用受托财产进行投资、买售土地，雇用代理人和保管人，为信托财产进行保险等，都应尽注意义务。[①]其中还规定了受托人的公平义务、投资义务、对有权利的人分配财产的义务等。另外，还对受托人的权利做了细化，例如，受托人对受托财产的出售权、事务管理的参与权、保险的权利、了结债务的权利、要求补偿的权利、请求法院裁决的权利等。由此，英国信托制度更为完善。不过英国家族信托大多还是传统的个人信托，商业信托较少。但总体来说，家族信托在英国的运用非常广泛，信托观念深入人心。英国的信托制度有很多值得中国借鉴的地方。

美国的信托制度源于英国，但其发展速度远超过英国，应用也更广泛，受托人主体从个人延伸到法人比英国早几十年。由于美国遗产税非常高，很多高净值人士选择家族信托来规避遗产税，这让家族信托在美国快速发展。现代美国信托制度较为完善。例如美国最先确立了“谨慎投资人规则”，要求投资人尽到注意、谨慎、使用特殊技能等义务，很多国家和地区的投资信托沿用此规则。另外，美国颁布了很多详细的信托法律，例如《信托公司准备法》《信托契约法》《投资公司法》《统一信托法》等。《统一信托法》是一部综合性很强的信托法律，在默认规则、受托人义务和受益人权益保护等方面做出了创新性规定，比如对受托人管理权的细化规定、对受托人忠实义务的限制等，规定了受托人的责任。

英美法系信托制度有两个主要特点：

首先，在法律制度方面，信托财产的“双重所有权”[②]性质使得信托制度有更合理的运行基础。

其次，在受托人主体方面，在英美法系国家，家族信托发展初期，受托人基本上都是委托人的律师或与其关系好的朋友。但随着家族信托业务越来越多、发展越来越快，自然人的能力已经不足以管理好家族财产，因此出现了财富管理团队。

我们再以德国和日本为例，了解一下大陆法系家族信托的发展。

---

① 注意义务，又称谨慎义务，该义务要求受托人管理信托事务必须采取合理的谨慎态度。受托人实施具体行为时是否履行了注意义务，是确定其是否需要对由此造成的信托财产损失承担责任的关键。

② 双重所有权，受托人享有名义和法律上的信托财产所有权，对信托财产进行管理和处分，以所有权人身份与第三人进行交易；受益人享有实质上和最终的信托财产所有权，依据信托文件享受信托收益。信托财产的所有权与利益分离、权利主体和利益主体分离的基本原则，充分体现了英美信托制度及信托财产的本质特征，与大陆法系“一物一权”——同一物上不能存在两个以上所有权——的原理迥异。

德国是典型的大陆法系国家。大陆法系的信托法律制度诞生较晚，直到19世纪末，德国才仿照英国和美国等国建立了信托制度。德国对信托的规定分散在很多领域的法律中，有部分甚至在判例中，这也是德国信托制度的一大特色。德国将信托分为个人信托和法人信托。其中个人信托业务可根据委托人的具体需求提供相应的信托服务，有很强的灵活性。家族信托属于个人信托业务，一般用于传承家产、管理遗产、保护家族隐私和慈善等领域。其信托法律关系需要签订信托合同和转移信托财产两个行为才可成立，受托人对信托财产的权利会因信托类型不同而不同。例如：全权信托中受托人享有信托财产的所有权；而代理信托中受托人只承担代理人的责任，对信托财产不享有所有权，该权利还是归属委托人。根据德国信托相关法律规定，受托人的义务包含信托事务管理义务、亲自管理义务、遵守委托人的指示的义务即忠诚义务等。在一些特殊情况下受托人可以违背委托人指示，例如在信托财产可能遭受损失时依照自己的方案去避免等。德国信托制度之所以发展得较为完善，也得益于其特殊的法律制度、大量的判例和法律理论。

日本的信托制度主要受美国的信托制度影响而形成，并且借鉴了一些具体规定。发展至今，日本信托制度融合了其他国家的经济法律特色，越来越完善。日本与信托相关的法律有《信托法》《信托业法》《证券投资信托法》《资产流动化法》等。《信托法》对受托人义务进行了系统性规定，明确了忠实义务等，使得信托基础更为牢固；一系列法律对信托多样性、信托自由度和信托设计等有很积极的影响；另外还规定了受益权、取得请求权等受益人权利，完善了受益权转让规则等。《信托法》使得日本信托制度更加完善，促进了日本信托业的发展。虽然信托制度在家族传承观念根深蒂固的日本属于舶来品，但随着商事信托发挥其在家族传承和企业管理等方面的优势，传统的传承思维逐渐被打破。再加上日本老龄化、少子化问题严重，未来一定会有越来越多的富豪和高净值家族使用信托产品，以达到长久发展家族和稳定财富等目的。

总而言之，随着科技的发展和应用，社会财富大规模增长，财富管理的重要性和挑战性日益凸显。人们对资产有效配置、长期保值增值以及传承的专业性要求也变得越来越高，需要更多金融、法律、财税方面的专家来帮助家族进行财富管理。过去的“大管家”已不足以承担这些职责，具备管家定位和特质以及金融、法律专业能力的财富管理团队应运而生。这类团队一开始可能只是家族内部的一个专业团队，而后逐渐发展为商业组织。

工业时代的家族财富和未雨绸缪的家族办公室

最早一批现代家族办公室在欧美诞生。

欧洲是全球高净值家族的发源地之一。一些抓住工业革命机会的大亨和把地皮出售变现后的富有家族将金融专家、法律专家和会计专家等集合在一起，设立管理家族财产的机构，专门研究如何管理和保护家族的财富和商业利益。

大西洋彼岸的美国同样因为工业革命获得了长期的经济繁荣。随之出现的家族“财富管家”，在社会制度的不断完善中，成为现代家族办公室的雏形。

约翰·D.洛克菲勒（John D. Rockefeller）创办的标准石油公司在美国炼油行业占据垄断地位。在反托拉斯的政治氛围下，最高法院裁定标准石油公司为垄断企业，必须拆分。随后，标准石油公司被拆分成6家石油企业，其中一些企业分别是埃克森、美孚、阿莫科和雪佛龙的前身。洛克菲勒本人成为这6家企业的最大单一股东。1913年，洛克菲勒在上述企业的股权估计达到9亿美元。

洛克菲勒家族是全美最早建立财富管理团队的家族。这个团队由几位专职的法律专家和金融专家组成，主要协助打理与家族资产相关的事务。1933年，该团队迁入洛克菲勒广场，这里成为洛克菲勒家族办公室的总办事处。至2020年，洛克菲勒家族办公室作为联合家族办公室不断发展壮大，约有400名员工为洛克菲勒家族及数以百计的非本家族客户服务。

洛克菲勒深知集中管理家族的资产对于直系亲属及后代的意义。他育有3个女儿和1个儿子，他将绝大多数资产（共计2.74亿美元，其中2.5亿美元为石油公司股份）留给儿子小约翰·洛克菲勒。这种将财富留给家族最年长男性的做法在20世纪早期属于惯例，目的在于通过财富延续家族血缘和姓氏。

小约翰·洛克菲勒在1934年罗斯福总统提议增加财富税（即赠与税）之前，成功保护了大部分家族财富，他还为妻子和6个子女制订了一系列代际信托计划，每项价值2000万美元。洛克菲勒家族以这种方式让巨额财富代代相传。

正是因为洛克菲勒家族早就看到了世界变化的趋势，所以他们通过建立家族办公室未雨绸缪，充分考量潜在风险及早规划。在专业团队的支持下，公司即使被多次拆分至38个，也没有影响到家族资产的有效保护和传承。

从这个案例看，家族办公室的本质是站在主人、客户或委托人的视角，帮助他们

解决即将面临的问题。

我们可以进一步总结现代家族办公室的基本特征：家族办公室业态来自欧美，逐步发展成致力于为富有人士及其家族提供全方位的资产管理、财富规划、信托与遗产服务、慈善赠与、家族传承及税务规划综合服务的专业机构。

欧美家族办公室行业的侧重点主要包含3个方面：资产管理、财富传承规划，以及法律和税务规划。

第一是资产管理。身处发达经济体的富裕家族，投资经验和手法相对复杂，资产组合多元化，亦着重分散风险。所以家族办公室扮演的角色不只是内部投资部门，帮助家族做出投资决策，管理独立的家族基金，更应为家族制订适合的解决方案，比如通过各类资产管理人、全球托管人、执行经纪人和其他相关服务供应商提供的服务来实现家族资产抵抗各类风险、保值增值的愿景。

第二是财富传承规划。有一定历史的西方家族通常已通过家族信托、家族“宪法”、家族大会等重要工具实现财富和事业传承的规划。此类高净值家族的家族办公室的主要作用是集中管理和巩固现有结构，并定期进行审查和调整。其他相关功能也包括实现家族内部治理，并向参与内部监理、投资、捐赠等委员会的家族代表及独立专业人士提供适当协助。目前西方高净值家族的大部分成员不再参与家族企业的管理和经营，而是通过有效的传承规划获取相应权益。

第三是法律和税务规划。即处理纳税以及与税务规划有关的各种问题，包括家族成员的个人所得税、投资所得的相关税费，并根据税务规则变化对现有结构做出调整。西方的高净值家族一般关注所在地政府的全球缴税和税务申报义务，以及披露海外资产的要求。家族成员税务身份比较复杂，资产分布广且种类众多，而不同国家对不同主体及客体的税收制度有所不同，制度变化也时常发生，有经验的家族办公室能够较全面地识别可能产生的问题，亦较容易协同税务专家提供更贴合家族需求的税务规划。

目前在欧美的家族办公室运营过程中，由于成本预算、家族目标及人才聘用等因素的影响，在确保有效投资及保护家族隐私的前提下，家族办公室会将部分业务交由其他专业机构打理。整体而言，欧洲的家族办公室比较倾向于自己打理家族业务，大部分服务项目由家族办公室内部机构提供，而美国的外包业务的比例则相对较高。另外，无论在欧洲还是美国，核心业务或者说私密性较强的业务均由家族办公室自身来完成，比如慈善组织、资产管理、家族成员管理等，而房产交易、法律咨询、银行服务、税务服务等专业性很强的非主要业务，则交给外部的专业服务机构来打理。

现代家族办公室简述：单一家族办公室与联合家族办公室

家族办公室按照服务对象基本可以分为两大类：单一家族办公室（single family office，SFO）和联合家族办公室（multi family office，MFO）。

前文中，我们主要以单一家族办公室作为案例来阐述家族办公室的发展历程。但若从家族办公室的创设发展与商业运营角度看，单一家族办公室本身并不一定具有明确的商业利润目标，更多的是为了帮助创始人家族更好地管理资产和家族事务。

单一家族办公室与联合家族办公室的定义与区别

我们先来了解一下单一家族办公室和联合家族办公室的概念及区别。

美国证券交易委员会（SEC）将单一家族办公室定义为“由富有家族设立的法人实体，用以进行财富管理、财富规划，以及为本家族成员提供其他服务”。所以从最纯粹的意义来讲，单一家族办公室管理一个家族的财富，提供个性化服务，家族对其拥有相当程度的控制权。

单一家族办公室的服务对象通常为财产净值在1亿美元以上的家族。国内单一家族办公室的门槛较国际惯例适度放宽，一般要求客户家族资产净值达到3亿～5亿元。一个功能完善的单一家族办公室会参与一个家族的全部或部分投资，作为受托人承担财富规划、资产管理、遗产管理及税务规划事务。

除了上文提到的洛克菲勒家族，许多单一家族办公室也在发挥大管家的作用。如法国传奇富豪、LVMH集团掌门人贝尔纳·阿尔诺（Bernard Arnault）在时尚奢侈品界攻城略地的同时，也利用职业经理人管理的家族控股公司——阿尔诺集团，在非主营业务领域进行多元投资。

与单一家族办公室不同，联合家族办公室为多个家族服务。欧美的联合家族办公室的来源主要有两种：由单一家族办公室接纳其他家族客户转变而来，或者是由私人银行和专业人士设立。

大多数联合家族办公室具有清晰的商业模式，同时出售服务给多个家族，这些家族之间也许并无关联。只有极少数联合家族办公室属于私人性质，仅为少数家族提供专门服务，不对其他家族开放。专业机构家族财富联盟（Family Wealth Alliance）为这种联合家族办公室设定了标准：管理资产总额在5亿美元以上，提供家族资产管理

（咨询）、慈善捐赠顾问、不动产规划等10项核心服务。

目前全球规模最大的联合家族办公室是总部设在瑞士的汇丰银行家族办公室（HSBC Private Wealth Solutions），它管理着297个家族共约1236亿美元的资产（平均每个家族4.2亿美元）。客户平均资产规模最大的联合家族办公室是总部设在瑞士日内瓦的1875 Finance，它管理着3个家族约54亿美元的资产（平均每个家族17亿美元）。

用SWOT模型分析单一家族办公室与联合家族办公室的差异

运用企业战略分析SWOT模型，可以进一步了解单一家族办公室与联合家族办公室的差异，分析家族办公室的发展方向（见表1-1、表1-2）。

近年来，单一家族办公室转为联合家族办公室的趋势愈加明显。如世界上最早建立的洛克菲勒家族办公室，在跨越两个世纪后已发展为一家联合家族办公室，拥有广泛的客户群体，包括来自全球各地的富有个人、家庭、家族办公室和机构投资者。借助联合家族办公室的形式更容易实现规模经济。

再比如贝西默信托。1907年，亨利·菲普斯（Henry Phipps，卡内基钢铁第二大股东）创办了贝西默信托。1974年，贝西默信托开始为其他家族提供服务，成为联合家族办公室。贝西默信托在转型之初只是希望外部客户分担管理费用，但经过几十年的发展，它已是世界头部联合家族办公室之一。官网显示，其资产管理规模超过1000亿美元，服务家族超过2500个。

在现代家族办公室的发源地之一美国，单一家族办公室和联合家族办公室之间已逐渐没有明晰的界限，因为许多单一家族办公室正在制订接班计划或家族办公室战略，准备将全部或大多数服务外包给联合家族办公室平台。随着多数家族办公室的管理费用逐年攀升，利用外部资源精简内部业务、实现精益管理目标，已是大势所趋。有些家族办公室只聘用一到两名专职员工，就能得到银行、会计师事务所、财产规划师、联合家族办公室等众多咨询师和顾问的支持，这种情况并不鲜见。

在欧洲，以英国为代表，联合家族办公室数量增长很快。这些联合家族办公室的类型包括综合型家族办公室、投资型咨询公司、理财咨询公司，以及管家型服务机构。特别是自2008年金融危机后，欧洲人对风险管理更加重视。随着联合家族办公室服务供应商日益增多，一些欧洲的单一家族办公室开始和联合家族办公室合作，以更具成本效益的方式提供多种一次性家族办公室服务。

我们可以看到，有3个因素正驱动着联合家族办公室模式的发展：高净值家族购买家族办公室服务而非创建单一家族办公室的意愿，高净值家族下放财富业务管理权限的期望，以及成为联合家族办公室的客户而非自建综合型单一家族办公室所能节省的成本考虑。

表1–1 单一家族办公室SWOT分析

优点	缺点
控制权 量身定制服务 隐私权和保密性 匹配度和整合度 单一家族办公室之间不存在竞争 资本耐性 财富保全 家族优先	人才吸引力 成本控制 产品服务多样性 运营效率 服务等级的不充分 家族连续性的维系 战略规划的紧迫感
机会	**威胁**
开放式架构 共同投资 一流服务 协商 分担/精简成本 同行交流 单一家族办公室最佳范例信息与研究	管理范围 成本控制 薪酬挑战 世代相传 家族冲突 接班人规划 家族的认同

表1–2 联合家族办公室SWOT分析

优点	缺点
规模 综合型服务 精简高效 整合 资源的广度 顶级人才与留用 集中化数据管理	客户/顾问数量占比 服务规范化 产品服务的获取性 团体思维方式 定制化和个性化
机会	**威胁**
服务更多，成本更低 学习曲线 一站式平台 分担特殊服务的成本 投资经理、产品和研究资源 思想领导力与创新能力	贪大求快 维持密切关系 过度承诺 人才留用和人员流动率 所有权和领导力匹配 企业文化

分析表1–2，就能发现联合家族办公室模式中含有诸多相比单一家族办公室更灵活的优势，这或许是高净值人士及其家族越来越热衷于采用联合家族办公室模式的原因之一。

与单一家族办公室相比，联合家族办公室模式通常专业技能更强，提供多项服务的费用更低。例如，大多数单一家族办公室不会聘用全职专家应对家族多样化、会议主持、家族治理或家族成员教育事宜，而成熟的大型联合家族办公室可能会为此聘请一位或更多的全职专家。此外，拥有专业投资团队的联合家族办公室会聘用多位分析师、研究员、经济学家和投资专业人士，开展各种投资尽职调查。一个联合家族办公室的业务范畴可能大于单一家族办公室的业务范畴。

联合家族办公室为顶级人才提供的薪酬方案可能更为复杂，比如包括底薪和奖金或长期股权的方案。它愿意给员工支付更高的薪酬，但同时需要员工服务更多的客户，付出更多的劳动。此外，联合家族办公室一般会组建客户服务团队，由2~5位或更多的顾问为一个家族提供服务。该团队通常还包含多位经验丰富的资深行业专家、1~2位关系经理以及若干关系管理初级助理。

联合家族办公室能够通过投资建设基础结构、创建商业流程，精简机构的运营模式，来提高运营效率，为客户节省成本。从综合型报告到复杂、安全的文档管理服务，再到安全的家族网站服务，联合家族办公室还可以提供单一家族办公室无法实现的增值服务。

联合家族办公室的顾问可从服务多个家族的经历中积累丰富的经验。由于类似案例较多，联合家族办公室可以制订相应解决方案，帮助各个家族处理相似的复杂事务。对有些家族而言，这是一个巨大的优势，因为很多家族缺少财富和投资管理方面的经验，但却不会考虑聘请咨询师或外部顾问来获得这种专业知识。

最后，从地域特色来看，在以“新富”为代表的亚洲，特别是中国，联合家族办公室正发挥着独特的作用。中国高净值家族之间历来推崇集体协作，内部成员常常聚餐、旅行、休闲，甚至一起投资。这些关系纽带的力量非常强大，朋友或家族成员之间碍于情面，很难拒绝一项投资倡议。而联合家族办公室能够以开放、专业的形式帮助高净值家族选择投资项目，实现联合投资和集中管理，同时还能帮助高净值家族找到业界领先的经理人来主导财富管理活动。

基于此，我在本书中讨论的家族办公室创设与发展相关内容，主要聚焦联合家族办公室这一业态。

中国家族办公室参与者背景中呈现的两个方向

中国的家族办公室市场正处于探索初期，从行业参与者背景看，目前呈现出机构化和市场化两个大方向。

机构化主要是指中外商业银行、投资银行、信托公司、第三方财富管理机构、保险公司、证券公司、律师事务所等机构，在原有业务基础上增加家族办公室业务。其优势是有良好的品牌、机构业务能力和渠道优势；劣势在于卖方思维重，个性化服务能力弱。当然，不同类型机构背景的家族办公室因资源禀赋不同，优劣势及关注点也各有不同。

第一，商业银行的家族办公室业务大多从私人银行业务延伸发展而来，其优势主要在于拥有客户账户，更了解客户状态，且有商业银行强大的品牌效应。作为国家最主要的金融主体，商业银行拥有国家信用背书及有利的资源整合地位，能够为客户提供金融和非金融一揽子服务方案。其劣势也很突出，主要体现在内部有效激励不足，专业化程度有待提升，个性化服务很难在银行体系内形成闭环，且其家族办公室隶属于大型金融机构，是否有足够的服务性、是否能够真正持续地站在客户立场等都有待检验。

第二，以境外的投资银行、私人银行为背景的家族办公室也纷纷进入中国的家族资产管理市场，如摩根大通、瑞士信贷、瑞银集团（UBS）、高盛等。这些机构拥有影响力遍及全球的品牌、体系成熟的各类专业能力和资源，但面临着国际化服务如何在中国落地的问题。在全球化管理下，其业务链条过长、反馈不及时的问题很难解决，在中国在岸市场还有很长的路要走。

第三，信托公司通过家族信托业务服务高净值客户，并为其提供家族办公室服务。国内信托公司过往以固定收益类投资的营业性信托为核心，而随着房地产市场的变化和国家政策的调整，信托公司开始关注家族信托业务，从高净值客户的传承规划入手，结合自身的营业性信托或筛选外部资产管理机构，为客户提供资产管理服务。其优势在于利用信托公司的资本实力、声誉和家族信托管理牌照，延伸出家族资产的各项服务内容。劣势在于此类机构现阶段整体需要为历史买单，缺少客户主账户，缺少综合金融服务能力，且非金融服务能力较弱，大部分机构还没有建立标准化的服务体系和吸引相关专业人才的长效机制。

第四，保险公司的家族办公室业务与信托公司的思路比较接近，主要希望借助强大的品牌和资本优势，通过整合各种高端专业服务资源，更好地服务大客户，最终拓展本身的保险业务。其劣势主要是解决方案比较单一，主要是保险金产品或保险金信托业务。

第五，第三方财富管理机构更关注客户的投资产品配置需求，其优势在于丰富的产品体系和灵活的投资方式。劣势在于其卖产品的商业模式难以转变，且团队专业能力和服务能力比较欠缺，因此，它是否能够完全站在客户立场公正客观地提供资产管理与配置服务，有待时间检验。

第六，以投行和证券公司为背景的家族办公室同样拥有良好的品牌和渠道网络，但其面临的最大难题是：业务定位如何实现卖方向买方的转型，且产品过度集中在二级市场；虽拥有多种牌照，但此类机构业务部门间的分割严重，导致协作成本过高，很难有效整合；当然，没有客户的资金账户也是弱项。因此，如何有效定位家族办公室业务、整合内部专业资源，成为关键。

在这方面，两年多前起步的中金公司环球家族办公室（简称GFO）在资深机构业务专家刘蔓女士带领下的突破性成长，为同行带来诸多启迪。GFO注重服务拥有企业家背景的高净值客户，内部通过协同公司各类专业资源实现“中金一家”。围绕企业家“把企业做得更好”的核心诉求，GFO作为所有“中金服务”的高端流量出口，在管理咨询、投融资、海内外并购、股权资产盘活、一二级联动等关键业务上提供优质服务。同时，通过吸纳人才、开放合作，在家族治理、家族信托、慈善信托等非金融业务上不断突破。此外，刘蔓女士丰富的人生阅历、数十年投行专家经验、热爱慈善公益的特质及资深中金人特有的内部协同能力，也是GFO快速成长的关键要素。

第七，律师事务所以法律架构为切入点，重点关注企业传承中面临的风险。其优势在于客户信赖度比较高，能直观了解客户痛点，给出客观的建议；劣势在于在金融工具的使用和资产管理方面明显专业度不足。

家族企业永续经营与传承是家族资产管理中非常重要的课题，除了投资银行这类金融机构和律师事务所这类法律机构，大学咨询及研究机构也在不断探索这一课题。如浙江大学管理学院博士生导师、教授陈凌带领的企业家学院，在这个领域做出了持续的努力，并有了相当大的收获。

成立于2014年年底的浙江大学企业家学院为处于传承过程中的家族企业提供家族企业传承规划、企业家传记整理和家族文化挖掘，以及家族成员教育三方面的服务。

首先是家族企业传承规划。企业家学院先从系统的角度梳理家族成员之间的关系，理顺家族成员之间的感情，使各家族成员对关心的问题形成初步共识，再理性地看待家族企业的传承和治理问题，然后适时借助外部专业机构的服务和金融、法律、税务等工具，从规则和法律上确保家族传承规划、经营治理、财富管理等方案能够按照家族的既定意愿长久实施下去，实现家族和企业的常青。

其次是企业家传记整理和家族文化挖掘。通过深度访谈参与、见证和听闻了家族变迁和企业成长发展过程的各位家族成员及非家族共同创业者，挖掘、提炼家族文化和家族价值观，帮助家族留下珍贵的家族历史和企业历史材料。在此基础上，通过重点访谈家族企业创始人及其家人、员工、合作伙伴，为家族企业撰写企业家传记。

最后是家族成员教育。针对家族企业在成长和教育方面体现的共性特点设计了家族企业未来领袖成长项目。通过建立家族企业创始人、继承者与外部经理人共同汇聚的学习和交流平台，企业家学院希望新生代家族成员在项目学习中启迪心智、提升领导力、提高思维能力、培养企业家精神、形成独特的个人魅力，成为家族企业的未来领袖，树立起对家族、对企业、对社会的责任感和使命感。

市场化的联合家族办公室的优势在于：买方定位的独立性，它不依附于任何金融机构，具有相应的客观性；它基于客户信赖生存，依靠为客户创造价值而成长；同时这类机构可以让家族成员拥有高参与度，增加了家族资产管理的透明度和参与感。

香港家族办公室协会根据市场化家族办公室中各类专家、顾问不同价值输出方向的倾向性，建议将联合家族办公室分为投资派、产业派、架构派、治理派和文化派。投资派通过金融投资，为家族赚更多的钱；产业派致力于将家族产业发扬光大，做好传承；架构派帮助家族在全球范围内建立最有效率、坚不可摧的架构；治理派通过各种现代制度和科学方法，做好家族和企业治理；文化派则关注在更高的层面建设家族价值观和使命感，从而延续整个家族的生命力。

中国的家族办公室正处于起步阶段，创始人对家族办公室发展有着至关重要的影响。结合创始人的能力背景和初衷、愿景，我把目前中国的市场化家族办公室分为以下3类：

第一类是由企业家创立的家族办公室。具体包括企业家、企业家二代或者企业家其他家族成员。

第二类是由金融专业人士主导创立的家族办公室。具体包括私人银行家、银行支行长、资深理财师、MDRT成员或保险大总监、证券营业部总经理、投行人士、PE/VC、证券投资者等在金融投资服务领域与客户有长时间专业服务关系和信赖关系的人士。

第三类是各种专业服务机构的资深人士创立的家族办公室。具体包括律师、会计师、税务师、咨询师、移民顾问、企业高管等。

2019年，受安中集团[①]邀请，我和一位家族办公室行业的朋友前往澳大利亚考察，在悉尼、墨尔本、阿德莱德与当地的家族办公室合伙人沟通交流。这些家族办公室大都是在20世纪80年代末创设的，创始人的出身各不相同（有银行理财师、侦探甚至工程师等），但现在他们都是资深的家族资产顾问和管理人。他们大多已与客户保持了20多年的关系，向客户提供的服务类别亦相差不大。我在与他们的接触交流中充分感受到了他们的温暖和专业，这样的景象或许在未来的中国家族办公室行业也会出现。

家族办公室的商业基因：买方定位

无论是历史上的大管家、家宰、财富管理团队、师爷，还是现代社会中的单一与联合家族办公室，其共同特点都是以其委托人（主人、东家或客户）的需求为核心展开工作，所有行为首先体现委托人利益。从千年前能够处理一系列繁杂事务的管家，到近代聚焦财富保值、增值和传承的财富管理团队，其服务内容或许有所变化，但始终清晰明确的是管家身份、信赖关系和买方定位。

我认为，中国家族办公室的发展，除了充分学习欧美家族办公室的综合能力和实践经验，更重要的是掌握其买方定位的核心。

联合家族办公室是否能体现与客户利益的一致性，主要可以从3个方面来衡量：

第一，家族办公室的收入来源与客户利益的持续一致性如何？

第二，家族办公室的治理结构及其客户影响力如何？是否有潜在的代理人冲突？

第三，家族客户是不是家族办公室的主要股东或所有权人？

在客户层面，家族既可以选择自己创办并管控家族办公室而成为内部客户，也可以选择加入其他家族办公室而成为外部客户。对于家族而言，家族办公室的治理有两大关键：是否能有效保持家族办公室及其经营者的利益与家族利益的一致性，以及是否对家族办公室的经营管理有重要影响力。

在股东结构层面，家族办公室既可以由一个家族100%持股，也可以由多个家族共同持有，还可以由家族与经理人/金融机构共同持有，抑或由经理人/专业机构持有。

---

① 安中集团：（Azimut Holding，AZM.IM），2004 年在米兰交易所上市。

在治理结构层面，家族办公室的治理结构应能够推动管理者和服务提供者以客户利益为先开展工作。无论是由家族成员担任最高经营者（CEO、总裁或总经理），还是由职业经理人管理，其组织行为都能与客户利益保持一致，并有持续监督和改善的管理机制。

买方与卖方定位的差异，非常直接地体现在家族办公室与私人银行或一般财务管理机构的商业模式上。

私人银行和第三方财富机构的核心商业模式是产品销售，是卖方定位，主要收入来自产品供应商支付的中间费用；家族办公室则是买方定位，主要收入来自所服务客户支付的服务费。

试想，客户把资产委托给一家机构，这家机构的核心收入却不来自客户，客户收益好坏和这家机构也没有直接的利益关系，那怎么保证机构能百分之百站在客户的角度思考问题？

所有商业机构都宣传自己全心全意为客户服务，但透过表象看本质，其基本的商业定位就是金融产品交易与服务平台。在银行体系中经常可以听到一个词——中收（中间业务收入），即业务员向客户成功推荐了一个理财产品后，私人银行获得的产品供应商佣金。

而第三方财富管理机构很难否认以下几个事实：

第一，以快速与客户更多地达成交易为目标，更倾向于向客户推荐自己代理的产品，而对非自身代理的产品"不感冒"（因为不在绩效考核范围内）。

第二，需要规模化的产品。因为在组织管理上，所有产品服务的作业流程都很相近，规模化的产品能够带来更大的收益，所以这类机构更倾向于选择标准化作业流程和服务，培训员工使用有效话术，用一个产品寻找更多客户。

第三，倾向于销售客户易于接受的产品，因此很难平衡产品或交易给自己带来的效益与真正维护客户利益之间的关系。举例来讲，在股市处于市场相对高位的时候，客户发现身边的人似乎都赚了不少钱，也想参与投资股票。这时，一般的财富管理机构会鼓励客户尽快参与。而在股市处于低迷状态时，客户有畏惧心态，财富机构会更多地提供稳健类的理财产品，而非给予客户专业的市场观点和配置建议。它们不是没有专业观点，而是因为这些机构更关注成本效益比，更关注此时什么样的建议可以达成更多交易。

所以，私人银行和第三方财富管理机构就像是百货店或者精品店，它们都属于金融产品交易平台，靠着知名的品牌、雄厚的资本实力招揽天下客人。这些机构即使设立了家族办公室，对高净值人士而言也很难说是获得家族资产管理解决方案的最佳选择。

家族办公室或独立财富办公室的主要收入应当来自客户支付的费用。家族办公室向客户提供咨询服务，收取相应的咨询费或资产管理费，这些费用的支付情况取决于客户对该机构服务的认可程度。

对于产品和服务选择，家族办公室一般不会有偏好，而是以客户需求为导向进行全市场筛选。在公司作业流程上，家族办公室一般比较灵活，由于其主要服务大客户，因此更倾向于根据客户需求定制而非规模化。也正因为客户需管理的资产规模较大，所以其更关注客户长期的真正利益，更愿意坚持专业化意见并进行有效沟通。

真正的家族办公室，首先应该是纯粹买方定位的，秉持管家精神和原则，将家族利益置于最高位置，它是为家族提供有效保值、增值和传承的专业财富管理机构。这是家族办公室的核心基因，是客户区分“李逵”和“李鬼”的最重要原则。

业务认知背后的组织基因测序

关于家族办公室的业务范畴，目前市场上的探讨和研究越来越多，众说纷纭。有人认为是法律服务，有人认为是信托业务，有人认为是资产管理，有人认为是投资，有人认为是家族“宪法”，还有人提出是保险、保险金信托、移民、身份规划或境外资产配置。林林总总，到底什么才是家族办公室业务中最关键的？

家族办公室是个“筐”，什么都能往里装？

在国际上，美国家族办公室行业权威机构Family Office Exchange总结，全球的家族办公室通常提供6种基本服务类型：战略财富管理、投资规划、税务与财务规划、家族传承与领导、慈善赠与，以及信托与遗产服务（见表1–3）。

表1–3　家族办公室服务概况

服务类型	主要内容
战略财富管理	明确财务资源及目标，制定代际财富转移规划，与专业顾问协作，支持信息流
投资规划	提供个性化关注，监督投资业绩，提供综合业绩报告，参与投资经理遴选
税务与财务规划	制定节税战略，监督个人与实体报税单，与客户共同审核个性化理财规划
家族传承与领导	支持战略性长期家族愿景，积极引导、促进并支持家族内各委员会开展工作
慈善赠与	支持家族履行慈善使命，制订个人赠与计划，管理家族基金会行政事务
信托与遗产服务	提供遗产规划建议，制订家族理财计划，支持受托人履行受托责任

成熟家族办公室服务的业务范畴和基本特质

市面上关于家族办公室业务特性总结的图书也很多，其中我最喜欢柯比·罗思普洛克博士（Kirby Rosplock）撰写的《家族办公室完全手册》（线装书局，2017年）。我们以其中常用的3项服务内容来看看成熟家族办公室服务的业务范畴和基本特质。

第一，战略财富管理，即基于家族当代与后代的财富目标制定长期战略规划。这种代际财富规划包括构建治理战略，成立家族董事会/家族委员会，以及为家族提供指导的治理规则，例如家族“宪法”、家族使命声明、家族投资政策声明。规划中可能还包括统筹管理多位家族成员资产、促进家族集体购买力。

第二，投资规划，是家族办公室提供的另一项核心服务，可在其内部实现，也可交由外包首席投资官等投资供应商完成。作为投资咨询服务的一部分，家族办公室还负责资产配置、投资组合创建、投资与经理人员尽职调查、投资政策制定和定期进行业绩报告、基金经理遴选和业绩分析，以及投资流程审核、投资组合的动态监控和再平衡等方面。

第三，运营管理，比如投资记账与财务报告服务。资产集中化管理为许多家族办公室提供了独特视角，同时家族办公室也能借此机会为家族资产集中编制财务报告。很多家族办公室提供合并财务报表，这样家族成员就能根据不同账户和资产类别了解自己所持资产的情况，家族在协调安排合并的资产方面也具有更大的灵活度和战略空间。有的欧美家族就曾将合并资产战略有效用于代际财富集聚与转移。通过合并报表，高净值家族还能共同了解家族财富的总体流入和流出情况，确定财富增长是否达到或超过家族的财富目标。许多联合家族办公室也为客户提供报税服务。有些家族的财富分散在数百个账户、资产类别以及不同的投资类型或工具里，此时，报税将是一项艰巨的任务。很多家族会因为另类投资发布财务报告通常较晚而申请延迟申报所得税。家族办公室可集中、有效整理最新文件，代表客户家族缴纳税费。

总体而言，一个成熟的家族办公室的相关业务类别，旨在帮助家族成员共同管理、保障并增加家族多代人的财富，服务范围包括但不限于税务、财务及合规需求，投资管理、风险管理、遗产规划和信托管理，家族治理与财富转移规划等，在理想状态下还承担家族隔代联系纽带的崇高使命，并基于财富为家族打造持续性与凝聚力。

成熟家族办公室业务背后相关服务的特质

下面，我们来剖析这些业务背后相关服务的特质。

第一，这些服务主要通过咨询和资产管理的方式实现，涉及家族资产保值、增值和有效传承。要提供这些服务，需要家族办公室有能力判断社会、经济、政治、文化大环境，有识别财富管理过程中各类风险的经验，能清晰了解并熟练运用各类法律工具和金融工具。

第二，这些服务基于相关金融及法律制度，需要跨金融、法律、税务等多领域作业，是多领域专业认知的结合。其服务质量与服务具体提供者自身的专业素质休戚相关，专业服务特性明显。

第三，这些服务的落地不是攻坚技术或创新工作。高净值家族的部分需求是相近的，过往作业方法和成功经验具有借鉴意义，因此除了专业知识，服务提供者的经验积累也非常重要。

这些基本特质背后还有着以下共同特点。

第一，面对不同的服务需求者，在不同的时间段或不同的场景中，服务提供者给出的服务内容往往差异巨大，表明这些服务很难被标准化和规模化。

第二，服务内容都不是实体性的产品生产，也不是交换性的贸易服务，而是服务需求者与服务提供者共同努力面对需求点，后者用其深度认知和专业经验帮助前者解决问题。

第三，服务成果是非即时性的，成果大都需要在未来体现。而未来不论成果如何，对已经完成的服务都影响甚微。

第四，这些服务的品质基本超越人们的感官体验，需要靠理性和逻辑去认知。无论未来成果是否符合预期，需求者都无法在当时简单、准确地判断服务内容是否合理。

这些特点使得服务需求者必须对服务提供者足够信赖。因为就解决方案本身的效能而言，服务需求者无法像一般产品购买者那样做出清晰的判断，假若出现问题，所有的损失和压力需要服务需求者自己承担。服务提供者也无法提供成果性的内容，更多的只是展现他们在法律、税务、金融、投资等领域的专业认知、视野、经验及可以付诸实践的资源和能力支持。但这些都是过去且无形的，都是在思想和意识层面对客观世界的认知、对虚拟信念的理解及对客户人生情感和需求的共情，所以，获得服务需求者的真正认可极具挑战性。

基于上述基本特质和共同特点，可以确定家族办公室业务属性的关键词：**服务性、专业性、经验性。**

家族办公室的组织基因：经验型专业服务机构

家族办公室属于经验型专业服务机构。下面我们对这一属性进行拆解，进一步找出家族办公室的组织基因。

服务类机构

该类机构的“产品”即服务，有以下4个特点。

第一，无形性：这是商品和服务之间最基本也是最常被提到的区别，因为服务是由一系列活动所组成的过程，而不是实物。这个过程不能像有形商品那样被看到、感觉到或者触摸到。

第二，异质性：服务是由人所表现出来的一系列行动，且由顾客评价。由于没有两个完全一样的员工，也没有两个完全一样的顾客，所以没有两种完全一致的服务。

第三，同步性：大多数商品是先生产，然后存储、销售和消费；但大部分的服务是先销售，然后同时进行“生产”和“消费”。

第四，易逝性：服务的易逝性是指其不能被储存、转售或者退回的特性。比如一趟有100个座位的航班，如果某天只有80个乘客，航空公司也不可能将剩余的20个座位储存起来留待下一趟航班销售。一个咨询师提供的咨询也无法退货，客户无法重新咨询或者转让给他人。

服务类机构的这4种特性使其在管理和组织结构上与非服务类企业有很大的差别。《服务的奥秘：持续成功的九种驱动力》一书研究了14家已经成熟并且相当成功的劳动密集型企业后得出结论：服务类企业在长期建设中最重要的成功因素是有价值的领导、策略重点、出色的实施、对企业命运的把握、高度信任的关系、慷慨大度、以雇员为本、大企业小经营、品牌培养。只有将这些因素结合起来，才能赢得顾客的满意、经营的创新和企业的成长。这些因素体现在组织结构上，需要企业特别支持文化建设、人才的选育用留、品牌建设及服务创新。

专业服务

专业服务的产业基础是第三产业，发端于率先完成产业升级的发达经济体。和家族办公室一样，严格来说，其也是舶来品。目前，与家族办公室基本服务密切相关的咨询服务、金融服务、法律服务、会计服务等，既是专业服务领域的重要组成部分，也是全世界发展最快的行业之一。

专业服务机构

国外对专业服务的研究始于20世纪八九十年代。其中，专业服务管理大师大卫·梅斯特在《专业服务公司的管理》一书中的精彩观点和研究成果，对于理解同样具备专业服务机构属性的家族办公室而言具有现实意义。

梅斯特教授指出，专业服务公司与一般企业有两个截然不同之处：第一，提供高度定制化的服务，几乎没有所谓的常规做法，甚至没有可靠、通用的管理信息。工业领域和大众消费领域的管理原则不仅不适用，甚至可能适得其反。第二，专业服务高度依赖专业人员的技术水平。

梅斯特基于自己10多年来在20多个国家各类专业服务公司从事顾问工作的经验发现：全球各种类型的专业服务机构，不论是咨询公司、律师事务所还是会计师事务所，不论公司规模大小，也不论来自哪个国家，尽管不同公司的经营理念在文字表述上各式各样，有不同的措辞，但其表达的内容几乎都相同。

第一，为客户提供卓越的服务。

第二，为员工提供一份富有成就感和满足感的职业。

第三，让公司获得良好的经济效益，实现员工回报和公司业务的双增长。

换言之，一家专业服务公司想要生存，必须遵循3个原则：客户满意、员工满意和企业成功。管理一家专业服务公司时，需要在这3个因素之间实现微妙的平衡。

专业服务公司一般根据客户对服务的技术要求难易程度分为3类：**智慧型服务、经验型服务和效率型服务。**

对于**智慧型服务**而言，客户遇到的问题往往是专业或技术领域中最前沿的问题，或者至少可以说，是极其复杂的商业难题。提供这类专业服务的关键要素是创造力、创新意识，以及能在探寻新方案、新概念及新技术的过程中发挥先驱的引领作用。

“您之所以要接受我们的服务，是因为我们的智慧无与伦比。”智慧型服务项目的参与人员通常都是能力极强、所获报酬也极高的专业人士。他们从事的工作难以程序化，每个项目都是“一次性”的。试图用初级人员与顶级专家配合以发挥杠杆作用的机会相当有限。

举个例子：麦肯锡作为典型的智慧型专业服务机构，要解决的一般都是此前尚未得到解答的问题，比如某个国家的某个新兴行业面临的发展问题。这样的工作没有可以遵循的规则和方法，极富创造性。这也是麦肯锡每年从顶级院校招聘大量优秀毕业生的重要原因之一，因为这类人才具备它所看重的创造性思维。

经验型服务虽然也需要按照客户的各种需求量身定制解决方案，但项目的执行过程中所需要的创新意识和创造能力（相对智慧型服务而言）少一些。公司对所需解决问题的本质并不陌生，并且能够借鉴其他类似项目所采取的解决方案。当客户遇到问题时，也会习惯性寻找对解决类似问题具备丰富实践经验的专业服务公司，因此经验型服务机构提供的往往是知识、经验和专业诊断能力。

在提供这类服务时，公司通常会对客户说：“您应该购买我们的服务，因为我们拥有丰富的实践经验，我们知道如何解决这类问题。”经验型服务项目涉及的问题或多或少是公司比较熟悉的，因此至少有部分任务是可以提前预知的，这样公司就容易将问题描述清楚并根据难易程度对人员进行合理分配，让更多的初级员工有机会参与项目。

律师事务所提供的就是典型的经验型专业服务，事务所工作人员知道什么条款更加适合客户，从什么角度处理对客户更加有利。同样，家族办公室也是典型的经验型专业服务机构，一位富有经验的专业顾问知道什么样的解决方案对自己的客户最有利，知道什么情形下客户的真实需求是什么。

效率型服务通常涉及常见的问题，虽然也需要针对客户的特征及需求定制解决方案，但实现客户目标的步骤却是可以按部就班、有序推进的。客户很可能自身有能力和资源来完成这类工作，但为了提高效率或者因为缺乏人手，转而聘请专业服务公司来完成，自己则做其他更重要的事情。

在提供该服务时，公司通常会对客户说：“您应该聘用我们，因为我们更清楚该怎么做，可以高效地帮助您实现预期。”

效率型服务项目一般可以由初级员工完成大部分工作，比如工商登记、财务报税、大学申请等。或许每个有需求的人自己花上一定时间也能搞定，但假若请相关专业机构代劳，往往可以更快走通相关流程，大大节省时间和精力。

家族办公室从大类上属于专业服务机构，进一步细分，则属于经验型专业服务机构。

家族资产管理的大部分问题目前已有成熟的经验和做法，高净值客户也越来越认识到，他们正面临的问题可能其他人也曾面临并成功处理过，所以当其选择服务机构的时候，主要看重该机构在相关领域相似问题上的经验和专业处理能力，只有少数问题涉及创新能力和工作效率。

这就要求家族办公室的核心管理人员是拥有丰富行业经验的专业人士，初级人员可以配合完成工作。

家族办公室与私人银行的差异

家族办公室和私人银行的组织基因相近，均为经验型专业服务机构。那么，二者的差异何在？我们可以通过下面几个方面来区分。

第一，员工差异。

高净值客户希望与有经验的专业人士进行需求上的沟通，这些工作在家族办公室主要由创始合伙人或资深合伙人承担。这些人往往是私人银行或财富公司的资深人士，有丰富的人生阅历和专业经验。而私人银行和财富公司则规模化发展，招聘诸多高素质年轻人，给予系统化的培训，员工经验和经历整体相对浅薄。

第二，品牌建设与客户发展。

家族办公室的品牌口碑及客户发展是随合伙人知识和经验的累积而不断成长的，即家族办公室要通过单独咨询、沙龙、培训、发表媒体文章或出版图书展现经验能力，吸引客户。而私人银行则依赖强大的资本实力、公司品牌、悠久的历史、稀缺产品等吸引客户。在团队架构方面，家族办公室一般不设专门的推广部门，而私人银行往往会建立品牌部、市场部及业务部，由不同岗位的人员协同作业。

第三，业务发展。

在发展业务时，家族办公室会基于既有知识和经验，将业务经验编辑为分析案例，对外宣传公司在相关领域的经验和资源（比如给客户发送信息，邀请客户参与小型讨论会等）。通常，其客户群体相比私人银行更加集中和稳定。私人银行的理财师会以公司品牌实力为核心，向客户提供公司宣传册或产品手册，以公司为背书发展客户，以丰富的产品获得交易机会。

第四，精力分配。

家族办公室合伙人的时间和精力重点放在专业能力提升、现有客户关系加强上，以提升公司效益。而私人银行管理层会倾向增加初级顾问数量，以服务更多潜在客户，组织精力更多分配在人员扩展、人员培养和市场推广方面。私人银行的理财师以KPI（关键绩效指标）为导向，对客户发展和交易推动投入更多精力。

第五，系统和流程。

家族办公室建立信息管理系统是为了更深入地理解客户需求，更好地服务客户；而私人银行建立信息管理系统是为了低成本扩张和有效管理，让所有人员的服务保持在一定水准。

第六，职业发展路径。

私人银行优秀的理财师大多会成为银行管理层或离开银行发展自己的事业，家族办公室的优秀工作人员则不断晋升，直至成为公司合伙人或管理合伙人。

第七，薪酬制度。

家族办公室工作人员的薪酬激励更倾向于长期性，是经验积累导向的，关注客户满意度、资产管理的长期性和稳定性；私人银行或财富公司更倾向于新业务规模，是现实激励导向的。

第八，公司结构。

经验型服务机构往往基于公司的集体智慧和经验，所以这类公司一般不是合伙制，而更倾向于股份所有。当新合伙人或股东加入时，会被要求投入合伙资本或购买股份，这样才能参与决策公司的未来发展。

家族办公室的股东往往是客户和业务合伙人，成长起来的办公室合伙人会期待成为公司的股东；而私人银行的优秀人员很少有机会成为银行的合伙人或股东，私人银行的股东结构比较复杂。

第九，地区发展策略。

家族办公室选择新的地区合伙人并不容易，因为其合伙人更像一个创业者，不仅要是业务高手，还要对经营负责；私人银行选择开设新的分行比较容易，因为靠品牌和资本就能吸引客户和招募人才。

概言之，家族办公室与私人银行相比虽然都是提供财富管理领域专业服务的机构，都会提供资产保值、增值和传承的解决方案，用到的专业工具也很相似，比如资产配置、组合管理等，但家族办公室具有小型化、资深性、专业化的机构特性，在服务客户时更灵活，对合伙人的经验、视野和认知要求更高，更加注重与高净值客户的直接沟通，注重服务的个性化、私密性和品质。而私人银行作为卖方定位的渠道型大型平台机构，更加注重规模和组织扩展性，因此在人员选拔、组织建设方面更倾向工业化作业模式，通过全面、细致的分工和流程管控为客户提供服务。这种模式下，私人银行可以借助资本的力量快速实现业务扩展，但却限制了有丰富经验和高度专业能力人士的工作空间。简言之，家族办公室是典型的经验型专业服务机构，而私人银行或财富公司更像是为客户提供金融产品与服务的高端销售机构。

家族办公室从业务基因看有3个特点——服务性、专业性、经验性；从组织基因看也有3个特点——公司的业务获得靠的是最有经验的专业人士（业务合伙人）而非初级员工；公司的品牌口碑建设依赖专业合伙人的品行、专业和经验；公司的服务依赖集体智慧和经验总结。从这些特点去分析，就比较容易确定一家机构是否为家族办公室或具备有家族办公室的雏形。

家族办公室的第一身份：资产管理解决方案提供者

就我的观察和实践来看，从业务层面出发，成功经营一个家族办公室的最佳选择是聚焦家族资产管理，成为客户资产管理解决方案的提供者。

家族办公室的核心业务

家族办公室具体业务涉猎广泛，创始人需要先明确什么是可以以点带面的核心业务，即明确区分“1”和“0”，哪项业务是“1”，哪些是“0”。我认为，“1”是家族资产管理（见图1-1），因为一旦忽视家族资产管理业务，家族办公室的业务就会转向各类专业咨询服务，在收入及老客户业务的可持续增长上都会面临挑战。

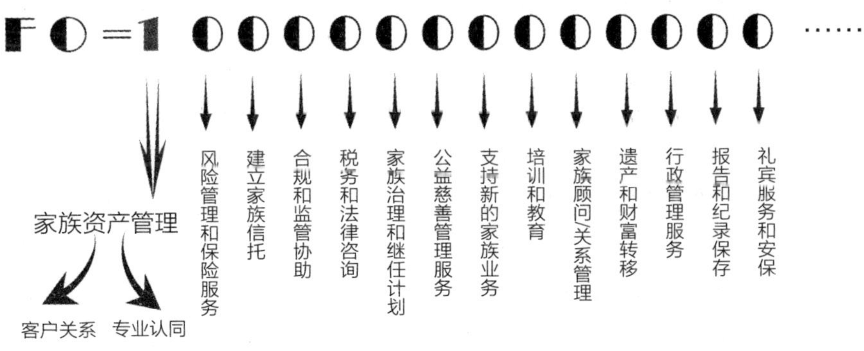

图1-1 家族办公室业务中的“1”和“0”

实践证明，家族资产管理这个“1”能够承担统领各项业务的重任，而想要真正做好家族资产管理，离不开客户关系与专业认同两大基石。

第一大基石：客户关系。

家族办公室在经营中难免遇到这类情况：理论上拥有帮助客户管理上亿甚至数十亿元资产的能力，实际上客户起初愿意托付1000万元资产已是良好开局。资产管理规模从1000万元到数亿元再到数十亿元，是一个信任逐步建立、关系不断深化的过程。

第二大基石：专业认同。

客户之所以愿意将资产托付给一个家族办公室，并非仅出于私交，而是相信其拥有足够的能力、资源、视野、经验、学识等，确实能够帮助自己打理好相关事务，达成自己（家族）的财富管理和传承目标。

客户对家族办公室的专业认同，同样需要在服务中持续积累，比如家族办公室帮助客户规避投资误区，找到稀缺资源/投资机会，在财富规划、资产配置、项目筛选、风控尽调、投资决策、存续管理、传承规划等方面提出解决方案并有效实施，等等。

客户关系和专业认同这两大基石，通常伴随家族资产管理规模的变化而动态调整。在此过程中，家族办公室与客户的关系愈加紧密，客户对家族办公室的专业认同不断提升，家族资产管理得以成为一项可持续增长的业务，其他相关业务的落地顺理成章。

这里需要注意的是，目前中国市场上的许多家族办公室在业务发展中对家族资产管理的相关业务不够重视。这样的机构在未来发展中可能面临巨大的压力，应该引起关注。

很多人会把资产管理能力与投资能力混淆，认为家族办公室的核心能力是投资能力，比如在一级市场上如何找项目、评估项目，以及在二级市场上研究行业板块和择时选股等。事实上，这些都属于投资机构的投资经理必须具备的专业能力，未必是家族办公室的核心。

对于家族办公室而言，比起在某些投资领域做到专精，更重要的是熟悉各大类资产的属性和特征，能够根据客户的需求进行有效的资产配置和管理，从而实现客户资产长期保值、增值和世代传承的目标。

建设与家族资产管理相关的核心能力

如何建设与家族资产管理相关的核心能力？我们需要在以下两个方面着力。

第一，咨询服务先行，主要包含客户需求理解、专业问题咨询及客户关系管理。

第二，资产管理本身，主要是根据客户需求设计并执行有效的资产管理解决方案，接受客户委托帮助客户搭建资产架构、管理资产，实现资产的保值、增值和传承。

核心能力建设是每个家族办公室必须持之以恒加以重视的，该能力所需储备的知识主要包括：商业关系和人际关系建设的底层逻辑和作业方法，海内外各大类资产的基本属性和筛选标准，资产组合与管理的基本逻辑和策略，法律、税务、信托、保险及身份管理相关的知识和能力。

建设家族办公室的家族资产管理能力

相关知识点我会在后续章节详述。在此我们以实操为目的，先明确如何建设家族办公室的家族资产管理能力。

第一，提升充分挖掘和理解客户真实需求的能力。

这是最重要又容易被忽略的一点。很多人甚至一些资深财富管理行业从业者也会忘记"客户需求"和"客户要求"的差异。在资产有效保值、增值、传承方面，客户是非专业的，可能对风险隔离的手段方法缺乏认知，对家族资产长周期保值、增值缺乏专业的策略，也可能由于个人偏好而有些执拗。家族办公室需要真正深入地了解客户的需求，同时让客户了解，要实现需求可以选择哪些路径，毕竟客户的状态和需求不同，资产架构和配置逻辑会完全不同。

第二，充分了解风险隔离架构及各大类资产的属性和特征，具备为客户提供资产综合规划的能力。

家族办公室不仅要理解信托、保险等风险隔离架构，还要懂股票、债券、房地产、商品期货、股权投资等大类资产的风险收益特征，及不同投资策略的特点和适配市场，另外还需了解法定继承、遗嘱、赠与等与传承相关的法律知识，及不同身份和不同资产在保值、增值、传承中可能面临的税务议题，这样才能够为客户提供全面的、有品质的家族资产规划建议。

第三，建立对全市场的信托、保险、股权、证券、房地产等各类投资公司和会计师事务所的商务筛选和交易能力。

在给客户提供资产规划咨询后，要有能力协助客户实施，这需要家族办公室在面对市场上纷繁众多的供应商和产品服务时，有能力进行有效筛选。

比如，二级市场投资中，根据客户的不同需求和风险偏好，要能够基于对市场的趋势研究和分析，清晰地在股票多头策略、市场中性策略、债券策略、期货管理策略中为客户构建有效的组合管理方案；同时在每种策略下，要能够精准有效地筛选出真正优秀的投资团队和优质的产品。这不仅需要家族办公室有深厚的专业背景、丰富的投资经验，还需要有为客户利益负责的忠实立场。

探讨：家族办公室成长模式选择

现阶段适合联合家族办公室创设和成长的模式是什么？

1994年，德鲁克在《哈佛商业评论》发表了《经营理论》一文，其中提及，商业模式是企业关于如何创造并且传递公司价值和客户价值的一个系统。它是企业价值创造的本质逻辑，说明了企业在价值层面如何向客户提供优质产品和高效服务。商业模式通常由若干个密切相关的要素构成，包括关键资源、关键流程、客户价值主张、盈利模型等。

客户价值主张是企业给客户带来的价值，而盈利模型是商业模式的最终目标，这些目标都需要通过公司内部的运营，即关键资源和关键流程，才能最终实现（见图1–2）。

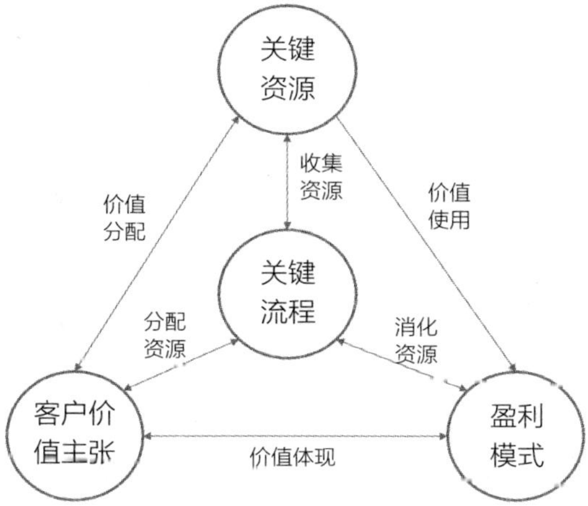

图1–2　适合家族办公室的商业模式的要素构成

家族办公室的几种典型模式

具体到现代家族办公室，由于其在欧美地区历经上百年的发展，因此在家族事务整合、资产管理和家族传承业务上已经拥有丰富的经验，提供的资产配置服务具有多层次、多元化的特点，生活配套方面的个性化服务也已经足够全面和深入。

这些家族办公室的商业模式能够很好地协调关键资源、关键流程、客户价值主张、盈利模型等要素，具有整体性、有效性和持续性的特征，并形成了以下3类可借鉴的典型模式。

模式1：专业外包模式。

外包模式是指由一两位专业人士负责整个家族办公室，并将80%~90%的专业服务外包。这些专业人士有能力协助管理投资组合，选择基金经理或者尽调项目，做出正确的投资决策，但其主要职责是担任外部服务供应商的管理者。

在该模式下，家族办公室的一个或几个全职员工担任协调沟通各方、确保各方信息顺畅的重要角色，其目的是在无须承担所有成本的情况下，在专业度和服务上比肩全能型家族办公室模式。

目前该模式常见于小型家族办公室，一般需要一两位全职专业人员。通常而言，如果有些富豪的财富规模不足以建立自己的单一家族办公室，或者希望保护个人隐私，他们就会选择这种模式。很多时候，这种模式会逐步成长为下文所讲的全能型专家模式。

模式2：全能型专家模式。

全能型家族办公室，顾名思义，是能够满足家族客户可能产生的所有需求的专业服务机构，其服务范围不但涵盖家族资产管理这一核心业务，还包括全球税务规划、海内外信托搭建、财富与文化传承、慈善公益和保险健康等方方面面。

家族办公室的运营具有跨学科的性质，因此需要管理者在税务、法律、金融、投资甚至人生规划方面具备常人所缺乏的丰富经验。这些专业人员通常被称为“全能型专家”，不仅因为他们在广泛的行业领域具有足够的经验以应对“何时招聘特定的人才，或外包一项决策或职能”，还因为他们在几个核心领域拥有特长，并能够针对这些领域的咨询提供有价值的意见。

在该模式下，全能型专家管理整个家族办公室，同时聘用其他经验较少（5~7年经验）的专业人员或者几位外部专家提供整套解决方案。不同于专业外包模式，全能型专家模式的大部分解决方案和增值服务是由家族办公室内部完成和管理的。

目前独立聘用全能型专家团队的成本越来越高昂，这也是单一家族办公室转型为联合家族办公室的原因之一，即聘用成本过高导致最富有的家族都无力承担。

模式3：机构服务模式。

基于该模式，家族办公室不是只有一位全能型专家，而是拥有几十位在全球税务、信托、代际财富传承、人寿保险、投资组合管理、风险管理、现金管理等领域拥有15~20年甚至更长时间经验的专家。一般人无法承受寻找和聘用这些人才所需的费用，只有总资产在几十亿、上百亿美元以上的富豪，才能够承担得起这笔费用。

事实上，家族办公室的高管人才非常稀缺，许多家族办公室由于缺乏经验丰富的专业人才，业务发展缓慢。但由于目前全球最大的联合家族办公室正在朝这个方向发展，所以有必要了解这个模式。

有意思的是，随着家族办公室的数量不断增多，竞争日趋激烈，并购活动不断开展，联合家族办公室这样联盟型的组织可借助规模，成功实施该模式。

中国家族办公室的专业外包模式

中国的家族办公室目前仍处于起步阶段，通过实践和观察可以发现，专业外包模式更适合家族办公室业态的初期发展。因为单一机构很难将家族客户所需要的各种专业能力和人才队伍全部都建立起来，即使勉强建立团队，也很难在商业上形成稳定的模式（比如股权和利益分配方面很容易产生分歧），所以专业外包模式是一种不错的选择。

在这种模式下，可以聘用一个或者几个专业素质过硬的全职人员扮演买方顾问的角色，与外部专业机构合作，建立资产管理相关核心能力，比如站在客户立场在全市场筛选和管理外部投资机构或服务供应商，找出真正符合客户需求的资产与服务。

概言之，家族办公室在创设初期通过专业外包的方式，既能降低运营成本，又能具备全能型家族办公室的功能。

下面，我们进一步介绍**专业外包模式家族办公室的J形增长曲线和盈利战术。**

家族办公室作为“咨询+资产管理”的专业服务机构，盈利来源主要是咨询服务费和资产管理费。其中，咨询服务费一般是年度一次性收入或单项服务收入，从全球看都很难形成持续的商业收费。所以家族办公室往往以咨询业务收入为辅，力求在资产管理层面实现可持续成长。

聚焦资产管理层面，以管理费为重要考量指标，家族办公室的财务通常呈J形曲线特征。特别是在创立初期，家族办公室在收入尚不稳定的情况下，成本支出却是确定的，所以现金流可能陷入窘境。随着资产管理规模的不断提升，现金流会逐步稳定并稳步增长（见图1–3）。

结合家族办公室的运营和成长特点，其盈利战术如下（按照对盈利健康情况的影响程度递减排序）。

长期：议价能力（提高专业服务收费水平）。

●会员制，提供专业化服务、创新及增值服务。

●不断深化客户关系，以增加客均资产管理规模。

●不断提升家族办公室员工的专业能力，以提升人均服务质量及资产管理绩效。

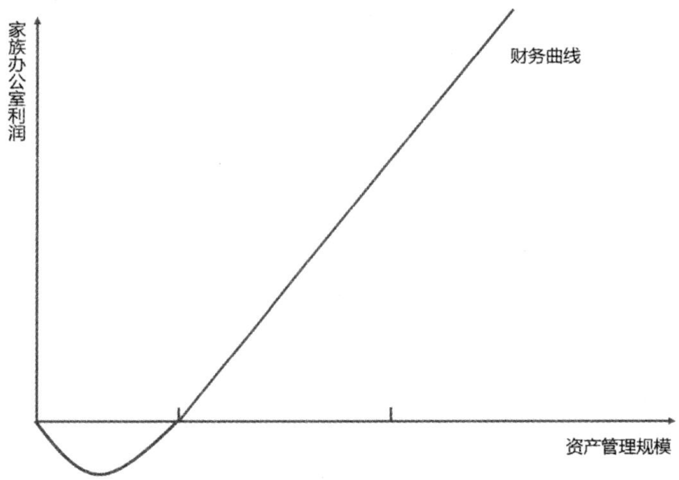

图1-3　家族办公室J形财务曲线

●增加新的（高价值）服务项目。

这不仅意味着专业服务收费标准的提高，还意味着家族办公室必须具备足够的能力提高客户收益，让客户愿意不断增加资产委托量。例如，家族办公室可通过定向培训和系统学习，不断提高自身专业水平。

中期：解决表现差的方面（客户调整和精力分配）。

●适当聚焦头部客户。

●适当放弃不盈利业务。

●适当匹配初级专业人员。

●开发能避免重复劳动的方法体系。

家族办公室一般不会因为短期利益而放弃暂时不盈利或盈利能力相对差的客户和项目，比如只能一次性收费的咨询服务相关项目，但是可以通过更有效的人员配置或加入可信任的平台联盟来解决这些问题，同时继续聚焦高盈利的头部客户和资产管理业务。此外，高效运转的运营和信息平台可以大大减少处理重复且烦冗事宜的精力。

短期：降低固定成本（服务每个客户产生的成本）。

●着力聚焦核心客户。

●充分借助专业平台优势降低中后台成本。

家族办公室的经营关键是确保自身组织的技能结构与客户服务工作中实际需要的技能水平相匹配。以优脉为例，目前优脉联盟内部发展向好的家族办公室，往往更加善于合理利用总部的行业资源和专业能力，而不是所有事情都单打独斗。一般能与总部有效分工合作的联盟成员往往可以快速进入更高效的工作状态，特别是在起步阶段。

相关盈利战术在后续章节将有详述，总体而言：前两项战术可以帮助家族办公室实现长期可持续发展，需要长期建设；最后一项可以提升短期盈利能力，适用于创设初期。

02 中国第一批联合家族办公室创设者的“起心动念”

如果说2020年家族资产管理在中国正式拉开了帷幕，那么2021年，家族资产管理的核心组织——家族办公室的黄金窗口期到来了。

进入这个市场的先行者将比后来者更早面对问题，更早积累实践经验获得核心能力，以更低的成本开发客户并建立长期可信赖的关系。

在家族办公室的创设中，纵然资源、客户和商业模式很重要，但最重要的还是家族办公室创始人。其自身的价值观、专业性、学习力，以及对高端财富管理事业的执着与坚持，才是一个家族办公室实现可持续成长与发展的核心动因。

高净值人士建立自己的家族办公室的原因主要有二。第一，希望完全站在家族立场上的专业管理团队协助其有效管理和传承家族资产；第二，家族最大的财富是后代的成长与发展，而家族办公室是助力第二代成长并有效传承家族资源和人脉的最佳选择。

在投资界，公募基金的优秀基金经理往往会“奔私”创建自己的公司平台，财富管理行业也是一样。过去几年里，许多拥有一定客户资源和专业经验的私人银行家、资深理财师、支行行长、MDRT成员纷纷走出大机构，进入家族办公室领域，开启自己新的事业生涯。未来随着行业的成熟，会有越来越多的资深金融服务人士创立家族办公室或成为家族办公室合伙人。

专业人士创设家族办公室，往往从创始人的原有业务类型起步，如律师聚焦遗嘱、民法典，税务师聚焦税务规划，高管聚焦战略咨询，投资管理人聚焦某类型的资产管理，从单一服务起步，逐渐走向全面的家族财富管理综合服务。

也有很多家族办公室创始人的“起心动念”与其宣称的并不一致。但是路遥知马力，很多所谓的“家族办公室”已经消失，我想这和创始人的“起心动念”有很大的关系。建议家族办公室创始人按照愿景的6个层次，用心绘制愿景蓝图。

为什么这么多人创设家族办公室

我们可以从两个维度看金融服务大框架下的财富管理行业。首先，从行业发展的时间轴来看，中国财富管理这个“孩子”是在怎样的“家庭背景”下诞生的，又是如何成长与发展的，未来会发生怎样的变化。其次，基于行业变化的动因，分析金融行业状态及发展趋势，以及客户资产和需求的状态及趋势变化。

改革开放40多年来，中国的经济建设和社会发展发生了翻天覆地的变化，金融业规模扩张、发展繁荣稳定，财富管理市场正是在这个过程中萌芽，并在中国加入世界贸易组织（WTO）后快速生长的。金融业的发展大致可分为以下几个阶段。

第一个阶段是1978—1998年，金融服务业态开始建立，财富管理初具形态。

在这一阶段，传统的金融业态逐步建立起来。客户谨慎面对市场变化，理财以存款为导向。财富管理行业初具形态，金融服务机构和行业服务人员开始成长。

中国金融市场的一个特点就是监管总体滞后于市场的发展，但这也给中国金融市场的改革创新带来了很大的空间。也就是说，什么事都可以尝试，监管会在适当的时候进行评估，留下正确的部分，叫停错误做法。这种策略非常符合当时中国经济发展的需要。

这个时期的财富管理是金融服务系统当中的一个小分支。在1978—1998年的20年时间里，财富管理的概念基本上还不存在。人们进入金融市场买金融产品，并不是基于财富管理的目标，更多的是想套利。所以那个时候人们炒股也是买了就卖，意图赚取差价。

在这个阶段，从客户端或者需求端的状态来看，客户是没有钱的，所以客户的需求就是赚钱。观察整个财富管理行业的状态，金融服务体系及服务机构刚刚建立，各种金融工具和金融产品刚刚出现，而且这些工具或产品相对来说简单粗糙，质量一般。对于广大客户来说，股票和储蓄是该阶段最主要的理财工具。

第二个阶段是1998—2018年，金融服务各业态成长，财富管理蓬勃发展。

这一阶段，金融业态不断丰富和成长，每一条业务线都有众多机构存在，产品日渐丰满，客户行为活跃，理财上以提升收益为导向。财富管理行业蓬勃发展，市场化程度开始提升，竞争加剧。

截至2018年底，中国银行业金融机构数达到4588家，证券公司131家，保险集团控股公司12家，人身险保险公司96家，财产险保险公司89家；公募基金公司131家，管理基金数5160个，管理资产近13万亿元；私募基金管理人登记超过2.4万家，备案私募基金数超过7.4万只，管理资产近13万亿元；信托公司68家，管理信托资产近23万亿元；银行间债券市场各类参与主体共计20763家，债券市场托管余额86.4万亿元……就服务机构数量而言，中国已经成为不折不扣的全球第二大金融服务市场。

从财富管理市场来看，经过40年的发展，中国同样已经发展为全球第二大财富市场，高净值客户已经超过200万人。随着高净值人数的迅速增长，个性化定制需求和多元化配置需求愈来愈迫切，家族办公室这一在海外已成熟的业态随之走进了中国私人财富管理领域。各大银行的私人银行、信托公司、资产管理公司、第三方财富管理公司等机构及有一定资源和影响力的个人，都纷纷开办类似家族办公室的小型机构。2015年也被称为“家族办公室元年”。

综上，中国财富管理市场刚刚走过短短十几年的历程。站在全球财富管理行业的角度来看，这个阶段中国的财富管理行业还是一个“婴儿”，还处在一个相对躁动和迫切追求回报的阶段。

第三个阶段是从2018年到未来，金融服务和财富管理将走向“专业化+客户化”。

随着经济格局发生新的变化，金融行业不同业态竞争激烈，行业发展从横向转变为纵向成长，各种专业化金融服务机构不断涌现，分割行业利润；客户的理财需求以资产保值增值和传承为核心。我相信未来市场的赢家，必定是在上述两个方面做得较好的机构，即以买方定位为核心的家族办公室。具体分析如下：

第一个趋势是未来10年，中国财富管理市场和金融服务市场将是纵向发展的，越来越强调专业化。

相较中国，欧美的金融服务在纵向的专业化方面做得更到位。比如有专门做系统服务的机构，有专门做订单处理的机构，有专门做行政服务的机构，有专门做产品平台的机构，有专门做产品筛选的机构，有专门做客户需求管理的机构，有专门做客户数据库的机构，甚至还有专门做某一种类型机构评估的机构……一个组织体系里的各项职能愈发专业化。大型金融机构不再什么事情都靠自己，而是选择专业服务机构的外包服务。长此以往，专业化和纵向切割的情况就会变得更加明显。

目前中国市场也已出现这种纵向发展的趋势。专门做尽调、专门做评估、专门做数据库的机构，比如私募排排网、朝阳永续等开始崭露头角，有些甚至已上市。

所以，高净值人士要获得专业机构的服务，除了选择某一家银行或券商的综合服务，还可以选择家族办公室为其提供专业服务。家族办公室可能只有三五个工作人员，但其背后有非常多的专业机构提供各种各样的专业支持，使客户能够获得真正高品质的金融和财富管理服务。

第二个趋势是客户化，即金融服务机构根据客户的需求而分化，更多细分市场和相关服务机构出现。

以财富管理领域为例，有服务百亿元以上资产超高净值客户的单一家族办公室，有服务5000万~100亿元资产的高净值客户和超高净值客户的联合家族办公室，也有服务1000万~10亿元资产的高净值客户的独立财富办公室、私人银行，还有服务大众群体的银行、保险公司等。

财富管理不单单是一门生意、一项业务，更是以客户利益为出发点的专业服务。在落实时，专业服务者跟客户的利益必须是一致的：客户是你的股东，是你认识10年的老友；你是客户的资产管理人。服务者跟客户的长期利益一致性越高，专业服务能力越高，差异化和竞争优势也就自然而然体现出来了。

现在有越来越多资深财富管理专业人士转型为买方代表，站在客户立场提供专业服务。这类拥有专业服务团队、更加客户化的机构，在市场中将会胜出。

在境外市场，客户关系早已取代产品成为财富管理的成功要素。服务者不可能跟上百个客户保持良好深入的关系，但可以跟三五十个人建立稳定深入的信赖关系。专业人士不再费时于四处寻找交易客户，而是专注服务特定客户群体，将更多时间和精力用于提升自身的专业能力，从而提升市场竞争力。

由此，高端财富管理领域有两个特点：

第一，家族资产管理领域的发展将进入快速发展期。

经历了40多年的财富创造阶段后，2020年的中国进入了财富管理快速发展的阶段。

第二，中国家族办公室行业迎来真正的发展期。

这是因为，目前中国市场已经具备创设家族办公室的天时、地利、人和。

- 天时：预计市场快速发展期在2026—2036年。自改革开放以来，创富一代经过40多年的财富累积，到了规划家族传承和第二代接班的阶段。与此同时，社会环境发生变化，共同富裕成为主流，财富面临再分配问题。
- 地利：经过3~5年的实践，中国家族办公室的专业认知、能力、经验、资源都准备好了。
- 人和：3~5年后，客户对家族办公室创始人的认知发生了变化，从靠谱的专业人士转变为值得信赖的家族办公室董事长、首席执行官。家族办公室创始人的人脉网络、客户圈层、市场口碑将积累到位。

探讨：如何把握家族办公室行业先行者优势

毋庸置疑，现在进入中国财富管理市场创设家族办公室，将成为行业先行者，那么，如何把握好中国财富管理市场的特点，抓住发展家族办公室的窗口期，在充分把握先行者机会的同时不成为“先烈”？

何为先行者优势

先行者优势是指企业通过率先进入一个新市场，取得相对其实际和潜在对手的优势，包括为现有的各种产品开发地理和人口新市场，以及把新产品引入现有市场。先行者优势主要体现在资源先取优势、成本与获利空间优势、转换成本优势3个方面。

第一，资源先取优势。

按照资源基础理论，资源大体上可以分为有形资源和无形资源。有形资源包括原材料、厂房、设备、人员、分销渠道和市场等，无形资源包括技巧、知识、关系、文化、声誉及能力。先行者相对后来者而言，无论是在有形资源还是无形资源上都将具有资源先取优势。在有形资源方面，先行者将获得便宜的原材料、优越的地理位置、较少的设施投入、高素质的人员、最好的分销渠道等；而在无形资源方面，先行者可以抢先注册商标、申请专利、建立声望、打响品牌，并且先于后来者获得更多的知识、经验和组织能力。

在基于市场进入时机的先行者优势中，资源先取优势在企业的市场占有率上表现最为突出。如果企业尽量缩短新产品的开发和上市时间，争取先机抢滩市场，就会比后来者取得更大的市场占有率。这一点在竞争激烈的汽车市场上得到了最好的证明。1982年，福特和通用两家汽车公司都计划推出新型轿车，但福特公司由于前轮驱动技术的难题，最后比通用公司晚了一年才将新型轿车推向市场，结果先行者通用公司的市场占有率迅速提升，一下子超过了福特公司，福特公司直到几年后才逐步收复了部分市场。

在家族资产管理领域，有形资源比较少，更多的是无形资源，包括客户资源、供应商资源、员工资源、口碑声誉等。先行者在这些领域的竞争比较少，特别是在中国家族办公室品质服务供给稀缺的情况下，这种竞争就更少，获取这些资源的成本比较低，而且有更多的时间建立和加强自己的“护城河”。

第二，成本与获利空间优势。

先行者的成本优势是建立在资源先取优势上的。资源先取优势对成本的影响不仅表现在以较低成本获取有形资源上，更表现在无形资源的优先获取上。优先获取的组织能力、日积月累的知识和经验，可以成为竞争优势的来源。在实践中，企业通过重复的生产或管理获得宝贵的知识、经验和组织能力，使其在与竞争对手投入相同要素的情况下，以更高的生产效率或更高质量的生产方式将这些要素转化为产品或服务，从而获得成本优势。

需要特别指出的是，从理论上讲，规模效应与经验效应之间的重要差别在于，规模可以通过建造大型工厂的方式迅速复制，但经验的积累需要时间，存在很强的路径依赖。所以，即使新兴的韩国电子公司能够达到老牌的日本竞争者的规模，也不能获得那些日本公司在数十年全球运营中学到的与效率相关的经验。

家族办公室业务是典型的经验型专业服务，因此经验的积累至关重要。更早进入这个领域，可以比竞争对手拥有更多的时间来积累经验、打磨服务。在服务品质成长过程中，由于客户选择比较少，也更容易获得客户的认同。这些都能让先行者在未来竞争中有效保持自己的竞争优势和成本效益。

第三，转换成本优势。

转换成本是指消费者从一种产品转向另一种产品所需付出的代价，主要包括两个部分：一是过去投入的、在转移时将损失的关系投资，二是建立一个替代关系涉及的潜在调整成本。先行者通过优先提供可感知的高质量产品和服务，在市场上建立良好的声誉和品牌形象，牢牢地捆绑住消费者，创造出消费者转换成本，能使消费者不易转向后来者。例如，美林证券通过其财务顾问与私人客户之间建立起的密切关系，培养了客户忠诚度，提高了客户的转换成本，使客户不太会把业务再转向后来者。又如，共同基金的投资人不会经常将其投资从一家基金转至另一家，除非是投资回报特别高的基金。尽管基金之间的货币转换成本并不高，有时甚至为零，但这中间还存在心理转换成本，包括要花费更多的精力去研究新基金、寻找最高回报率的基金、开户和销户等诸多手续，以及新投资存在的不确定性。因此即使新基金更具竞争力，投资者还是趋于“固定”在原来的基金上。

家族办公室业务注重客户关系的深化，因此先行者比后进入者有更多的时间与客户持续建立信赖关系。且这个业务有一定的排他性。早期进入者没有竞争对手，更注重的是增强客户对家族办公室的认知和理解，因此在市场竞争加剧时，后进入者从先行者手里抢客户的成本和难度不言而喻，先行者的竞争优势也就凸显出来了。

如何把握先行者优势

如何在中国家族办公室的实践中把握这些优势？有以下几个要点。

第一，避免把时间浪费在不能创造价值的活动上，初期聚焦核心产品和服务。

一般而言，产品和服务多样化可能是一项很有效的竞争战略。根据每个地理市场或客户群的不同需要设计不同的产品，可能的确会获得更多的销售量。但是产品的数量、服务的类别越多，开发的任务就越复杂、越费时。过度的产品和服务多样化是抢占市场的大敌，先行者在初期一定要聚焦核心产品和服务。

家族办公室在创设初期，需要聚焦的核心服务就是对核心客户的关系建设、需求认知，并为他们提供资产管理解决方案。

第二，并行或协同工作，特别是供应商的有效利用。

并行或协同工作指的是所有职能部门同时协作，而不是按先后顺序工作，这样整个产品或服务的开发所需的时间就会缩短。

并行或协同工作的实现主要有两种方式：一种是建立战略经营单位，即从企业各个不同的职能部门抽出一定人员，组成一个专门为开发某一产品或服务而存在的小组，以便各职能部门之间的沟通更为便捷，消除不必要的返工和时滞；另一种是实行部分工作外包，当外部供应商可以做得更快、更好的时候，企业就可以把任务外包给外部供应商。比如在日本，每一个集团公司都是一个复杂的、由多层的小分包商联合起来构成的网络系统，分包商不间断地工作来满足集团公司的需求，并用这种方式快速拓展市场。

家族办公室也需要建立自己的战略协同团队，特别是在资产管理和支持体系方面，应寻找目标和定位一致的专业团队协作发展。

关键策略

如果不能建立有效的发展策略和风险管理机制，即便是先行者，也很有可能变成行业“先烈”。结合优脉的实践经验，我认为需要遵循以下关键策略。

第一，企业生存层面。成本/收益+核心能力。作为企业，应该考量成本与效益，考量在保持高品质服务输出的同时如何降低成本以增加收入，如何在保证生存的情况下，获得客户关系、客户需求认知与综合方案设计能力。

第二，金融服务层面。风险管理+合规管理。要考虑作为金融服务机构所具备的基本要素，在推进咨询服务提供、解决方案制订、资产类别选择等各方面服务时，始终以风险管理为核心，在合规的基础上作业。

第三，可持续发展层面。组织能力+资本运作。要考虑包括一系列的组织架构（团队建设/分公司开设）、文化（愿景/价值观）和纪律（制度、规则、流程）在内的组织能力建设及核心专业能力建设；在财务上实现可持续收费的收入模式，以提升家族办公室的可持续经营能力。企业的市场价值也将随之提升。

实现幸福人生：高净值人士/家族

2015年至今，一批有识之士推动了家族办公室行业的起步，他们坚定不移地在中国实践买方定位的家族事务咨询及家族资产管理服务，是中国家族办公室行业的布道者和拓荒人。

成功企业家和“想喝一杯健康牛奶”的心愿

高脉家族办公室创始人高震先生原本是一位广告行业的企业家，公司经营得很不错，也为其创造了可观的财富。在财富积累到一定程度之后，他希望能够更多地顾及家庭和生活，于是出售了企业并在全球各地打他热衷的高尔夫球。

结束高尔夫球之旅后，他开始认真思考什么是可以干一辈子的事业。其中，管理好自己的财富让财富保值增值是重中之重。在此之前，他已经接受过很多私人银行、信托公司及第三方财富管理公司的服务，这些机构的客户经理和理财师推荐了不少看上去不错的产品，只是随着产品陆续进入兑付期，最终结果却不尽如人意。这让他有些困惑。在对这些机构的运作机制和盈利模式有更多了解后，他意识到这种不尽如人意的理财结果不是偶然的，而是和这些机构本身的定位和管理模式休戚相关。在中欧商学院读书深造的过程中，他对财富管理行业以及家族办公室这种买方定位的专业服务有了更深的认知，决定建立自己的家族办公室。按照他自己的话讲：“为了喝杯健康的牛奶，要自己养一头奶牛。”但要设立、运营和管理一个家族办公室，高震有很多问题需要解决，在朋友的介绍下，他接触到优脉的家族办公室合作共创模式。经过一番沟通和调研后，他决定与优脉合作，开始了家族办公室创设和起步工作。

高震的家族办公室很快就设立了。运营家族办公室面对的选择很多，但商业模式以及最核心的资产保值增值、传承和慈善到底如何落地，是他最为看重的。他了解到，这些核心职能都与资产管理息息相关。以看似最不相关的慈善为例，其本质是影响力投资，即通过资产的使用（如何花，花在哪里）为他和家人带来更多的自我价值实现和幸福感。至于资产的保值增值，则涉及资产配置：假设有1亿元资金，应该如何配置，确定相关领域的配置之后又应该如何抓住好的投资机会，如何做尽职调查，配置之后如何做好持续跟踪和有效管理，以达到预期管理目标而不是打折扣的收益等。当核心问题得以明确，他很快从资产管理这一步实现了良好开局。

高脉家族办公室的名字就来自“高震”和“优脉”这两个名字的组合，优脉作为股东，主要提供了两个方面的价值。一是在经营策略和方向上提供建议和意见，这为高脉的发展提供了重要的参考；二是在高脉建设初期提供诸多专业支持，如投资机会的筛选、组合管理基金的设立、人员培训和认知交流等，大大降低了高脉创业初期的固定成本，让其在建立初期还没有完全得到客户认同的时候可以很好地起步，少走弯路。高脉设立的头3年，挑战不仅来自专业资源和发展方向，最主要还是来自创始人的朋友和客户对其身份转型的疑惑，以及对其专业能力的质疑。作为高脉家族办公室的发起人之一，优脉参与了不少与高脉客户的沙龙和理念交流活动，协助高脉展现其专业资源和能力。创始人的努力和坚持让人们看到了高脉的价值。通过资本合资方式——与专业的家族资产管理机构合资建立家族办公室，高脉的专业团队、专业能力、行业资源均获得有效支持，角色转变顺利完成。与此同时，持续的努力、更多专业资源的加入、资产的有效配置和成功管理，让客户一步一步对高脉建立起了基于人品信任的专业认同，让高脉成功走过创业阶段，进入良性发展阶段。

一代跨领域发展和二代实现成长的思考

中君旭达家族办公室创始人汪献忠先生曾与我分享他锚定家族办公室业态的初心：借助家族办公室，在守护财富的同时帮助身边有同样需求的人找到可以安放财富的地方，一起更好地享受美好人生；从日常繁杂的事务中抽身，规划人生的每一个重要阶段，为家庭增添幸福，为事业发展赋能；同时做好下一代的培养和教育工作，让孩子未来拥有更好的发展，实现家族更好的代际传承。

汪先生不仅熟谙资本市场法律事务，还拥有多种类别的资产投资经验，参与过很多与美好生活相关的项目，比如饮用水、红酒、慢生活等。也正因为有了这些经历，他越来越希望在事业成功之余做更多更有价值的事情，惠及身边的朋友乃至全社会。为此，他做了一系列的调研和考察，并在朋友的引荐下与优脉进行了深入沟通。双方一见如故，在稳健长远的财富管理理念及幸福人生的价值观上高度契合，彼此迅速达成了共识。

中君旭达家族办公室核心团队成员包含资本市场律师、私募基金管理人、股权投资基金管理人、上市公司原高管，以及在外资银行工作多年的资深金融从业者等。机构致力于建立客户代表参与投资决策及产品管理的透明机制，打造专业纯粹的联合家族办公室，让财富真正传承，让有产者不再感到焦虑。

经过一年时间的运作，中君旭达家族办公室如第一代所愿，目前已交由家族第二代接手打理。这是一位非常优秀的第二代——加拿大约克大学数学与经济专业毕业，曾在国信证券、招商证券等知名金融机构系统性实践和学习，参与了多个股权投资项目的尽调和投后工作。在优脉的专业体系支持下，他结合家族的法律背景及优脉的专业服务，正式开始主持家族办公室日常工作，以买方视角为客户提供专业的资产筛选、定制、管理、咨询服务及解决方案。

家族企业探寻治理之道和传承之法的初衷

赵涛是一位医药行业的成功企业家，以其家族企业命名的步长家族办公室（步长资管中心）管理着包括步长家族在内的多家知名家族资产。

多年前，赵步长和赵涛父子两人弃医从商，创办了医药集团，随后成为中国心脑血管疾病治疗药物研发生产的领军者。赵氏父子也跻身陕西富商之列。如今，赵步长隐于幕后，由赵涛执掌家族企业，整个家族企业迎来了第二次大发展。

无论是在商会的主席台上，还是在财富传承论坛的讲坛上，即便没有扩音设备，这位陕西汉子高亢的嗓门和富有激情的语言也足以引起众人的瞩目。当着众多海内外家族企业领袖的面，赵涛曾谦虚地说，自己还没有资格谈家族传承，他们是父子创业，企业到现在也就20多年历史，和国外传承几百年甚至上千年的家族企业相比还差很远。他们在学，也在创新。话虽如此，赵涛还是成立了自己的家族办公室，并请来了同为秦商的汉能投资集团董事长陈宏的家族办公室团队帮忙打理。

回想起自己的创业经历，赵涛感慨万分地说道：“我们为什么要传承？因为企业是品牌，是我们的孩子，就跟人要传宗接代一样，人人都想把自己的精神、自己的牌子传下去。我们也在思考我们的后代、我们的家族怎样传承。”

为了弄清家族企业传承规律，赵涛投入了极大精力研究西方的传承模式。为此，他成立了自己的慈善机构——“共铸中国心”。几年来，集团安排5000多名医生前往西藏、甘肃和青海藏区，已为27万名患者看病。“共铸中国心”已经成为步长的品牌，赵涛打算把它一代代传承下去。为此，他要让自己的孩子们了解藏区的贫穷，培养他们的爱心。在他看来，“一个孩子没有爱心一定没有责任感，一定成不了大事”。

爱心滋养是赵涛培养接班人的第一门功课，除此之外，他还要给后人提供良好的教育。

在赵涛的计划里，不仅孩子要经过严格的培养，还要建立传承制度，这样才能避免财富被后代们摊薄。因此，他成立了家族办公室，设立了家族基金。他要拿出一部分财富做慈善，另一部分作为家族财富增值之用，剩下的再拿出来分配。“你有多大能力，就匹配多少财富。所以第一，我们家传承的是精神，是创业的思想，我们鼓励创业；第二，我用制度保证这笔财富以最有效的方法为社会做贡献，保证我们的‘共铸中国心’永远有钱，为藏区的孩子献爱心。”

赵涛的家族办公室还有一项功能，就是把家族的一部分财富在全球进行配置，例如投资欧美股市、与国际资本合作建立能源基金等。

“假设我们这代人去世了，我的家族财富还是有家族信托基金和家族办公室在管理，有很多专业人士在帮助它增值保值和传承。”赵涛认为自己握住了家族传承的命脉，那就是制度。对此，他信心十足。

“新富”对赛道及兴趣的多样化诉求

在崇尚忠诚和勤勉的儒家社会，一些“旧富”（old money）[①]往往在公司内设立家族办公室。比如三星集团的“秘书室”掌控着人事任免实权，是三星最高权力机构，也承担着三星李氏家族税务、礼宾、衣食住行、财富传承等职能。

过去40多年间，中国涌现出一批高净值家族，但企业内设家族办公室的模式并不

① “新富”和“旧富”的定义原则，与其获取财富的源头、保持财富的年限密切相关。简单来说，“旧富”的财富是经由几代人积累下来的，而“新富”的财富则是由不到一代人产生的。

符合这些“新富”（new money）的品位。

2014年9月，阿里巴巴集团在美国纽约证券交易所上市，创下美股史上最大首次公开募股（IPO）的纪录。2015年4月，《华尔街日报》报道，阿里巴巴创始人之一蔡崇信在香港设立数十亿美元的家族办公室——主体是蓝池资本（Blue Pool Capital），主要用于处理阿里巴巴上市为他带来的约3亿美元的财富（首次套现所取得）。报道还透露，马云也可能参与这个家族办公室。

腾讯《棱镜》获取的一份材料显示，位于香港中环交易广场二期的蓝池资本，为两个家族办公室和一家名为“绝对伙伴”的对冲基金服务。这份材料还写道，蓝池资本的“大多数员工曾在瑞典银瑞达集团（Investor AB）香港办公室工作”。Investor AB是蔡崇信加入阿里巴巴前的老东家，它本身又被瑞典瓦伦堡家族控制。

成立以来，蓝池资本不仅投资多只对冲基金，还投资了多个医疗健康、互联网消费领域的项目。从投资轮次来看，除了没投过天使轮，从A轮到上市前融资，蓝池资本均有涉及。蓝池资本对于泛生物医药的投资颇有兴趣，这符合家族办公室投资长线、投资增长的风格。

蓝池资本同时还服务于蔡崇信的个人兴趣。2019年，蔡崇信以23.5亿美元收购NBA布鲁克林篮网队剩余51%的股份，就是通过蓝池资本完成的。

高净值人士创设家族办公室的初心总结

企业家、企业家二代或者企业家其他家族成员发起设立家族办公室的初衷通常是帮助自身或朋友管理资产，一部分人还会借此培养后代管理家族资产的能力，协助后代传承家族资源及为后代的成长与发展提供舞台。这类家族办公室发展面临的主要挑战是专业资源获取和能力建设。

事实上，家族办公室应该是高净值家族继续发展的标配。

纵观境外高净值家族，几乎都有自己的家族办公室或获得了某个家族办公室的专业服务。在中国，这种倾向也开始显现。高净值家族在拥有巨大财富之后，面临的问题往往随之增多——社会的压力、企业管理的挑战、个人的健康、家人的关系、后代的成长、财富的保有等。其中，如何帮助子女发展和有效传承家族资产是中国第一代财富人士最为关心的问题。家族办公室是管理家族资产的不二战略选择，也是帮助二代成长与发展的最佳选择。

一方面，家族办公室以信赖为基石、以专业为导向开展工作，管理好自己家族的资产；另一方面，高净值家族的资产倾向交给认可的家族所建立的家族办公室管理，这使得彼此关系更为深入持久，可以更好地凝聚家族人脉资源。而家族二代作为家族办公室的管理人，得以不断获得家族上代资源，同时实现资产和资源的传承发展。

设立家族办公室的几种前提条件

如果您是一位高净值人士，如有以下困扰或疑问，可以考虑设立自己的家族办公室：

- 社会环境变化，企业发展机会变少，正在谋求新的发展却缺乏机会。
- 所属行业的成长性降低，在行业内再投资扩大生产，获得收益的机会降低或没有。
- 年龄增长、精力不足，转战新的成长性行业艰难，财富创造能力大不如前，未来高成长性领域和自己关联度不大。
- 忙于事业，没有时间和精力陪伴家人，需要更多休闲时间或陪伴家人的时间。
- 孩子的教育、成长缺乏有效资源和平台，希望未来给予孩子更多关注和支持。
- 第二代发展的机会和路径与第一代拥有的行业资源和经验不匹配，需要发展其他行业的资源和人脉。
- 在行业积累的资源、人脉方面缺乏传承的场景（比如圈层私密闭门沙龙）。
- 财富管理行业良莠不齐，投资成果不佳导致资产损失。
- 对金融行业缺乏系统性认知和有效资源，管理财富面临诸多挑战。

创设家族办公室面临的挑战

高净值人士创设家族办公室的挑战如下：

- 对各种专业能力的要求高，涉及宏观研究、策略分析、量化筛选、投资决策，不同类别资产、不同阶段的投资，法律、税务、身份管理、信托保险等领域，需要对各类专业人士做整合。
- 对各种金融资源的要求高，非金融资深领域人士的高净值家族难以获取专业资源。
- 对不同专业人士的招聘难度大。
- 聘请的专业人士的成本很高，可能面临经营上的困难。

●外行领导内行，钱是客户的，观点是专业人士的，需要协同不同观点。

建议

我对高净值人士创设家族办公室的建议：

●高净值人士都应该考虑建立自己的家族办公室。

●非金融行业专家出身的高净值人士完全自建家族办公室不可取，管理难度和决策难度大，成本也不易控制。应该考虑与家族认可的专业人士、买方定位的专业机构合作或合资建立家族办公室。

●家族成员或者家族第二代是非常合适的家族办公室管理人，尤其是女性。

职业十字路口：私人银行家、资深理财师、MDRT成员等金融人士

在经济领域，每个行业的企业经营者都以盈利为目的，但他们也都有自己的价值观、职业标准和发展愿景。接下来谈到的在中国探索家族办公室行业的先锋们，虽然在经历和背景上各不相同，却始终坚持自己对财富管理的职业操守和价值追求。

私人银行家和他的独立梦想

伯凡家族办公室负责人张斌曾经是招商银行私人银行部西安中心创始人和总经理，在财富管理行业拥有近30年从业经验。他之所以离开银行创立家族办公室，是因为遇到了不可调和的矛盾点。

我和张斌交流时，他不止一次说道："我喜欢财富管理。感谢银行体系，让我在工作过程中接受了国内同期几乎最好的培训和教育，也到国外一些发达市场比如新加坡和瑞士参加了综合培训。但是随着工作的深入和阅历的增加，我愈发感到所学的东西和实际工作是有脱节的。一方面在银行内部，客户更看重机构品牌，客户接受银行的服务不是基于客户经理本身的专业能力，而是因为'这家银行'，专业很难真正发挥作用；另一方面，在实际工作中，往往要围绕KPI完成产品盈利需求，有时无法兼顾客户的真实需求。另外，产品线不够丰富、管理相对僵化及人际关系问题，均让人为之头疼。"

于是，他决定走出体制，寻找更纯粹的财富管理方式，并最终锚定了与自身理念最契合的家族办公室业态。彼时的中国财富管理领域，家族办公室大多依附于大机构。他先是去了一家较为知名的第三方财富管理机构担任该机构的家族办公室负

责人，结果发现同样要承担各种各样的销售指标，而且在专业能力要求和资产筛选方面，这家机构甚至逊于私人银行。

他开始认识到，真正的家族办公室不应该属于某个金融机构，而应该是独立的。但家族办公室要可持续发展，必须与在理念、价值观、商业定位上一致且能力互补的机构合作。因此他开始倾注心力寻找更合适的合作伙伴。

在考察优脉时，他和我说希望优脉可以完全开放。这也正合我意，因为只有这样才能熟悉彼此，更好地做出判断。他与优脉每一个部门的每一位同事沟通，了解产品团队如何做资产筛选、运营团队如何合规作业、系统团队如何搭建架构和实现长期追踪、客户需求导向如何落地，评估相关人员的专业经验是否足以支持其独立创设和运营家族办公室；同时，他实地走访了已经与优脉建立合作关系的各地家族办公室，确认家族办公室创始人的价值观能否真正落地。在此期间，诸多传统大机构陆续向他抛出橄榄枝，但最终他选择与优脉合作，在西安成立了独立运营的伯凡家族办公室。

“对于风险防范而言，不论是传统金融机构的私人银行部还是第三方财富管理机构，过去更多承担的是卖方销售角色，即当我们在前端销售产品时，背后不可避免存在盲区（无法真正看清所有产品底层），这也是我当初决定转型独立投资顾问、成立买方定位的家族办公室的重要原因。”张斌在接受媒体访谈时这样说。

这个转型是有例可循的。在20世纪80年代，美国财富管理行业从业者曾面临与我们目前颇为相似的行业现状，他们中的大部分选择了完全独立做咨询，最终落地的主要形式是多元家族办公室或独立财富办公室。在此过程中，相关法律明文规定这类机构向客户收取咨询费或管理费，“赚谁的钱才可能真正替谁工作”。这种新模式与财富管理机构以渠道业务为主、把某个产品卖给客户以赚取产品机构佣金的传统模式截然不同。在财富管理领域迎来专业化转型、客户风险意识逐步加强、国家相关监管政策愈加明确的大背景下，相信更多从业者会选择从卖方定位向买方定位转型，更好地实现个人的职业成长与发展。

证券投资顾问的家族办公室之路

柏立思是中国证券市场第一批投资顾问之一。在近20年的从业生涯中，他服务过许多大客户，发现中国投资市场的羊群效应十分明显。大多数投资者凭自己的感觉做决策，对专业投顾服务没有清晰的认知。于是他积极寻求改变，希望真正为客户做好财富管理，创造价值。2012年，柏立思走出“靠天吃饭”的证券公司，先后在第三方财富机构和家族办公室任职，但均因公司理念的问题而离开。此后，他在全市场认真尽调，经过多次考察后在2016年5月与优脉合资在吉林长春创立了开石家族办公室。

“如果不和客户站在一边，创业也就失去了意义。”这是开石创业至今一直所坚守的信念。柏立思回忆道，中国股市牛短熊长，整体赚钱效应差，而中国券商的发展模式和政策导向整体依旧偏产品销售，难以为客户创造真正的价值。

从离开券商、转战第三方财富到成立独立的家族办公室，他一直致力于找到一种可以完全站到客户这一边的作业方式。这在过去产品销售模式下的金融机构里几乎不可能实现，直到买方定位的独立办公室在中国财富管理市场起步。

他在接受我的访谈时由衷表示：“感谢自己当时从证券公司走出来，10年前的我和现在的我发生了很大变化，对金融市场的认知更为全面，不再是井底之蛙。在熟悉大类资产的过程中，我更快地完善了自己的投资理念和逻辑，模型更有效，投资能力也提升了。更主要的是，接触的都是股票、天使、创投、PE、并购等领域顶尖的管理人，他们也是这些专业领域里最好的老师。”

对理财师的独立性，他有着自己的思考和实践：独立性不仅是指独立的工作室或办公室，最主要的是思维的独立性，看到自己机构的优劣。他在证券机构工作时，曾因未能达成公司重视的短期目标而被罚只有“1元月薪”，并且在各类日常工作中被刁难，即使这样，他仍然保持自己的独立人格和思想，坚持对自己和客户负责。

当下有越来越多像柏立思这样富有责任心的理财师选择建立独立的工作室或办公室，和客户站在一起。开石很早就在东北尝试做独立家族办公室，现在经营渐入佳境，也找到了一些打造自己品牌的方式。柏立思希望未来能以此为终身职业，成为客户财富管理的得力助手。

资深理财师和“服务三代人”初心

方利娟是湖北人，早年来到苏州创业发展，是一位起步于保险、崛起于第三方财富机构、在中国财富管理市场中较早聚焦综合金融服务的行业深耕者。她经历过财富管理行业野蛮生长、遍地开花的时代，经历过“资管新规”下泡沫破灭后的惨淡，却始终坚守初心和底线，直到成立家族办公室，她说：“愿以两代人之心，服务客户三代人。”

她在财富管理行业的好奇源自从事保险行业。2006年大学毕业后，她在中信保诚人寿保险有限公司工作了2年多的时间。在一次培训中，她了解到境外财富管理和资产配置的发展情况，这让她产生了强烈的好奇，并对风险管理和资产配置有了初步印象。此后，她先后在保险行业和房地产行业工作。

2014年她回归热爱的金融行业，并获得了越来越多客户的认可。其间，她一直在思考一个问题：“什么样的财富管理模式能够为客户持续创造价值？”

基于维护客户利益、回馈客户信任的初心，她不断加强专业学习，让客户资产在安全有保障的同时也能获得理想的收益。2017年底，国家首次提出《关于规范金融机构资产管理业务的指导意见（征求意见稿）》时，她就意识到，整个财富管理行业将有大的调整和变动，于是从2018年开始主动减少了新增业务量，即使面临收入减少也绝不把不适合的产品推荐给客户。也就是在这个阶段，她逐渐明晰了自己未来想要走的路。

“我理想中的财富管理业务开展模式是基于安全性与合规性，以专业经验和深厚职业素养为依托，受客户委托、对客户负责、代表客户利益的财富管理模式。只有在这种模式下，我作为客户财富的受托人，才能与客户建立长期的信任关系，在为客户提供长久稳定的优质服务的过程中持续为客户创造价值。也只有在这种模式下，我们才能依靠专业能力与优质服务实现自己作为财富管家的价值，并且不用担心被日益发达的人工智能等科技所替代。”

于是，成立独立的家族办公室便顺理成章地成为她的事业目标。

“成立独立的家族办公室是我的理想，但是落到具体的操作与执行层面，我依然有很多困惑与顾虑。在整个职业生涯中，用心了解客户需求、为客户提供服务是我一直持续在做的事，我在这方面也取得了一些成绩。但是要成立独立家族办公室，我需要考虑更多的问题：我是否有足够的精力和能力做好办公室的日常经营？原先有公司品牌和平台资源为我背书，独立之后我如何建立自己的品牌？我是否能够整合足够的优质资源？

“就在犹豫的时候，我很幸运地遇到了优脉，这让我感觉遇到了能够在创业道路上引导和支持我的良师益友。从家族办公室创设指导、办公室标准作业程序（SOP）及职能外包服务，到办公室经营议题顾问咨询，从全市场筛选优质的投资机会、提供各类资产管理解决方案，到客户风险诊断、资产配置、各种金融产品风险分析、风控意见等方面的专业支持，优脉都能够实实在在地弥补独立家族办公室的短板，并在资源整合方面赋能。”

她把自己开设的家族办公室瑞景的使命定义为：“以家族服务家族，以家族成就家族；愿以两代人之心，服务客户三代人。”这是因为她的客户中有很多长辈曾给予她充分信任和机会，而她也发自内心地希望能够陪伴客户走得更长远。

保险精英30年职业生涯的实践、思考和再出发

新诚脉家族办公室创始人陈文琦早年在银行工作，后来下海经商，事业受挫后，她购买的保险产品让她再次起步，她因此踏入保险业并从“小白”成为行业知名人士。2021年8月，她的家族办公室正式开业。在她的办公室里，各种奖杯摆满展架，奖杯旁边是各种金融专业资质证书。

我和文琦是在一个学习班上认识的，课间交流时特别能感受到她的真诚、好学和行动力。她只身来到上海后，仅用一年时间就成为中国人寿业绩前三的上海分公司“一姐”。在谈到如何做到这么出众的成绩时，她说：第一是不管公司要求什么，她与客户交流时都看怎么样对客户来说更适合；第二就是学习，参与各种培训和学习班。这让她大大加深了对保险的理解，更开阔了视野、结识了各方精英，学会从税务规划、传承等保险以外的角度了解客户真正的需求。这两点为她赢得了客户的认同。

虽然已是“一姐”，但她仍然感觉仅凭保险是无法满足客户所有需求的。在注册理财规划师（RFP）在中国管理中心开设的“保险系家族办公室”系列培训课程的培训班上，她认识了优脉。一个半月后，新诚脉家族办公室在优脉的支持下正式开业，致力于用更多的金融和法律工具为客户提供更完善的传承解决方案和健康保障服务，支持客户实现更加美好的人生。

作为中国人寿上海分公司业务精英创办的独立家族办公室，新诚脉家族办公室获得了其所在机构的认可和支持。虽然建立不久，但我相信创始人与其坚守的初心，会带领新诚脉取得出色的表现。

2020年开始，保险市场发生变化，对保险公司的专业化经营提出了新要求，这为行业精英带来更多机会。像陈文琦这样的保险精英本就和客户建立了深厚的信任关系，现在她可以更上一层楼，通过家族办公室为客户提供多元化的服务。

第一批私人银行筹建者做中国最早的家族办公室的远见

我和德裕世家家族办公室创始人张咏先生有过多次交流。他是一位有理念、有行动力的资深财富管理人士，也是中国内地第一代私人银行家[①]，拥有超过20年经济、金融领域从业经验，广泛涉猎私人银行、财富管理、投资银行、资产管理等领域并有不俗建树，具备业内领先的国际视野与专业眼光。2015年，48岁“高龄”的张咏下海创立德裕世家。

“我对中外高端财富管理有很强的认知，也有一些资源。我认为自己有义务也有责任把家族办公室这一中国的新生事物发扬光大，在这个过程中贡献自己一份心力。”张咏带着这个心愿和一群来自税务、投行、私行、保险、咨询、传媒、法律、资管等领域的精英伙伴放弃稳定的高薪和舒适的生活，从零开始，“希望用余生的精力打造中国最具专业价值、最有爱心的家族办公室”。

之所以取名德裕世家，张咏解释，“德”就是品德，“裕”就是富裕，“世家”是希望代代长久地传承拥有，“我们希望帮助更多家族成为世家，帮助更多人将品德和财富传承下去，帮更多的人圆这个梦”。

“一个家族办公室从业人员，至少要坚持这几样东西：长期主义、服务意识和匠心文化。家办行业究其根本，要有坚持以客为尊的想法，提供最具有合成性、最高服务品质、最具隐私性、最具专业价值的一种服务。”张咏表示，“而且在服务过程中，久久为功才能为我们中国企业家群体带来价值。”

创业一路走来，张咏在业内首先提出创富、守富、传富、用富理论和“十二财富宫格”系统。德裕世家从体系到流程再到架构，越来越成熟与完备，也拥有了越来越多的客户资源、股东资源、渠道资源、同业资源和支持资源，目前在北京、上海、香港和纽约设有4个办公室，深圳和成都办公室也正在筹备，下一步将在新加坡和欧洲地区也增设办公室。德裕世家现在在中国内地拥有二级市场证券投资牌照、一级市场股权投资牌照，在中国香港有证券咨询牌照、资产管理牌照、公司秘书牌照以及信托服务提供者牌照，并先后取得了众多奖项，尤其是获得了最具市场口碑的胡润百富“最佳家族办公室”奖、最代表专业理论价值的《银行家》杂志颁发的“财富管理创

---

① 香港的私人银行家出现得更早。

新”大奖，以及具有“业内奥斯卡”之称的《亚洲货币》杂志颁发的“最佳家族办公室”大奖。

说到商业模式，张咏认为德裕世家的商业模式是很全面的，顾问咨询、资产管理和资产配置都有，综合咨询更有比较优势。家族办公室的服务是最具综合性、最强定制化、最高品质要求和最强隐私保护色彩的，从业人员和客户彼此的关系是互动的，而不是单向的。“正行、信诚、精进、和合”是德裕世家一直倡导的理念，它为企业家群体提供高品质、定制化、隐私性、全方位的财富管理和家族传承服务，重点解决客户在资产管理、资产配置、资产保全与税务规划、家族传承、品质生活等领域的问题。“经过若干年的努力，我们希望有资格说，我们能成为你人生道路上的一个护持者，能成为你的需要。”

第一批财富管理人士“做客户最信赖智囊团”的本心

和祺家族办公室创设合伙人陈洳芃有10多年外资银行从业经验，曾服务于英国渣打银行、荷兰银行及美国花旗银行，创立家族办公室前任深圳花旗银行深业支行行长，擅长家族资产保全与传承方案的策划与执行。

和祺家族办公室成立于2014年，是中国较早创设的家族办公室之一。陈洳芃的合伙人和她有着相近的背景，都在外资银行服务过，对西方金融市场非常了解。他们多年来跟中国高净值人群打交道，客户对风险隔离及资产传承的需求让他们开始重新思考职业规划。在客户的推动下，他们放弃高位和高薪出来创业，希望能通过团队的专业能力帮客户解决切身问题。

在创业的前两年，国内根本没有可以借鉴的案例，西方市场的经验在中国也并不适用，因为中国的法律机制、政策等跟西方完全不一样。再者，家族传承就很多人而言还非常陌生，团队需要做大量的客户教育工作，但客户不见得都能听懂。一开始，当她在不同场合递上名片时，甚至有人会问家族办公室是不是做家具的。不只是客户，有的同行对此也并不了解。

陈洳芃认为，家族办公室行业最大的问题就是没有办法把它画成一个简单易懂的方程式来讲给客户听。业内人士跟她深入地聊完之后，会觉得和祺家族办公室很专业，这个市场非常有前景，可是客户听完之后，并没有意识到要付诸行动。

她开始审视自己的业务模式以及落地的问题：西方的知识和经验只能借鉴，不能照搬照抄，得结合中国市场的特点，做细分领域的专业服务。

和祺家族办公室在创立的第一天就对业务做了明确定位：在合规的基础上，只做客户的专业顾问，提供具体、可落地的解决方案。和祺专注于资产保全和家族财富传承这两个细分领域，帮助客户从法律、税务、金融3方面做整个顶层架构设计，并且通过一系列可实现的工具帮助客户用最低的成本执行整个架构，最终向客户收取咨询服务费。

经过持续努力，今天的和祺已经有了5位合伙人、十几名员工，背后有几十人的专业合作团队，能够为客户提供复杂的、全方位的专业服务，赢得了客户的充分认可和同行的赞许。

过去几年里，很多高端财富管理资深人士从大型金融机构里走出来，创立了家族办公室。他们都受过非常好的教育，有着令人羡慕的职位、丰厚的薪水、显赫的履历。他们看到了中国财富管理行业的变化趋势，看到了传统金融机构存在的弊病，希望用行动践行自己的价值理念。尽管经历过曲折，但他们的家族办公室都已经走过创设的最初阶段，步入成长发展期，他们都将成为中国家族办公室未来的领军人士！

最近几年，法律、会计、税务、移民等领域的一些有识之士也开始进入家族办公室领域，我想这可能源于客户需求的推动、自身发展的需要及自身价值观的诉求。但需要提醒的是，家族办公室是一个专业化和复杂程度极高的领域，需要足够的耐心和持续的学习。

金融行业人士创设家族办公室的初心总结

创设家族办公室的原因

私人银行家、银行支行长、资深理财师、证券营业部总经理、投行人士、PE／VC投资管理人等金融、投资领域人士发起创设家族办公室的原因，主要有以下4个方面：

第一，不希望被KPI束缚，有一定的理想主义精神，希望遵从内心，站在客户的立场做好财富管理工作。这种情况以私人银行家、理财师、支行长、证券营业部总经理居多。

第二，到了一定的年龄，希望拥有更多的工作自主性，让未来的人生有发展空间，又不会脱离既往经验积淀。金融机构、投资银行等领域的资深人士通常属于此类情况。

第三，在职场上取得一定成绩后遇到事业瓶颈，希望通过创设和运营一个家族办公室来实现人生的再一次成长。银行支行长、证券营业部经理、PE/VC投资管理人及证券投资管理人多属于这种情况。

第四，对行业发展趋势敏感，预见到行业未来发展的方向而主动投身家族办公室行业。

这些家族办公室创始人在客户基础、客户关系建设方面具有较强的积累，在家族资产管理领域拥有较强的认知，但在经营办公室的过程中可能面临原有行为模式、思维模式的局促，以及更多种类资产管理及法律方面的挑战。

我曾与很多年龄相仿的金融行业资深人士交流，发现大家都面临一个困扰：50岁左右的年龄，身体健康、精力旺盛，近30年的工作经验让他们积累了宝贵的金融服务经验和专业认知，然而大多数金融机构会对他们采取后撤性安排。

我的看法是，参与创立一个家族办公室或成为家族办公室合伙人，或可成为这类人群的最佳选择，原因有三。

首先，家族办公室是一个经验型专业服务机构，而这些资深金融行业人士正好符合“经验型”和“专业”的特性。

其次，家族办公室的作业节奏适合这类人群。家族办公室不是营销型机构，不以营销为导向，而是专注于服务少数高净值人士。而这些资深人士通常拥有一定数量已建立良好信任关系的大客户；家族办公室的主要工作是资产配置和专业咨询服务，这些工作的节奏和强度可控，适合这个年龄的资深人士；家族办公室不是大型金融机构，没有高强制性的KPI要求，可以长期从事，甚至像巴菲特和芒格两位老先生一样工作到90多岁。

最后，家族办公室业务需要更宏观的视角，对未来有更广阔的认知，这要求资深人士不断学习新事物、新变化。这些体验也让资深人士和高净值人士的沟通不局限于财富管理层面，更多的是在人生、人性层面，从而加深彼此关系。

金融行业人士成为家族办公室合伙人应具备的特点

成为家族办公室合伙人的资深金融行业人士，必须具备以下特点：

●持续工作在一线，与高净值客户保有长期的信赖关系。这是业务的基础。如果转岗行政管理工作多年，脱离了市场和客户，开展工作就比较艰难了。

- 身体健康，家庭无后顾之忧。随着年纪增长，身体健康永远是第一位，如果过去工作中身体欠佳，则应首先关注身体的康复。
- 精力充沛，热爱学习。需要保持好奇心和开放的心态，愿意学习新知识、新技能。

创立家族办公室的价值体现

创立家族办公室或成为家族办公室合伙人，对资深金融行业人士的价值有哪些？

- 个人事业的再次腾飞：工作经验可以支持事业的再发展，与高净值客户的关系也可进一步加深，个人专业能力和认知进一步提升。
- 个人生命质量的提升：个人生活更为丰富；紧跟社会发展，保持健康的状态；不与社会脱节。
- 事业有价值，人际关系大幅提升：给朋友和客户带来巨大价值，个人成就感提升；视野宽广，受人尊重；关注大事，不会局限于小圈子、小事务，更好地维护家庭关系。
- 个人财富更稳健：有效管理自身家庭财富，资产管理规模扩展，带来更多财富收入，家族办公室持续发展带来更多资本回报。

建议

我对资深金融行业人士创设家族办公室的建议：

- 在职的资深金融行业人士要思考清楚自己的职业发展路径和人生后半场的发展。
- 即将退休的资深金融行业人士，在身体、精力、家庭等各方面支持的情况下，担任家族办公室合伙人是一个不错的选择。
- 金融行业资产端的资深人士对资产管理、公司管理可能不甚了解，建议这类人群与高净值家族及成熟的专业服务机构合作创立家族办公室，或成为家族办公室合伙人。

事业“第二曲线”：律师、税务师、咨询师、移民顾问等专业人士

在中国家族办公室的先行者队伍中，以律师、税务师、咨询师、移民顾问等为代表的专业人士从各自的专业服务领域出发，摸索如何打造中西合璧的家族办公室。转瞬数年已过，正因为坚守初心，所有的付出和实践都变得有意义。

专业咨询师通过家族办公室“成人达己”

青贝家族办公室创始人刘青女士在投身家族办公室事业之前，是一位咨询服务行业的专业人士。她曾在国内研究所当过工程师，在外企做过首席代表，并于退休之际转身咨询师，专门为高净值人士提供财富管理咨询服务。

她之所以选择设立家族办公室，是因为在管理财富的过程中遇到了实际问题——客户的大部分盈利不是银行或者财富管理机构带来的，而是靠自己的直觉判断获得的。而客户在接受客户经理建议后购买的基金等投资产品，大都没有什么盈利甚至会亏损。这让她感到不安。

“我个人的价值观和使命是活出人生的真实感，发挥与生俱来的天赋潜质，实现比较均衡和谐的人生。要实现这一点，利他是特别重要的因素。所以我非常希望能够帮助他人选择擅长的视角和领域。我觉得财富管理是一个实际的切入点，每个人都需要物质财富的支撑去实现自己的理想和内心的安宁。

“家族办公室于我而言就是守护和传承，其核心是保值增值、慈善传承。我们这代人的孩子大部分是独生子女，我希望能给孩子一些精神层面的东西、一些必要的保障，能够和她一起成长。我愿意通过家族办公室这个平台把这样的想法和理念分享出

去，助力其他个体和家庭走向和谐美满。”

在过去数年，青贝家族办公室一直秉持着创立初心，不以规模为目标，专注自己及身边人的需求，从“心”出发，不仅建立起了办公室运营管理的组合基金，还通过该基金投资市场中优秀的子基金，取得了很不错的收获和成长。

税务专业人士/资深企业顾问的一份长期事业

崧泽家族办公室的创始人和联合创始人都是专业人士出身：创始人余思漫在海外学习工作多年，分别在安永（芝加哥）和安永（墨尔本）从事税务技术及数据分析工作，回国后她与家人一起管理家族资产，主要涉及一级市场股权和二级市场证券投资；联合创始人汪洪涛是一位资深企业战略咨询、管理咨询和投资咨询专家，有20多年的丰富从业经验，服务过近千家外资、国有和民营企业。

崧泽家族办公室创立的初心是更好地管理自己家族的财富。对家族财富管理有了更多认知后，崧泽已经不仅仅为自己的家族管理财富，而是以财富管理为基准，服务更多有类似需求的高净值家族。

余思漫表示，从有这样的想法到真正把家族办公室当成一份长期事业来做，是有一个过程的。在这个过程中，她遇到了两个重要的合伙人，一个是汪洪涛，另一个就是优脉。

遇到优脉后，她才发现中国市场上已然有支持家族办公室发展的专业服务机构。在优脉的帮助下，她的家族办公室业务得以真正落地。最为关键的是，家族财富在专业的团队和模式下真正有效地实现了保值、增值和传承。

余思漫将家族办公室的服务归为两块：资产管理规划建议和解决方案落地执行。她认为在为客户提供规划建议前，家族办公室应该和客户进行充分的沟通，了解客户的资产状况及其对流动性、目标收益、风险管理等的具体要求，为客户做需求诊断，并在此基础上制订初步的管理方案。确定了资产管理方案后，家族办公室再从全市场筛选最合适的资产进行配置和管理，并不断调整组合。余思漫希望通过以上一系列的专业服务和运营，让每一个崧泽的客户都能拥抱财富，让生命无限精彩。

无论是企业管理咨询还是创设家族办公室，都是需要长期坚持的事情。汪洪涛对此有自己的见解。在过去20多年的岁月里，汪洪涛一直在思考一个问题：企业管理咨询是给企业做个方案，赚了该赚的钱就走人，还是解决企业各阶段面临的问题，与企业一起成长？

与一些上市企业合作后，他发现企业即使顺利上市，仍然会不断面临新的问题和挑战，需要有人持续跟踪服务。于是，他与不少企业达成了长期战略合作关系，服务于企业的全生命周期，其中合作时间最长的已达19年之久，真正做到了与企业共进退、同成长。但是近年来，企业又要面对一个新问题，那就是企业上市之后，企业家获得了巨额增长的财富，可创富容易守富难，不少企业家不仅面临企业代际传承的问题，同时还要解决巨额财富的管理问题。

许多企业家会有惯性思维，认为既然自己能把财富创造出来，那么管理财富也不在话下。可是财富创造和财富管理实际上是两件完全不同的事情。财富创造是小概率的大成功，而财富管理是大概率的小成功，必须在保证资产安全的前提下，通过专业的投资逻辑和策略来达成一次次小额的财富增长，做时间的朋友，从而实现长远目标。

长期从事企业经营，必须有经得起风浪考验的基石——专业化的流程与管理，做家族办公室同样如此。所以，为企业家提供专业化的增值服务成了汪洪涛这几年一直想做的事情。专业的人做专业的事，聚焦核心能力才能创造长期价值。

金融高管只想当“老中医”为家族“看病”

磐合家族办公室创始人颜怀江曾担任瑞士银行副总裁及瑞银证券副董事，2013年，他回国创立了磐合家族办公室。

在定位上，磐合明确不做投资，只做为家族把脉看病的“老中医”。在颜怀江看来，只有当高净值家族认识到实现家族基业长青、企业持续发展的重要性，家族办公室作为“医生”才有切入的空间和可能。

“选择进军国内家族办公室行业，与我在瑞银的工作经历有关。我在瑞银工作时服务了很多海外华人家族，这段工作经历让我意识到，对富有人群而言，家族传承是一条必经之路。”

在他看来，过去国内“创一代”还很年轻，忙于赚钱，并没有遇到家族传承的问题，因此也不太关注。近年来随着“创一代”年龄渐高，企业面临转型，第二代需要接班，家族传承问题才逐渐受到重视。

颜怀江意识到，家族办公室服务家族的过程与医生看病的逻辑相似——病人首先要意识到自己出了问题，才会有意愿求医问药。

所有的财富管理机构相当于"药厂"或"药房"。例如，基金公司是"药厂"，第三方财富管理机构就是典型的"药房"，什么"药"都有。假设你去药房，药剂师向你推荐购买某品牌的药，背后的实际目的却在于提高自身的"货品周转率"，那会多么可怕。但所有的金融机构，包括第三方财富管理机构和银行，都遵循这一逻辑。其中银行只有一帖自制的"药"（存款和贷款），其他都是代销。银行代销产品首先看风控，其次看产品定位及利润。产品符合标准后，"有病治病，无病强身"，让客户多吃几颗没问题。从治疗的角度来说，医生诊断后开具的"药方"非常关键，甚至即使是同样的药方，煎药、服药的方式不同，疗效也不一样。

"很多客户最初与我们接触时，通常简单地描述了自身问题，就希望我们给出解决方案，拿出'药方'。事实上，一个家族有太多的变量和未知状况，我们没办法做到'隔空开药'。要想为一个家族制订持续健康发展的方案，靠两三次谈话、一两个月时间，根本不可能。"

他认为，理想的合作方式是"诊方养健"，先诊断，再给出药方，然后是调养和健身。"调养"家族问题至少需要1~2年才会有初步成效。这与中医问诊需要望、闻、问、切一样，工作人员需要深入家族内部，譬如与家族成员会谈等。家族战略发展顾问的价值就像私人教练一样，通过为家族诊断当前的问题设计健身路径，并不断给予指导和纠正。

他认为，目前家族办公室在国内刚刚起步。再过10年，随着"创一代"与第二代完成代际传承，这一行业的价值将逐步得到验证。同时，家族办公室市场的进一步成熟也终将使这一行业百花齐放、百家争鸣。

磐合成立多年来，长期服务的家族达20余家。"这是一项长期工作，并不是我们开具'长生不老药'，家族服用后就能彻底健康了。万事万物都在改变，家族与我们合作，不只是单纯选择我们，同时也要愿意'熬'。"

执业律师解决企业家传承难题的愿景

徽商家族办公室创始人王旭东曾于2015年加入大成律师事务所。王旭东至今已服务超过100家企业，精通企业管理、企业与家业法律风险管理专业知识，专注企业投融资、公司股权、家族财富管理与传承领域法律业务，并积累了丰富的实操经验。

他曾服务过一位美籍华侨。在帮助其处置完国内资产的法律问题后，这位客户想将这笔财产用于公益活动，于是王旭东又帮他成立了家族慈善基金会并做了慈善传承规划。在这个过程中王旭东发现，国内有很多企业家正面临财富交接、代际传承的问题，于是他决定向财富管理律师转型。当时合肥市场还没有这方面的专业律师，而大成律师事务所在财富传承领域拥有非常好的专业团队，比如北京的王芳家族办公室以及广州的和丰家族办公室。在与这两个团队充分沟通交流后，王旭东和几位合伙人联合发起设立了徽商家族办公室。

对合伙人的选择，王旭东有自己的标准——在工作和生活中有深入交流，对家族办公室的前景和价值观高度认同，并且来自不同专业领域。比如，联合发起人周惠冬和王旭东的妻子是湖南老乡，都曾在香港保险业工作，而周惠冬的丈夫又是香港方达律所的律师，彼此熟悉，观念相近；另两位合伙人都来自财富管理领域和投资领域，也是老乡和曾经的合作者。这让徽商家族办公室有了不错的专业资源和基础。王旭东在创立公司时就想过，前3年是积累期，需要一边教育市场一边进行案例积累和实践经验提升，以自己擅长的法律服务为基础展开业务。

中国的民营企业中近八成是家族企业，财权或者股份主要由一个家族控制，而且企业高层领导均由家族成员出任。这种模式在一定历史阶段有它存在的道理，但弊端也十分明显。如何建立现代企业制度，引进先进的管理技术，让企业与家族财富都能持续传承，是每个“创一代”面临的课题。

徽商作为中国历史上的三大商帮之一，以勤奋和吃苦耐劳著称，“诚信为本、以义取利”的商业理念使其在市场上取得了良好信誉。同时，徽文化塑造了徽商的品格——儒商，徽商以儒家文化来指导经商，“贾而好儒”是其显著特点。作为一个土生土长的安徽人，王旭东创办徽商家族办公室的愿景就是发扬徽商文化，帮助勤奋的徽商企业家建立完善的财富管理体系，将丰厚家业与儒商精神世代传承下去。

信托专家构建国内家族财富传承体系的心愿

新财道家族办公室创始人周小明是国内信托界的知名人士，他是金融与法律方面的资深专家、信托与资产管理领域权威专家，《中华人民共和国信托法》《中华人民共和国证券投资基金法》的起草人之一。

在给金融机构提供战略顾问服务的过程中，他发现家族资产管理的目标在现有金融机构体系内很难落地。而家族资产管理具有很大的社会价值——财富损失不仅是财富拥有者的损失，更是社会的损失，且有效的代际传承也涉及人的成长和发展。基于此，周小明决定以企业的形式为客户提供专业服务。他全力整合各方资源，成立了新财道家族办公室。

基于国内家族财富管理市场不成熟和长周期的特点，新财道在成立伊始就树立了长久发展的理念，着力通过自身实践为国内家族办公室行业提供理论、技能及实践标准。经过5年多的发展，公司已经建立了50余人的专业团队，成为一个研究型的企业组织，并持续盈利。

在服务方面，新财道确定了战略规划，分3步建设其组织能力。第一阶段，它花费了3年时间着力建设为客户提供家族资产专业规划的能力，就家族客户在目标管理下的系统规划提供专业服务，这一步已经完成；第二阶段是建设资产配置体系，在5年内实现家族可持续发展的赋能体系建设，这一步正在建设中；第三阶段将实现与家族资产管理及传承相关的各类综合专业服务能力建设。新财道自成立以来，始终聚焦家族财富传承问题。在周小明看来，信托是家族财富管理的基石——家族信托在财富管理中可以起到风险隔离、资产保护、信息保密等作用；信托虽然不完美，但在现有的法律框架内是最理想、最有效的传承工具。

从以传承为切入口打造中国家族财富传承体系，到致力于成为家族财富管理系统解决方案的集成服务商，周小明和其建立的新财道在保持初心的同时，也摸索出了一条深耕专业、由点及面的发展路径。

专业人士创设家族办公室的初心总结

创设家族办公室的原因

律师、会计师、税务师、咨询师、移民顾问、金领人士、企业高管等服务机构资深人士发起设立家族办公室的原因主要是：

第一，在自身专业领域服务过诸多高净值人士并获得客户认可后，希望扩展自身业务能力和业务范围，更好地满足客户需求，增强客户黏性，提升自身收入和市场竞争力。律师、会计师、税务师、咨询师、移民顾问等专业人士大多属于这种情况。

第二，在人生上半场取得了不错的成就，随着市场的变化及年龄的增长，希望在保障自主性的同时，学习管理家族资产的能力，打理好自身资产并发展人生“第二曲线”。资深律师、会计师、咨询师、金融高管多属于这种情况。

创设家族办公室的价值体现

服务机构专业人士创设的家族办公室往往从创始人原有的业务类型起步。创立一个家族办公室或成为家族办公室合伙人，对于专业人士而言有哪些价值？

- 从事业发展的角度看，任何专业服务领域受行业政策或经济环境的影响，都会面临高峰和低谷，而家族办公室行业是综合服务，关注的是客户长久的需求，一旦有效运营，可持续性更好；家族办公室与客户保持密切的关系，又不像投资领域要求高强度的工作节奏；这个行业在中国刚刚开始，行业本身具有高成长性；这是一个让专业人士自立门户、持续获得复利积累的创富良机。
- 从人生成长与发展角度看，家族办公室涉及各种服务内容，这要求家族办公室合伙人不断学习，了解世界变化的趋势，洞察潜在的风险；家族办公室合伙人接触的对象均为不同专业领域的优秀人士，彼此深入沟通，个人的视野和认知将得到不断提升。

创设家族办公室面临的挑战

专业人士创设家族办公室面临怎样的挑战？

- **客户基础**：要判断老客户对你的认可是来自你所在的机构，还是对你自身人品、专业和能力的认同。
- **坚持力**：客户认可你在自身专业领域的能力，但并不一定认可你作为家族办公室创始人的身份和能力，赢得客户的信任需要时间；原行业的行为惯性和思维惯性会让你不自觉地走回老路，要坚持践行家族办公室行业的工作方法和原则；家族办公室的商业模式注定不是赚快钱的行业，在创设初期更需要坚持不懈。
- **学习力**：家族办公室涉及的专业领域很多，日常工作实践中与客户、供应商、合作伙伴的交往都是重要的学习过程，要以开放的心态不断学习。
- **合作精神**：家族办公室要有效经营，需要与各种其他专业领域机构或人士精诚合作，在成为“全科医生”的同时与各类“专科医生”合作，是成功的关键。

建议

我对服务机构专业人士创设家族办公室的建议如下：

- 进入这个领域会经历身份转变，以及能力、认知提升的过程，要做好充足的准备度过整个创业期。

- 要注意成本效益，慎重选择合作伙伴并持续合作，从而降低风险，提升服务品质。
- 一切以客户为中心，坚持买方定位，为客户创造专业服务价值。千万不能变成各种高端产品和服务的代销点。

创设联合家族办公室必须思考的几个问题

在创设联合家族办公室之前，我们需要回归“第一性原理”，即从底层思维出发，系统梳理创设过程中可能面临的问题，并逐级向上破解，最终实现可持续发展。具体可以从创始人、企业、金融、持续发展和创设过程这5个层面的问题入手。

创始人个人层面：愿景、身份、价值观

对于创设家族办公室来说，资源、客户和商业模式固然很重要，但最底层的动力源泉还是创始人的愿景、身份定位和价值观。

罗伯特·迪尔茨在《归属感》一书中提到，“愿景不是简单的一句话，任何愿景都包含六个层次”。与我们人生有关系的事，我们都会赋予其一些意义。人生的事情这么多，我们在处理它们的过程中，往往因为忙碌而变得被动和迷惘，分不清哪些事情是短暂而微不足道的，哪些是对人生有深远影响的。

能够创设家族办公室的人，都是拥有一定能力和资源的。你能否坚持做好家族办公室？为什么这件事对你很重要？应该以怎样的原则做好这件事情？这些都是由创始人的愿景、身份和价值观决定的。如果我们能够把大部分时间和精力放在对自己有深远意义的事情上，并在实践中坚守自己内心的价值观，那么必然可以把自己的人生推到更理想的高度。

愿景、身份和价值观决定了人的能力、行为和环境。当一个人明确其目标愿景和价值观，那么即使现在还缺乏能力和经验，也能通过努力进行提升，并享受这个提升过程。这也被称为身心语言程序学（NLP）理解层次（见图2-1）。创设和运营家族办公室也不例外。

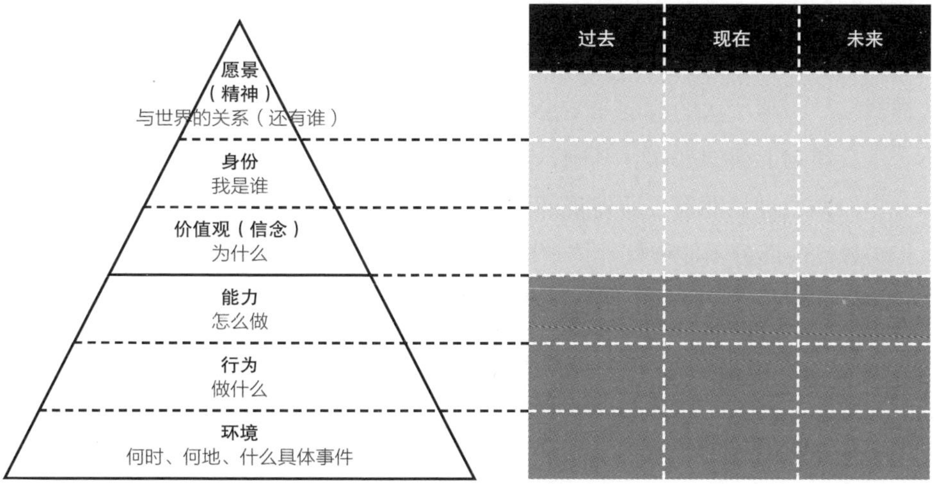

图2-1 NLP理解层次

第一，愿景是最高层次的因素，包括特定身份、信念、能力和行为所处的更大系统，是“为了什么”（for what）的层面。例如，创设家族办公室的愿景和目标是让财富真正温暖人生，让身边人更好地享受生活。

第二，身份，即在这件事中承担哪些角色和使命。例如，作为家族办公室创始人，我的角色和使命是什么。可以是：我是一个值得信赖的人，我希望用我的专业能力和资源为朋友们管理好资产。

第三，信念和价值观。每个人都有自己的信念和价值观，这是关于行为动机和什么可以做、什么不可以做的准则，即为什么做（或不做），有什么意义，对我有什么好处。例如，我的处事模式是什么，做事的动机和许可标准是什么。可以是：我相信人性不可抗拒；我相信诚信，任何时候都不可以欺骗；我相信专业创造价值，因此不断学习以提升专业知识和经验等。

第四，能力，即我们能做什么和能有多少选择。能力越大，往往选择越多。例如，我是否具备客户关系深化和客户需求理解的专业能力，能否为达成特定目标提供必要的认知和策略。

第五，行为，指实际运作。例如：在经营家族办公室的过程中我具体在做什么？是学习知识了，帮客户诊断风险了，对客户的问题提出咨询建议了，还是就客户需求深入理解和沟通了？

第六，环境，指的是事情所在的特定环境，如物理空间或时间限制。例如与客户沟通的时间和所选的地方，包括地点、房间类型、食物、噪声等。

上述6个层次有高低之分。每一个层次是上一层次中各个因素的综合，并对下一层次进行指导。高层次的改变一定会向下辐射，沉淀至下面的层次；较低层次的改变则不一定会影响上面的层次。其中，能力、行为、环境这些层次对应的是工作中显性的部分，但是透过显性部分所体现的则是愿景、身份、价值观的隐性问题。如果在实际运作中显性的部分不能很好地体现隐性的部分，就不可能得到他人的真正认可。

以家族办公室创设初期特别重要的客户关系建设为例：假设专业、经验和忠诚尽责是家族办公室创始人希望传递给目标客户的，那么他们不仅要在每一次谈话、活动甚至朋友圈中向对方展示专业能力（资源）、丰富的经验（视野）和忠诚尽责（态度），更应在身份和个人追求上体现上述特点。长此以往，才能通过显性的行为不断体现隐性特征，实现客户关系的深化。

家族办公室绝非单纯以家族资产管理规模论英雄，为客户配置3亿~5亿元的资产并成功退出的特例并不能说明其价值。家族办公室需要构建完整的成长阶梯，实现家族可持续的发展，并在过程中创造乐趣和价值。

企业层面：成本/收益+核心能力

作为高端金融服务业的创业者，家族办公室创始人不仅需要提供高品质的服务，更需要思考“企业如何生存”，在合规合法地提供高品质金融服务的同时，做好企业成本管理与收入管理。

我们先来看看运营一个成熟的家族办公室通常需要多少费用。

据瑞银与坎普登财富研究联合发布的《2019全球家族办公室报告》，家族办公室在服务方面总的平均支出为1190万美元，包括680万美元的运营成本和510万美元的外部投资管理、行政和绩效费。

其中，北美和新兴市场家族办公室的平均运营成本最低。在北美，运营成本平均为57个基点，而外部投资管理和行政管理费用平均分别为25和23个基点。在新兴市场，这一数字分别为54、25和24个基点。这一现象与两地的家族办公室更倾向采用外部服务有一定关系。

整体而言，运营成本占据总费用的五成以上，其中欧洲和亚洲占比更高，均超过60%。这说明降低家族办公室成本的关键在于降低庞大的运营成本或者大幅提升管理规模以降低运营成本占比。

目前，在中国独立运作一个家族办公室的最低成本是多少？

2015年以来，很多有识之士着手自建家族办公室团队，包括一、二级市场资管团队，法律和税务专家团队，境外资产管理团队。这些团队人员均在20~30人，再加上运营、场地、IT系统等成本（见图2-2），每年的固定费用开支在1000万~2000万元。

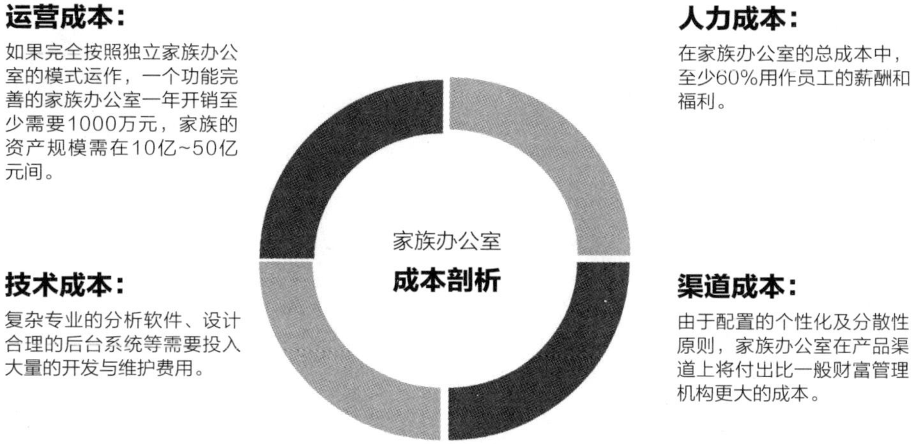

图2-2　家族办公室主要成本构成

从人员配置和成本看，一个全能型家族办公室的创设门槛是比较高的。除了高昂的资源和成本，如何招揽不同领域的专业人士，及如何有效运行组织、产生管理效能，都是创设家族办公室要解决的问题。还有一种方式是做外包型家族办公室，通过与相关专业服务机构合作来获得家族办公室运营所需的资源和能力，从而降低固定成本和经营压力，通过组织能力建设将家族办公室发展壮大。

举个例子：优脉在服务家族办公室的过程中，会协助办公室完成财富规划、资产配置、产品筛选、决策支持、投后管理、税务规划、传承安排等专业工作，并通过“家族办公室创设与经营实战训练营”系列培训课程，逐步提升办公室的核心能力。所有的尽调材料、风控内容也开放给联盟内的办公室。通过联盟赋能的合作方式，家族办公室在起步阶段将高昂的专业团队固定成本转化为变动成本，商业运营效率也大幅度提升。这种合作方式门槛较低，比较适合已经拥有一定客户资源的金融人士或高净值家族成员。

在收入方面，家族办公室的收入来源主要是咨询服务性收入、资产管理收入及事务性专业服务收入。其中资产管理收入应是最核心的收入来源（见图2–3）。

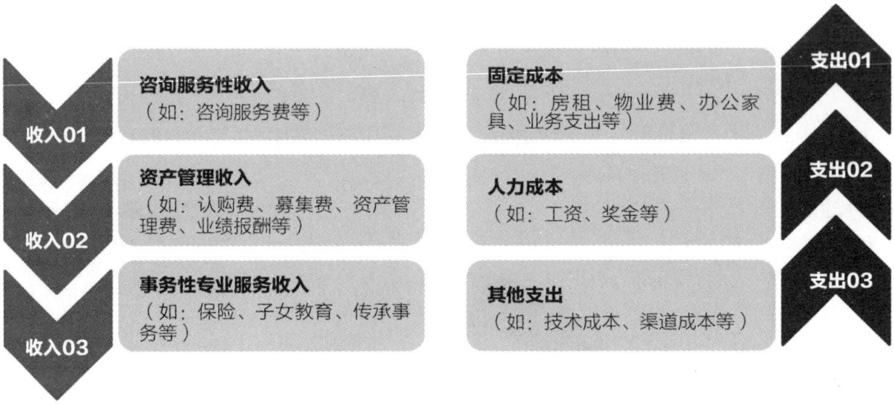

图2–3　家族办公室收支模型

企业经营过程中，拓展一个新客户的成本是维护老客户的成本的数倍。具体到家族办公室，问题变得更突出。家族办公室业务很难通过品牌推广或销售开发客户，主要是通过扩展老客户的“钱包份额”及通过老客户转介绍新客户获得新业务。这就要求家族办公室特别重视老客户业务的可持续发展，而家族办公室各项业务中，家族资产管理是最具可持续性和可扩展性特点的。

创设者需要对家族事务的咨询服务、增值服务、身份规划和家族精神传承服务等业务做系统性的规划，分清业务主次。从家族办公室的持续发展角度看，在所有业务中，家族资产管理是最重要的业务品类，是家族办公室持续成长的核心所在。

金融层面：合规管理+风险管理

创设家族办公室的另一大挑战是保持其健康成长。家族办公室服务小众客户，一旦风险管理出现大纰漏，客户流失或口碑损伤很容易导致办公室的经营中断。虽然目前国内还没有针对家族办公室主体的监管规则，但考虑到其业务涉及多种金融产品，家族办公室应遵循各金融领域的合规要求，守好经营的生命线。总的来说，家族办公室应该做好合规管理和风险管理。

首先来看合规管理。合规管理是指企业按照外部法规的要求统一制定合规政策，根据具体情况进行政策修订，并监督内部规范的执行，以增强内部控制的一整套管理机制。合规管理的目的就是使公司有效监测、识别和评估合规风险，主动避免违法、违规行为发生，从而免受法律制裁或财务、声誉等方面的损失。

合规管理是一切金融服务相关作业的基础，如果没有合规作为基础，任何金融服务的可持续经营都难以实现。家族办公室可以从以下4个方面构建合规管理机制。

第一，树立主动合规意识，克服被动合规心理。

在团队中树立“合规人人有责”“合规创造价值”等理念，树立员工的合规意识，在工作中主动进行合规审查，及时发现合规风险，以便整改。

合规文化是由一整套的制度、方法和工具支持的，需要家族办公室加强规章制度的“后评价”。针对发现的问题，对业务政策、行为手册和操作程序进行改进，避免类似违规事件再次发生，并对相关责任人给予必要的惩戒措施。如果有发现合规风险而隐瞒不报的情况，要采取严厉的惩罚措施；而对于主动报告问题的，则可以视情况减轻处罚、免责乃至给予奖励。另外，要将考核机制作为培育合规文化的重要组成部分。

第二，制定合规政策，强化合规岗位。

合规岗位是支持、协助家族办公室管理层做好合规风险管理的重要岗位，合伙人对合规负有直接责任，管理层对合规经营负有最终责任。

第三，将合规风险管理机制建立在全业务流程的基础上。

建立以客户需求为中心的统一封闭流程，包括对合作伙伴、供应商等外部合作机构的合规流程管理，以既服务好客户、又控制好贯穿全流程为准则。

第四，建立风险评估机制。

建立完善的合规风险识别和评估体系，以及覆盖所有相关业务伙伴的合规风险监控、评估和预警系统，及早发现问题、解决问题。

其次来看风险管理。风险管理是在风险环境下，把风险可能造成的损失减至最低的管理过程。这个风险包括客户资产风险、业务风险和公司经营风险。风险管理包括对风险的度量、评估和应对策略。理想的风险管理，是一连串排好优先次序的过程，使可能引致最大损失及最可能发生风险的事件发生概率大幅下降，对风险相对较低的事件发生概率进行有效评估，确保可以承担并能获得更好回报。现实情况下，风险的等级和发生的概率通常并不一致，所以要权衡两者的比重，以便做出最合适的决定。

其一，风险管理必须识别风险，即确定何种风险可能会对投资资产或客户关系产生影响，最重要的是量化风险发生的概率和每种风险可能造成的损失。

其二，要采取积极的措施来控制风险。通过研判未来趋势、持续跟踪管理等措施，降低资产风险发生的概率和损失。当然，控制金融投资风险的最有效方法还是分散风险。

其三，要学会规避风险。在既定目标不变的情况下，改变方案的实施路径，从根本上消除特定的风险因素。例如订立规则不参与涉嫌法律风险或合规风险的资产投资，不参与超越客户心理承受能力的波动性资产投资等。

有效的风险管理可以大大降低客户资产损失的风险，提升资产收益和客户满意度，有利于客户关系的稳定和可持续发展。

持续发展：组织构建+资本价值

家族办公室的持续发展主要依靠两个要素——组织构建与资本价值。

组织构建是为了实现组织的目标而对形成组织的内部各个部分、各个层次之间固定的排列方式进行设计，包括组织与组织间的相互关系类型，如专业化协作、经济联合体等。

家族办公室业务涉及不同专业领域，以及诸多外部合作伙伴和专业服务商，要实现内外部有机整合、高效运转，为客户提供良好的服务，就需要构建组织架构。

战略决定结构。为了确保效率和合理性，组织架构必须与公司战略相适应，比如，外包型家族办公室与全能型家族办公室的架构完全不同。家族办公室创设者在设计组织基本构成单位时，需要发现组织架构中“承担重任”即承担各项关键活动的部分。组织设计可以从以下问题开始：

第一，为了达到公司的目标，必须在哪个领域有出色的表现？

第二，哪些领域的绩效不佳会影响到家族办公室的成果，甚至会影响到生存？

第三，在本组织中，真正重要的价值是什么？

上述3个问题有助于识别关键活动。首先是产生成果的活动，其次是支持性活动，最后是辅助性活动。创设者必须识别和界定关键活动，并把它们配置在组织的核心位置。

对家族办公室直接产生成果的活动，必须与客户充分沟通，了解其需求，维护良好的客户关系，并提升办公室对客户的影响力，以获得客户委托。向客户提供的专业服务品质和成果要有保证，因此专业能力的建设亦是关键。

要把构成组织的各种结构单位配置起来，还需要完成两项重要工作——决策分析和关系分析。决策分析涉及的问题包括需要做哪些决策以取得绩效，应该在组织的哪一个层面上做出决策，这些决策涉及或影响到哪些活动，参与决策的人员有哪些，等等。而关系分析涉及的问题包括组织的某一项构成要素应该归属哪里，负责某项活动的管理人员应该同哪些人一同工作，他必须对负责其他活动的管理人做出什么贡献，其他管理人需要对他做出什么贡献，等等。

创设者在进行组织架构设计时，需要考虑专业化、部门化、命令链、控制跨度、集权与分权，以及正规化6个方面，并且根据公司发展的阶段和状态做动态调整。

再来看资本价值。通常大家会认为家族办公室不需要考虑资本价值。的确，自1882年洛克菲勒家族办公室建立起，诸多单一家族办公室存在的核心意义就是帮助富裕家族有效管理资产及家族事务，并不会太多地考虑自身盈利或商业模式问题。但随着金融市场和金融工具的迅猛发展，专业化分工要求越来越高，聘用专业人士的成本激增，越来越多的单一家族办公室转型为联合家族办公室。联合家族办公室商业模式因此日趋成熟，商业价值也更加受到业界的关注。

联合家族办公室一般由家族客户和专业人士（即经营人员）共同组建，当资本市场发生变化或者家族迎来代际变化时，会面临经营者或股东退出的问题。如果办公室的资本价值可以量化，对经营者和股东都极具参考价值。

优脉的战略股东是安中集团。安中集团过去10年在澳大利亚并购了很多当地的联合家族办公室。这些办公室当时都已经营了二三十年，愿意出让一部分股权，并可能会在五六年之后选择退出。此时，新的人员就会补位并希望获得股权激励，股权这个资本市场工具发挥了很好的作用。

来看一个具体案例：澳大利亚某家族办公室经营了近30年，管理着20亿美元资产，每年收取1%的服务费，扣除经营成本，年净利润1200万美元。可以预期，这个利润是长期可持续的，因此其在资本市场估值上亿美元，股东在退出时获得了不错的资本回报。

从这一点看，联合家族办公室一方面是帮助家族管理资产的专业服务机构，另一方面作为一家创业公司同样会创造自身的资本价值，特别是在并购市场拥有很多机会。因此，家族办公室的创设者应该提前考虑如何建立自己家族办公室的资本价值。

这也是家族办公室创设者与独立理财师最大的不同：不仅要考虑个人的成长与发展，更要考虑如何建立机构的组织能力，并整合资源让机构更好地成长与发展。针对中国家族客户的综合服务需求（见图2–4），我们也制作了适用于中国家族办公室的10年规划（见图2–5），以实现家族办公室的持续发展，供参考。

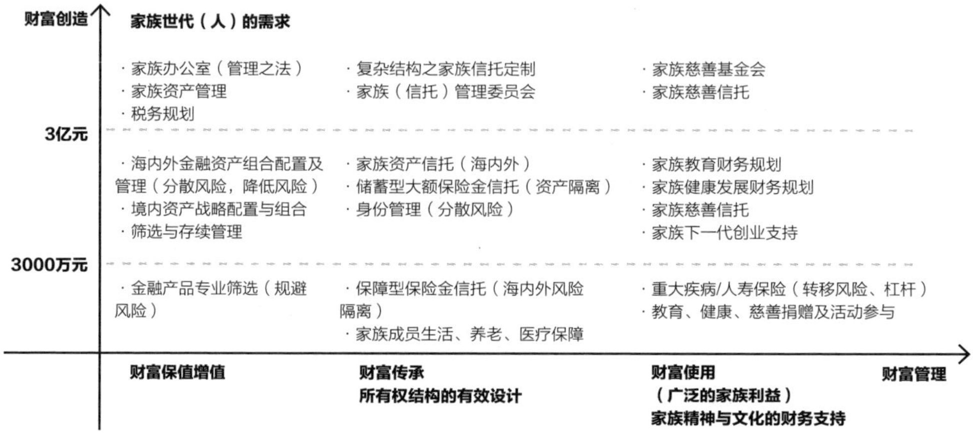

图2–4　中国家族客户综合服务需求

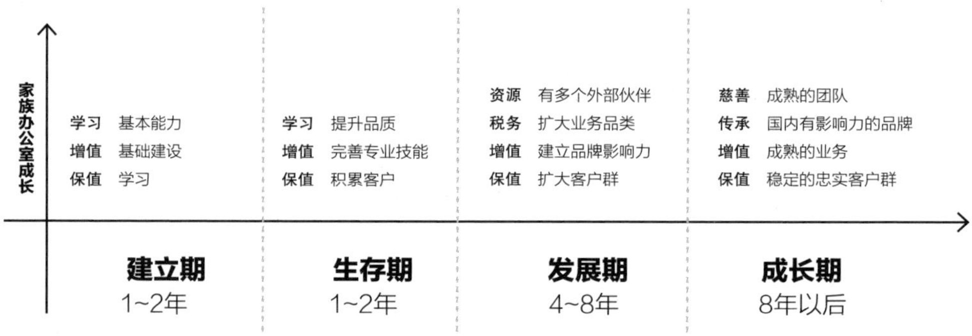

图2–5　中国家族办公室10年规划框架

创设背后：创设过程中的学习与经证实的认知

我喜欢用“创业”来形容创设经营家族办公室这件事。

每个家族办公室创始人都面临着身份跨界的挑战，企业家创立家族办公室涉及领域跨界和身份跨界，要成为一名专业服务机构经营者和金融服务专家；金融专业人士创立家族办公室面临身份跨界，即从专业的职业者身份跨界为企业家、企业主或金融服务机构经营者；非金融专业人士创立家族办公室面临着领域跨界和角色跨界，从一个专业领域跨越到另外一个专业领域并成为一名金融服务公司的经营者（见图

2-6）。当然同所有公司创始人一样，家族办公室的创始人也必然要经历企业从0到1，再到成长和成熟所面临的所有问题和挑战。

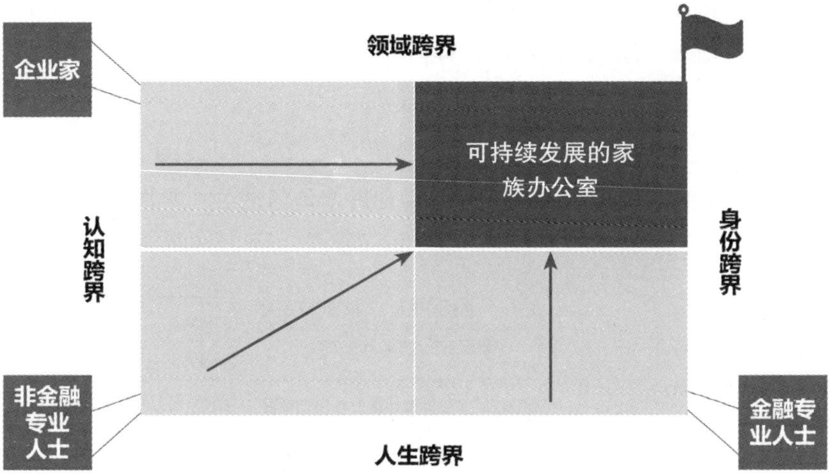

图2-6 家族办公室创始人的跨界挑战

如何破解这些难题？学习成长是唯一路径。《精益创业：新创企业的成长思维》一书提出了创业过程中应重建“学习”的概念，这与先行者优势理论中强调组织应该建立“学习曲线”以获取竞争优势的概念异曲同工。《精益创业》的作者埃里克·莱斯将“学习”称为“经证实的认知”，以说明新创企业的发展情况——通常这些发展情况被极端不确定的企业成长环境所掩盖——让团队发现新创企业当下和未来商业前景的真相。它更加精确，而且比市场预测或传统的商业计划更高效。经证实的认知可以帮助企业避免执行无意义的计划。

我在经营优脉时，充分感受到在极端不确定的企业成长环境中的挑战，也收获了“经证实的认知”。

2014年，优脉启航。彼时国内财富公司都是卖方定位的销售型组织，而我们就想做一个纯粹买方定位的专业服务平台，让服务客户的人可以获得更加完整、深入的信息和专业支持，帮助客户做出更好的决策并获得客户的付费认可，以保持与客户利益的一致性。

我们能有多少客户？想法很美好，现实会很骨感吗？会有人愿意为专业服务买单吗？我们不知道。但我们知道这个方向一定是对的，我们愿意跟这个业态一起成长。当有一天基于买方定位的家族办公室成为财富管理行业高端服务市场的主流，我们希望优脉就是准备得最充分的那个机构。多年过去，经历了一轮又一轮的经济周期，整个行业优胜劣汰，一些伪家族办公室自动消失，而优脉团队变得越来越成熟。我们的想法（比如资产筛选）在践行中取得了很不错的成绩，更多有识之士进入这个细分领域，而优脉“经证实的认知”所形成的服务项目已然成为帮助他们持续成长的最佳选择。

优脉借助“经证实的认知”，支持高净值人士及专业人士建立家族办公室并为其赋能，以助力其持续有效地发展，更好地实现资本价值增长（见图2–7）。

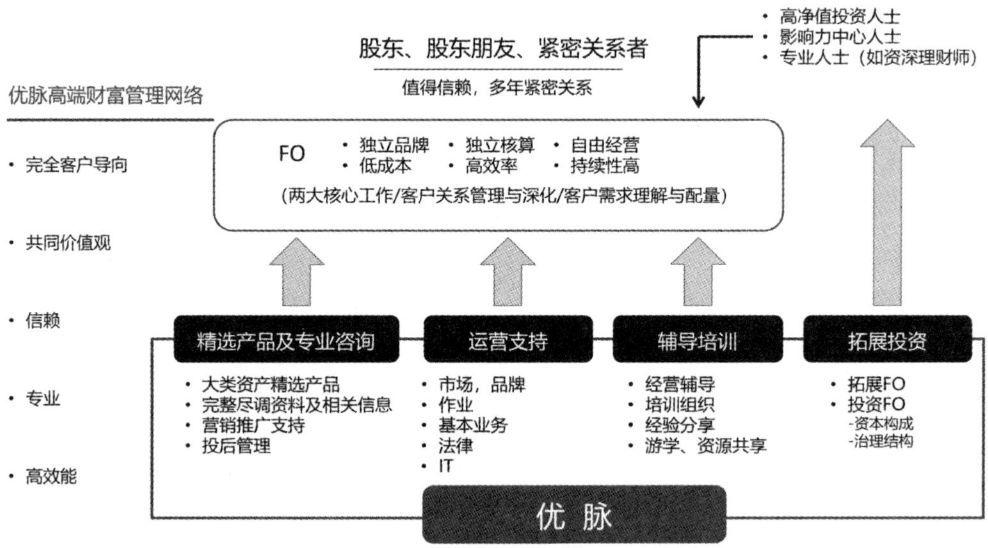

图2–7　优脉的支持与赋能体系

动力启航：绘制“我的家族办公室蓝图”

家族办公室创始人如何让一个愿景具象化？可以对照做如下练习。

第一步：创立愿景。

保持放松而开放的状态，保证你可以充分了解自己的感受。

闭上双眼，用你的“心灵之眼”为愿景开辟一方天地。想象一片广阔无垠的内部景观。注意感受你的内部景观的地平线在哪里，同样要留意在这个内部景观里，你的注意力的汇聚点或者消失点在哪里。关注这个汇聚点看起来离你的鼻尖有多远（见图2–8）。

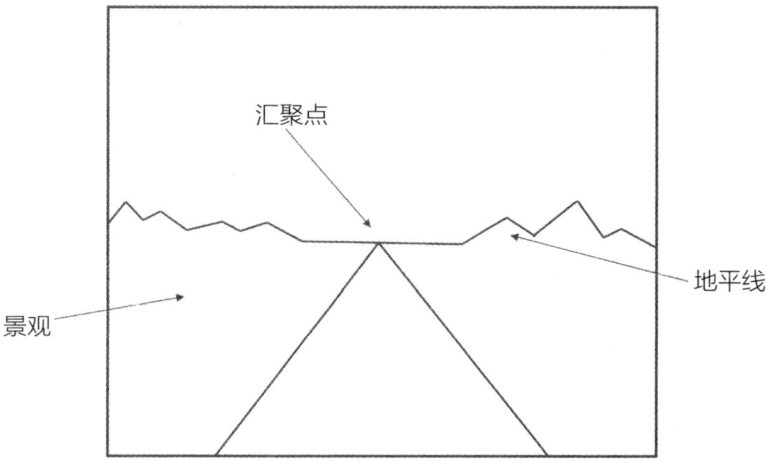

图2-8 绘制愿景

将这个汇聚点向远处延伸。如果需要的话，你可以降低自己的地平线。找到一个能够代表你余生的汇聚点。然后拓展你的焦点，直到它远远超出当下这个点。与此同时，延伸你的脊柱并轻轻地抬起头，想象一轮太阳冲破地平线升起，让希望的感觉和对未来的信念浮现在脑海里。

在这种状态下，问自己一个问题：“我的愿景是什么？”

让你的意识和注意力重新回到代表你余生的点上，想一想为了向着愿景移动，在这个时间框架内需要做些什么。问问自己：“为了实现这个愿景，我的使命是什么？“我的角色和身份是什么？这个角色和任务的象征或者隐喻是什么？”

将你的注意力集中在你的身体以及你对愿景和使命的感觉及情绪上——尤其是那些吸引你的感觉和情绪。感受你对未来的动机和动力，问问自己：“我的愿景和使命代表着什么样的价值？”

将你的注意力转移到脊柱和胸腔。拉长脊柱，打开胸腔，以便可以更加完全自由地呼吸。感受你身体里的能量，问问自己：“我有什么能力，或者我需要培养什么能力，才能达成我的愿景和使命，实现我的价值？”

将你的关注点拉近，找到一个感觉既亲近又舒适的距离。让意识进入身体，问问自己：“为了完成使命，下一步要做什么？什么样的状态最有利于我完成这一步？”

想象自己的身体正在朝着未来的那个点和它所代表的环境移动，问问自己：“我将在何时、何地完成接下来的这一步？”

第二步：明确路径。

回答下列问题，明确在你探寻的过程中不同层次之间的连接点。这些连接点将形成一条路径，连接你的愿景和为实现愿景必须采取的行动。

·我的愿景是____________________。

·为实现这个愿景，我要成为____________________。（试着使用象征或者隐喻来回答这个问题。）

·为实现这个愿景，我的使命是____________________。

·我愿意为这一愿景和使命而努力，是因为我重视（我的愿景和使命所包含的信念和价值观是）____________________。

·我有这样的愿景和使命，是因为我相信____________________。

·为了实现我的愿景，完成使命，我将运用我的能力来做__________________。

·为了实现愿景和使命，同时充分运用我的能力，我的计划是______________。

·这个计划将会在____________________的环境中实施。

第三步：为愿景塑造一个画面。

明确了从愿景到行动的路径，接下来为你的整体愿景塑造一个画面。这将帮助你加强对愿景的及时感知，便于你记住它，并向他人传达。

延伸阅读：家族办公室“起心动念”的常见问题

在与许多家族办公室创始人深入交流的过程中，我发现很多人真正的“起心动念”与其所宣称的并不一致。很多所谓的家族办公室之所以从市场上消失，我想和他们的“起心动念”有很大的关系。市场上有句话是“家族办公室比家族多”，这道出了许多人创设家族办公室“起心动念”的问题。

不同行业人士对家族办公室“起心动念”的原因

下面我们就从创始人的角度来分析这些问题：

- **面临事业瓶颈的第三方财富机构业务人员。**一些水平一般的第三方财富机构业务人员，因为业务能力不足、不愿接受KPI考核，于是选择做独立理财师。他们打着买方定位、为客户提供个性化咨询服务的旗号，实质依旧是向客户销售各种金融产品，关注的仍是产品是否热销、佣金是否丰厚等。
- **想卖更多保险的保险业务员。**一些国内保险资深人士希望开发大客户的保险销售业务，开始学习“法商”，以家族传承为概念开展工作，因此名为家族办公室合伙人的保险人越来越多。他们与一些高端教育、健康、法律、税务服务机构合作，提升服务质量。但是这些“家族办公室”基本没有明确的商业主体、商业盈利模式和专业的运营团队，更像是升级了名称和服务内容的保险业务机构。
- **改头换面的小型第三方财富机构。**随着市场热潮的退却，第三方财富机构的发展机会已经越来越少，特别是对于一些小型机构而言，无论在产品获取还是客户认可方面都面临困境。不少机构将自己的名片改名为“家族办公室”，希望用这样的方式找到新的发展机会。但根据我的观察，这些机构在团队组成、技能提升、商业模式上并没有做出相应改变。
- **打着家族办公室名号的财富收割者。**这类人主要是境外暴利产品的生产者或销售者。曾有一些所谓的家族办公室宣传，投资西班牙的房产就可以移民西班牙，那里的房价低廉且环境优美，这使得很多不明真相的人趋之若鹜。这波操作背后是这些机构假借“家族办公室”的名义，以身份管理、境外资产配置的理念吸引高端客户，实则在境外以低价购入楼盘，并以5~10倍的高价出售给客户，获取暴利。

可以说，基于上述这些初衷所设立的“家族办公室”并非真正意义上的家族办公室。同时，我们也观察到很多有想法且完全具备建立自己家族办公室的资源和能力的资深理财师、私人银行家，在跨出关键一步时存在很多顾虑，迟迟不敢动作。

已具备创设条件的人士存在的疑虑

他们主要有以下几方面的担心：

第一，担心离职对不起客户。

这些理财师通过所在公司为客户配置了很多资产，客户亦不愿他们离职，因为部分资产还没有到期，需要跟踪管理。因此他们无法离开原公司，而开始自己的事业。

我的看法：理财师对客户高度负责，把客户利益放在第一位，这是好事，但我们可以从另一个角度看待“把客户利益放在第一位”。从客户视角来看，理财师待在公司或许可以更好地了解公司状态，为客户负责。但事实是，无论理财师多么资深，在公司里首先得根据公司的要求完成业务职责。如果理财师创设家族办公室，就可以不受公司任务要求的影响，更好地为客户提供全面的风险管理和项目跟踪服务。

第二，担心自己能力不足。

很多特别优秀的理财师对自己不自信，不敢跨出这一步。

我的看法：出现这种情况大体有两个原因。第一，公司宣扬“平台价值高于个人，客户因平台而来，产品因平台而有，理财师离开公司将一无是处”这样的观念，这种观念也已深植于理财师潜意识里，因此他们对自己的价值判断出现偏差，担心离开平台的结果会不尽如人意。第二，理财师受限于个人视野，对行业变化不敏感。

针对这个问题，有以下解决方法：

● 与自己信赖的客户交流，了解客户对自己的看法，这有助于理财师客观评价自我。

● 与外部专家交流，了解市场变化趋势，了解他人成功的原因，分析自身特点。

● 与和自己经历相似的家族办公室合伙人交流，学习他人的认知，听取建议。

第三，希望寻找比现在更好的外部合作机构。

一些理财师在收入分配、产品提供、品牌影响力等各方面与原机构比较，希望找到一个各方面条件都更好的机构再出来创业。

我的看法：这个现象比较突出地体现在很多优秀的理财师身上。如果只想做一名卖方平台上的从业者，这无可厚非。但如果理财师想建立家族办公室，就必须在几个方面实现“出圈”。

- **角色“出圈”：**从领薪水的打工人到给人发钱的老板，其中的区别在于，是成为一名创业者或企业家，从更高维度思考和建立自己的平台，践行自己的思想，还是在别人的平台上找到适合自己发展的空间。
- **能力“出圈”：**从个人精英到拥有综合能力。建立家族办公室不是一个人的奋斗，而是一群人的整合。无论是招聘进入公司的人还是外部的合作者，都需要经过全方位的考察。不是个人业务能力强就能够把家族办公室做好，更不是业务发展好，家族办公室就能顺利发展。
- **商业“出圈”：**从拿佣金到给公司算账，做家族办公室创设者需要思考如何平衡公司的收支。

优秀的理财师必须把这几个“出圈”思考清晰，再做出适合自己的选择。

第四，患得患失。

一些理财师觉得做家族办公室未来前景美好，但存在不确定性，在财富公司烦恼虽多却稳定。

我的看法：要解决这类烦恼，不能只看眼前的得失，需要从愿景出发，去思考5年、10年后的人生规划，理想的工作和生活状态，以及个人财富问题。

03 家族办公室的创设规划和落地路径

在我国现有法律体系下，家族办公室比较适合的法律形式是有限责任公司。这是因为家族办公室不是简单的“人合”，不太适合采用合伙制；它当然也不是纯粹的“资合”，所以股份制也不太适用。

家族办公室的治理架构取决于家族资产规模、人员认知水平、核心专业人士的综合能力等因素。其中由于联合家族办公室的所有权和管理权结构，这种家族办公室需要慎重选择股东，杜绝潜在利益冲突。

“站在客户角度”不只是一个口号，“买方顾问”也不仅仅是一个定位，家族办公室需要在股东层面、管理层面、商业模式、治理结构、公司文化、人才激励等各个方面进行规划和设计确保自己与客户利益的一致性；除了团队本身的专业性，整合与管理海内外金融、法律、投资等相关专业资源的能力也极其重要。

每一个家族办公室都需要经历机会和挑战并存的初创期。市场给你时间成长，只要有行动力，坚持正确的方向，一定会发展出自己的业务空间。同时，每个从业者的能力和经验都需要时间累积，口碑和信任也需要时间认证，真正热爱的人才能够享受这个成长过程并最终成为市场赢家。

家族办公室在中国应该采用哪种法律形式

家族办公室是一种商业组织，是具有明确的目标导向、精心设计的结构，并经过有意识协调的社会实体。

从核心业务形态看，家族办公室向熟悉的客户提供咨询和家族资产管理服务，目标客户聚焦，业务有持续性。根据这些基本特点，我们来分析其适配的组织形式。

家族办公室的法律性质

根据《民法典》，联合家族办公室的法律性质是营利法人。

当然，市场上有些家族办公室也可能不以获利为目标，而仅是为其家族资产的保值、增值、传承提供服务。很多单一家族办公室，从设立最初到发展过程都不是以自身盈利为目的，而是作为一个成本中心为其家族提供专业服务。这类家族办公室甚至不需要成为正式的社会组织，仅作为家族内部的一个工作团队存在。

不过我们这里讨论的家族办公室是拥有自己的名称和团队，有明确的经营目标、策略和计划的组织，它为客户提供服务并收取服务费、管理费及超额收益，承担团队成本，有盈利也会分配给股东，因此家族办公室符合《民法典》的规定。

根据相关法律规定，营利法人可能采用有限责任公司、股份有限公司、其他企业法人这3种组织形式。国外家族办公室一般采取公司制的运作形式（如在美国，家族办公室一般为有限责任公司），雇用首席财务官（CFO）、首席信息官（CIO）以及有关的辅助人员开展具体工作。因此，这里主要就公司制展开讨论。

通常情况下，绝大多数中小企业属于有限责任公司。有限责任公司股东人数较少，且股东之间往往是熟人关系（如同学、朋友、家庭成员等），更强调“人合性”。因此，法律上规定了有限责任公司的股东对外转让出资时，其他股东在同等条件下有优先购买权。

相较有限责任公司，股份公司更强调“资合性”。所谓“资合”就是不特别强调股东之间的信任，因为股东人数众多，所以互相之间可以不认识或者不需要认识。比如：我们买了某家上市公司的股票，就是这家公司的股东，实际上有好多股民和我们一样都买了这家公司的股票，这些股民之间有可能认识，也有可能根本就没见过面。

所以，我国的股份有限公司在某种程度上是资本的结合，具有“资合性”。而有限责任公司不仅仅是资本的结合，还有股东之间彼此的信任和协作，具有“人合性”。从这个角度看，家族办公室更适合采用有限责任公司的形式。这种形式不仅便于股东了解和控制公司业务，而且可以让成员更好地协作，发挥家族办公室的职能。

有限责任公司的形式及其治理要求

综上，结合优脉的实践，我们建议：在中国的法律体系下，家族办公室（主要针对联合家族办公室）在创建时可以选择有限责任公司的法律形式。

在此基础上，家族办公室应使用对应的文件（对于有限责任公司而言，就是经营协议），以在法律层面保护家族办公室的可持续发展，使其免受内外部的威胁。

柯比·罗思普洛克博士在《家族办公室完全手册》中总结了美国家族办公室的治理法律文件：规定企业的结构和操作流程，以及家族办公室的服务内容；安排领导权、管理层与薪酬激励机制；分配股东或成员（即所有者）在家族办公室所持有的利益；划分投票权；明确所有者与经营者的相对权利与职责；根据股份或利益份额分摊利润和亏损；建立召开会议和制作记录的规则。

具体而言，起草治理法律文件时应该慎之又慎，集中关注5个目标：保护家族（或其企业）知识产权，制定同业竞争协议，处理经营者与所有者之间的冲突以避免发生诉讼，为董事、高管与经营者提供责任保险，并在商业合作伙伴破产时尽最大可能保护家族办公室。治理法律文件中还应包括股东权利等所有权的过渡计划或交易规定。另外，还需要建立一套治理制度，列明家族办公室决策、日常运营及管理的规则和流程。

家族办公室治理结构的底层逻辑

家族办公室的责任是为家族成员提供量身定制的个人服务与财富管理服务，保全家族的资产和价值，所以其经营目标包含财务目标和非财务目标。

即使是在买方定位的商业逻辑下，家族办公室与其他任何类型的企业同样面临代理人风险。良好的家族办公室治理结构需要在股权结构、管理机制及企业文化等多个方面有组合设计，比如利用合同义务这样的正式控制机制来协调委托人和管理者的利益，也可以采用与非正式的文化和系统相关的关系控制（非正式控制机制），实现基于亲情纽带和信任的自我调节。

在本节中，我们将分析不同逻辑因子结构下的家族办公室治理结构特点及其在商业模式、业务方向、管理模式、客户风险等方面的差异，学习如何通过设立相应的正式控制机制和非正式控制机制，完善家族办公室的治理结构。

三大逻辑因子及8种类型家族办公室

三大逻辑因子

影响家族办公室治理结构的三大逻辑因子分别为所有权、管理权和委托人。

第一，关于所有权。

所有权结构对公司的治理结构影响最大，家族办公室可由单个所有者家族或多个所有者家族掌管，也可由家族以外的机构或专业人士掌握，如专业联合家族办公室（PMFO），其中包括与金融服务企业相关或者已被作为独立管理人的专业管理单位。由于所有权的权益股可以提供投票权，从而在本质上影响公司业务目标的形成和控制机制的设计、实施，加上权益所有权是公司的最终控制手段，因此所有者的组成结构塑造了不同权重的股东在组织架构中的主从地位和控制能力。

第二，关于管理权。

家族参与管理企业可以产生独特的组织行为，这是家族企业与其他形式的企业的主要区别。家族凭借其财产所有权，可以借助家族办公室来管理自己的资产，也是通过这种方式，家族可以将其价值观灌输到家族办公室当中。家族动态和参与管理的程度对家族办公室的治理结构和运作有很大影响。家族成员参与家族办公室管理的情况下，家族办公室的治理框架分为以家族为主导的管理配置（首席执行官由主导所有者家族的成员担任）和不以家族为主导的管理配置（首席执行官由主导所有者家族成员以外的人员担任）。

第三，关于委托人。

家族办公室如果是开放的，可以为没有家族办公室财产所有权的一个或多个委托人家族提供服务。家族办公室股东权益与其管理的资产所有者权益之间可能存在利益目标的不同，为保护委托人权益的优先地位，家族办公室在公司治理结构上需要有结构性规划。因此，除了所有权和管理配置，家族办公室的委托人也是家族办公室治理系统的重要组成部分。

8种类型家族办公室

把影响家族办公室治理结构的三大因子作为3个维度，我们就能勾勒出不同维度下家族办公室的风格和特征。从所有权看，家族办公室可以分为单一家族所有、多家族所有及非家族所有3种形态；在管理权维度上，可以分为家族成员主导管理和非家族成员主导管理两种形态；在委托人方面，可以分为开放委托人模式和私有委托人模式两种。考虑到单一家族所有权的家族办公室一旦开放委托服务多个家族，就转变为多家族办公室，以及非家族所有权下管理权必然是开放的，同时非家族所有权在中国可以是持牌机构所有（如银行、证券公司、信托公司等），也可能是专业人士所有（投资、金融、法律专业人士创设），我们可以将家族办公室的治理模式分为8种类型（见图3-1）。

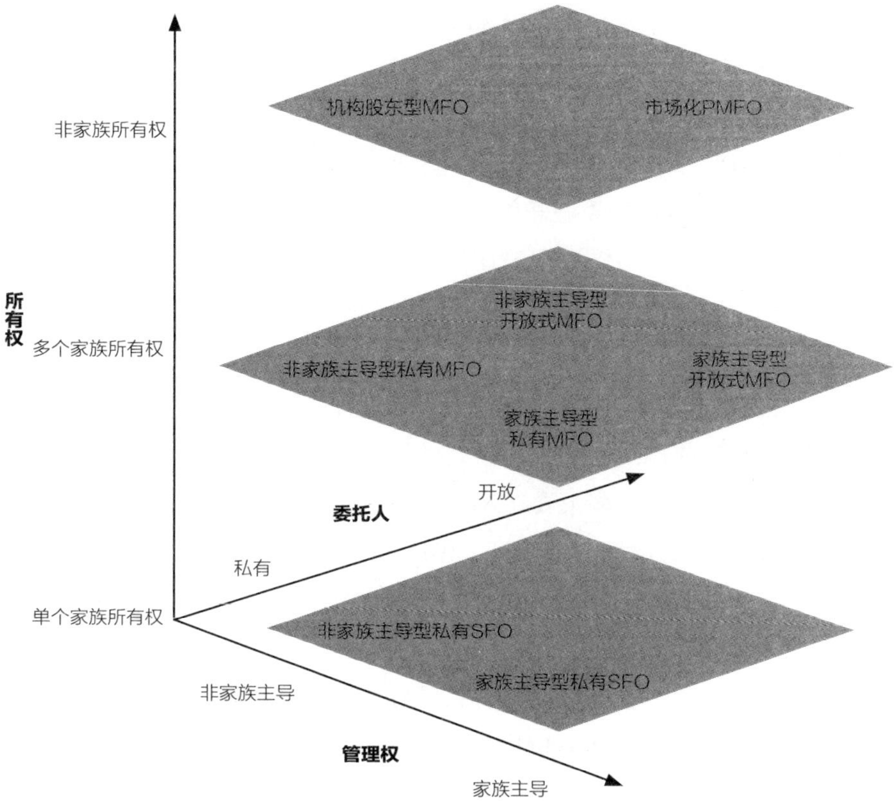

图3-1 基于所有权、管理权和委托人维度的8种类型家族办公室

其中，家族主导型私有SFO是指家族所有权集中、为一个所有者家族提供服务的、家族成员主导管理的家族办公室，成立此类办公室的目的是管理并协调单个家族的需求。非家族主导型私有SFO拥有不以家族为主导的专业团队管理、集中的家族所有权，为单个家族提供服务。这两种SFO的商业模式通常为非营利性。

从美国家族办公室市场的发展看，随着家族办公室的演变，外部家族可能力争从家族办公室提供的知识和服务中受益，做法就是成为委托人。因此，家族主导型私有SFO可能演变为MFO，向外部委托人出售自己的服务与专业知识，从而推动利润导向的商业模式。在这种情况下，委任不以家族成员为主导的管理者团队管理家族办公室，可能让家族办公室变得更加专业，并对外部委托人家族更具开放性。很多海外知名的家族办公室如洛克菲勒家族办公室，都经历过这样的演变过程。

家族企业代代相传的过程中，家族办公室的所有权和管理结构可能发生变化，大多从SFO演变成MFO。尤其是在代际传递之时，家族办公室的结构连续性可能取决于家族继承人的目标和参与度。家族成员也可能成立自己的SFO，或与其他成员共同成立MFO。

随着时间的推移，MFO可能向（非家族办公室股东的）外部委托人出售自己的服务与知识，从而发展为家族主导型开放式MFO。外部委托人的参与可能改变管理团队配置，使其成为不以家族为主导的管理团队。非家族主导型开放式MFO包含了多个所有者家族，管理不以家族为主导，且有一个或多个外部委托人家族。两种MFO通常均为利润导向。

专业家族办公室由（包括机构股东或独立管理合伙人的）非家族所有者控制，可由独立的专业人士或机构股东掌控所有权，并拥有不以家族成员为主导的管理团队。一般而言，PMFO将寻求获取多个委托人家族，以减少对单个委托人家族的依赖，分散自己的风险并使收益最大化。很明显，PMFO的商业模式为利润导向。PMFO也因股东背景不同而在治理结构上差异巨大，一类是大型金融服务机构作为股东设立的PMFO，另一类是资深金融专业人士主导设立的PMFO。后者更加小型，客户（委托人）对公司的生存与发展有更大的影响力，因此它更加重视客户关系和服务的个性化、专业化程度。客户对公司治理的影响度也更高，甚至可能成为这类家族办公室的小股东或经营参与人。

家族办公室的代理人风险和代理人风险管理

家族办公室成立后，管理人需要对公司股东负责；在获得客户的委托代理后，管理人需要承担以客户权益为先的信托责任。而股东和委托人始终面临着办公室管理人的代理人风险问题。家族办公室作为买方定位机构，其对代理人风险的管理情况是判断机构治理结构设计合理性与否的重要标准。

以代理理论分析家族办公室，资产的所有者是委托人，负责使用并控制这些资源的经理人员是代理人。当经理人员本身就是委托资产的所有者时，他们拥有企业全部的剩余索取权，所以会努力地为自己工作。这种环境下不存在代理人风险。但是当管理人员与股东或委托人不是一个利益体，如公司获得外部客户委托，或者非家族成员获得股东授权管理企业时，管理人员就有提高在职消费、自我放松并降低工作强度的动机。显然，如果企业的管理者是一个理性经济人，他的行为就会与原先管理自己资产时有显著差别。

大部分家族办公室都面临代理人风险，只是程度不同。代理人风险主要表现为两种，一种是家族办公室的企业所有权人和管理人员不同导致的代理人风险，另一种是家族办公室管理的资产委托人与管理人不同带来的代理人风险。在各种类型的家族办公室中，机构股东型PMFO（银行、信托公司开设的家族办公室）的代理人风险最大，因为这类家族办公室的股东、管理人和委托人均不相同；而市场化PMFO中，家族办公室的创设人往往就是经营管理人，其委托人也对家族办公室有更大的影响力，因此代理人风险相对较低。代理人风险最低的是家族成员控制的私有SFO，因为这类家族办公室的企业所有权人、管理人和资产委托人是同一利益体，家族成员在自家的家族办公室管理自己家族的资产，代理人风险几乎完全消失。但这种方式只适合部分百亿以上私人财产的家族，大多数高净值家族可能并没有适合的家族成员来主导管理，或没有足够的管理规模支持这样的家族办公室运营。

委托人（家族客户、公司股东）和代理人（公司管理人）之间的契约关系中，应该没有一方能以损害另一方的财富为代价来增加自己的财富，达到“帕累托最优”状态。

需要注意的是，代理理论假设代理人风险的前提是自私的经济个体的利益不同于委托人的利益，其实这种纯粹理性经济人的假设，表达的只是片面的世界观。随着人类行为学研究的深入，现代管家理论假设个人希望在工作中实现更高的目标——即他们作为管家的动机与委托人的目标一致，以使组织及其利益相关者受益。

现代管家理论认为，管理人相信并接受组织的目标。而且，现代管家理论与非正式控制形式有关，因为随着目标冲突减少，强制实施正式控制机制的必要性被削弱。

事实上，任何人都包含理性经济人和自我实现模式这两种状态，只是倾向度不同而已。如果家族办公室的所有权人偏好自私自利、经济理性的模式，则管理人的代理态度可能占据上风。为防范代理人风险，就需要一套基于业绩的制度，并侧重财务目标和实施正式控制机制。机构股东型PMFO、开放式MFO大多采用这种类型的管理文化。

如果所有权人偏好人的自我实现模式，则可能出现以信任和目标一致为基础的管理行为。这将产生一套基于关系的制度，并侧重非正式（关系或社会）控制机制，市场化PMFO、单一家族办公室、私有MFO多体现这种类型的管理文化。但无论哪种控制机制，信任是核心。

随着委托家族增多，MFO正式控制机制不断得到加强。

在家族办公室的所有权结构中引入外部家族后，外部家族的投票权会对家族办公室的战略和运作议题产生影响（此外，还将通过资产所有权产生经济上的影响）。家族成员担任首席执行官，在家族企业中被解雇的风险较小，因为委托人对家族代理人的观点比较积极。因此，家族所有者不太可能警惕地对家族代理人进行监督，也不太可能要求他们为糟糕的财务业绩承担责任。换言之，家族利他主义破坏了有效的监督。因此，家族主导型MFO的股东结构对外部家族的接纳，以及这些外部家族对家族办公室的结构合法产生影响力的能力，将会增加首席执行官被解雇的风险，同时提高正式控制的整体水平。除了监督管理层，外部所有者还可能对主要持股家族进行监督来确保自己的最大利益得到保障。

同时，家族首席执行官的存在是占主导地位的持股家族试图保持家族影响力，并最终保留一定程度的非财务目标取向的结果。因此，家族可以通过非正式控制机制来补充正式控制的不足，从而确保对非财务目标的兼顾。然而相较非财务目标，MFO所有权的稀释与更强调财务目标有关。具有强烈非财务目标取向的家族一般倾向建立自己的家族主导型私有SFO，而非冒险将所有权转移给外部家族并因此妨碍家族利益。此外，其他持股家族可能会运用法律影响力，将非正式控制机制替换为有效的正式控制。由于财务目标的主导性和其他持股家族实施正式控制机制，家族主导型MFO很可能会运用包括行为控制和结果控制在内的正式控制机制。

为了降低与利益绑定和管理层利益侵占有关的监督成本，外部家族股东可以雇用非家族管理层进行监督。非家族管理层和家族所有者之间关系纽带的缺失，会影响家族办公室治理结构中固有的信任水平。正如代理理论所指出的那样，由于一般假定信任可以缓和正式控制机制的运用，因此信任水平的降低会导致组织关系变得更加以控制为导向。因此，尽管不存在与家族管理层的利益绑定和利益侵占有关的监督成本，但由于家族所有者和外部管理层之间的信任度降低，非家族主导型MFO一般会出现更高程度的正式控制（相较家族主导型MFO）。

因此，正式控制机制的强制实施产生了一种基于代理人态度的组织文化，而代理人态度与控制和监督有关。开放式MFO对外部委托人的接纳能进一步推动正式控制机制的运用，因为这些家族在缺少所有权和投票权的情况下会寻求保护自己资产的方法。开放式MFO中显而易见的盈利取向使其能够得到所有者家族的支持。

总的来说，在家族主导型和非家族主导型私有或开放式MFO中，家族都有可能运

用行为控制和结果控制组合的正式控制机制。相较私有MFO中的家族，开放式MFO中的家族很可能会运用更加严格的正式控制机制。

PMFO主要关注正式控制机制，确保财务目标的实现。

在PMFO的背景下，委托代理关系的结构对那些希望监控自身资产的委托人造成了几个障碍。由于PMFO的公司结构，委托人干预经营决策的法定权利可能会受到限制。PMFO中委托人家族的情况与开放式MFO外部委托人的情况最为相似，这些家族主要关注正式控制机制的实施，目的是保护自己的投资。由于无法监督PMFO的日常运作，因此这些家族寻求将形式化报告和信息系统与基于结果的控制相结合，从而确保理想的结果。

值得注意的是，PMFO中的所有者兼管理者可能也有意愿实施严格的控制机制。由于PMFO是利润导向的商业模式，管理者需要创造优异的业绩才能吸引新委托人的资产；此外，由于代理人可能受到机会主义行为的诱惑，所有者兼管理者会倾向投资正式控制机制的家族办公室。所以基于结果的正式控制机制最具吸引力。

不同治理结构下家族办公室的业务特性

家族办公室在家族资产业务方面的目标包括非财务目标和纯粹的财务目标。非财务目标包括保全家族的遗产和价值观、保全分支机构/亲属与各代表之间的信任关系、家族教育、维持家族凝聚力和从事慈善活动。财务目标包括保全并积累家族财富、设计节税结构、管理家族业务和获得创业活动的有形成果。

下面我们着重讨论与MFO和PMFO相关的治理框架（目标与控制机制），具体如表3-1所示。

先来看MFO。通常拥有重大经济利益且主要关注商业发展的家族，会倾向通过外部权益资本来发展家族办公室，因此他们会与其他家族合作建立MFO。重大经济利益促使所有者家族接受家族所有权的稀释，从而实现企业的快速发展和财务业绩的改善。这会限制家族办公室对非财务目标的追求以及家族对家族办公室的介入程度。因此，依赖MFO的家族一般会更加重视财务目标，而不是非财务目标。此外，目标的侧重点取决于MFO是私有还是开放的，以及主导性股东家族成员对重要职位的参与程度。

表3-1　不同类型家族办公室的家族目标和控制机制

类别	家族主导		非家族主导	
	私有	开放	私有	开放
MFO	以牺牲非财务目标为代价，追求财务目标。 家族首席执行官的作用是确保一定程度的非财务目标取向。 行为控制和结果控制结合的正式控制与非正式控制的运用，取决于主导性股东家族的法律影响力。	以牺牲非财务目标为代价，追求财务目标。 相较家族主导型私有MFO，财务目标取向更强烈。 形式化结果和控制机制的结合。 相较家族主导型私有MFO，更多地运用正式控制机制。	以牺牲非财务目标为代价，追求财务目标。 相较家族主导型私有MFO，财务目标取向更强烈。 行为控制和结果控制结合的正式控制机制。 相较家族主导型私有MFO，更多地运用正式控制机制。	以牺牲非财务目标为代价，追求财务目标。 相较家族主导型开放式MFO，财务目标取向更强烈。 行为控制和结果控制结合的正式控制机制。 相较家族主导型开放式MFO，更多地运用正式控制机制。
PMFO（金融机构股东）	不适用	不适用	不适用	强调追求财务目标。 正式控制机制主导，特别强调成果控制机制。
PMFO（专业人士背景）	不适用	不适用	不适用	强调追求财务目标。 正式控制机制与非正式控制机制结合。

为了保持一定程度的家族影响力，家族会倾向让一位家族成员担任私有MFO的首席执行官，以传达家族关注点并保护家族利益。相反，私有MFO的其他股东将聘任以财务业绩而非家族议程为导向的职业经理人，以减少家族利他主义产生的代理成本并限制家族目标取向。当所有者利用自己的投票权或议价能力绑架其他所有者的利益时，就会出现利益绑定。如果家族成员被任命为私有MFO的经理并利用其手中的权力来追求自己的利益，忽视其他家族在私有MFO中的利益，就会出现利益侵占。

私有MFO中不存在家族支配的情况，因此缓解了这些风险。由于拥有投票权，持股家族拥有影响管理团队构成的法定权利，他们可能会招聘更偏好追求财务目标而不是非财务目标的非家族成员担任经理。非家族主导型私有MFO中的少数所有者家族可能会减少其代理成本，这是因为家族利他主义及主导性持股家族造成的利益绑定和利益侵占得到了缓解，而对财务目标的需求增加。

这一趋势在追求利润最大化的开放式MFO中表现突出。与开放式SFO类似，开放式MFO（无论是否由持股家族主导）对外部委托人的接纳有利于非家族经理的任命，并且强化了家族办公室对财务方面的关注，牺牲了非财务目标。因此，相比非家族主导型MFO中的家族，家族主导型私有MFO中的家族可以将财务目标之外的非财务目标作为其主要业务。无论是家族主导型开放式MFO还是非家族主导型开放式MFO，其中的家族都应更侧重追求财务目标。

再来看PMFO。财务绩效是PMFO的核心侧重点，它是利润导向组织。家族在所有权结构和管理配置中的缺席，限制了家族参与的机会，同时巩固了财务目标导向。当然这也取决于PMFO的股权所有人结构，如果是专业人士发起设立的PMFO，委托人家族有可能成为公司股东或作为董事会成员影响治理决策。由于PMFO商业模式是以利润为导向的，因此职业经理人的目的是使其管理的资产增值并提高委托人家族的数量，从而使收入水平提高、使公司实现发展，而非使其委托人家族的非财务目标最大化。

PMFO的委托人最有可能意识到组织的侧重点是管理财富。开放式SFO中的委托人可能会因委托人和所有者家族之间在非财务目标方面的不同利益而产生代理成本，相比之下，PMFO中委托人的偏好以财务目标为中心。在PMFO中，委托人和经理的这种利润最大化行为有利于以业绩为基础的制度，**因此，PMFO中的委托人家族可能会将财务目标作为主要业务侧重点。**

总而言之，无论是否有意识，家族办公室的治理结构受到权益所有人、管理人与委托人结构的影响，而家族办公室股东结构、管理人身份、其管理资产的所有权，可能存在着多种形态。在私有家族办公室结构中，财富所有者和家族办公室所有者完全相同，而开放式SFO和MFO的股权差异极大，这造成了家族办公室内在治理结构、业务目标及客户风险上的巨大差异。

权益所有人、管理人与委托人三者利益差异越大，家族办公室的代理人风险就越高，在治理结构上就需要有更加正式和规范的控制机制，以降低代理成本，业务方向上也需要侧重财务性的管理目标。机构股东背景的PMFO就是最好的例子，PMFO一般都需要建设非常严格的正式控制机制以降低客户的代理人风险。相反，家族成员控制的SFO，权益所有人、管理人与委托人的利益一致，经营导向上更加非营利化，业务方向可以有效兼顾财务目标和非财务目标。对于专业人士设立的小型家族办公室来说，由于客户重要的影响力及客户信赖关系建设，管理人利他主义的自我实现行为更容易被激励，代理人风险也相对较小。

所有权集中掌控、以家族成员为主导的管理方式、限制外部委托人数量或没有外部委托人的家族办公室结构，将最大限度地提高家族参与程度，推动实现家族服务的财务目标和非财务目标。同时，公司治理上的正式控制机制的要求降低，有利于实施非正式控制以降低评估非财务目标实现与否的复杂性。当然，这需要较大的资产管理规模支持及适当的家族成员承担管理角色。

家族所有权分散且由外部掌控、采用外部委托人管理的家族办公室结构，将使非家族成员自主树立组织目标，并降低家族参与程度。这类家族办公室可以采用管理权和所有权分离的代理制度，以及采取非财务目标对财务目标的从属。代理成本将推动正式控制机制的实施，而这些正式控制机制与家族的财务目标追求正相关。目前这一类型的机构在境外比较多，内地几乎难以看到。

如何在中国落地联合家族办公室治理架构

在中国，市场化联合家族办公室的治理结构往往以股权作为主线，并围绕如何分配控制权、如何制衡、如何对团队进行激励和约束展开工作。

股权投资是一种资源整合方式，各方付出优势资源以满足差异化的利益诉求。初创时期的企业，创始股东往往不止一个人，有时是一个创始人团队，有时既包括自然人也包括法人股东。这些创始股东出资成立公司是出于共同的经营目标，但是在公司的运营和发展层面，创始股东之间的作用、贡献及地位不尽相同。我们常常看到在创始人团队中，有的股东掌握核心专业能力，有的股东具备产品或市场方面的专长，而有的股东则主要提供资金或客户。此时，以股权结构设计为重点的治理架构显得尤为重要。为企业提供股权结构设计时，面临的不仅仅是法律问题，尤其需要深入考察创始股东之间不同阶段潜在的利益诉求，并通过创造性的合约安排，令股权结构能够充分匹配创始人不同的利益诉求。

基于股权设计和治理原则，我们集中讨论中国联合家族办公室运营管理框架的五大关键要素：股权结构、薪酬制度、业务发展、系统和流程、公司区域发展策略。

以股权结构为中心的治理原则和架构概览

股权结构设计的基本原则

我们从真功夫的案例来看股权结构设计的基本原则。

真功夫是国内知名的中式快餐连锁，但它迟迟没有上市，最主要的原因就是股权问题引发内部纷争，最终影响到了企业的正常发展。

看一下它的股权结构：创始人潘宇海和蔡达标的股权比例为50%：50%，引进投资方后，两人的股权仍旧对半分，比例为47%：47%。潘宇海解决了中式快餐没办法标准化的难题，使得真功夫迅速扩张，但到了后期，负责门店扩张的蔡达标作用更大，双方因此产生了很多纷争。蔡达标把潘宇海赶出核心层，潘宇海控诉蔡达标职务侵占和非法挪用资金，蔡达标因此被判14年有期徒刑。内斗最终严重影响了这一家族企业的发展。

通常来说，均等分配不是股权结构的好选择。股权结构设计和股权分配需要遵循的基本原则如下。

第一，公平原则。“不患寡而患不均，不患贫而患不安。”必须坚持并实践公平原则，创业合伙人对创业项目的贡献或潜在贡献与其持股比例显著正相关。

第二，效率原则。股权分配需符合资产专用性原则，股权结构的设计要有助于提升公司治理效率与经营管理效率。

第三，控制原则。在初始股权结构设计和股权分配及之后的重大变动中，需要着重考虑创始团队对创业企业的控制权安排及保障。这对于激发、维持创业团队的企业家精神，提升公司治理效率与经营管理效率都相当关键。

第四，资本运作。初创企业的股权结构设计和股权分配要有利于后续的融资安排，以便借助资本和市场的力量快速发展。

第五，避免均等。尽可能杜绝“先天不足”的股权结构安排，比如5：5或者3：3：3之类。

第六，动态原则。创业企业的股权结构设计和股权分配在后续的发展过程中要动态地符合资产专用性原则，在创业企业内部引入市场机制，促进合理竞争，适时调整或改进股权结构设计和股权分配，实现重要利益相关者的激励相容。

家族办公室的治理和家族企业的治理遵循同样的逻辑，从中国的落地经验来看，一个家族办公室的治理结构基本上决定了该家族办公室的未来走向。

中国联合家族办公室的治理架构

接下来，我们围绕股权设计来看中国联合家族办公室的治理架构。

什么人或机构适合成为家族办公室的股东？

答案是家族办公室的价值贡献者。所谓**价值贡献者**，即有共同价值观和愿景且能够为组织发展提供强力支持的人。家族办公室作为买方定位的专业服务机构，需要与核心客户建立紧密的连接，让价值贡献者有强烈的归属感。价值贡献者作为股东，可以更好地支持家族办公室的发展。价值贡献具体体现在以下几个方面：

- 专业价值。即有专业资源及能力。提供全球范围广泛的优质资产资源，具有大类资产筛选、配置及组合管理的能力，提供家族事务资源及服务支持。
- 品牌价值。拥有良好个人声望和社会人际关系，能为家族办公室的品牌及信用背书，对家族办公室的业务开展产生正面、积极的影响。
- 发展价值。拥有高净值客户资源，愿意将家族办公室作为自己的终身事业。
- 业务价值。拥有高净值客户资源，或有良好圈层资源，认可家族办公室的专业服务并愿意拿出自有资产或推动身边人与办公室合作。

具体而言，适合做家族办公室的股东人选有三大类别：

第一类是家族成员、家族办公室的核心大客户或对高净值人士有良好个人影响力的人士。

第二类是家族办公室的核心经营者和专业服务者。

第三类是能够为家族办公室提供买方定位的专业能力、专业资源的机构或个人，如提供资产筛选、资产评估服务的机构或研究人士等。

要注意的是即使股东人选符合上述特质，在家族办公室创设的时候，还需要考虑以下两个基本原则：

第一，无潜在利益冲突原则，即个人或组织利益不会与家族办公室的定位或目标产生潜在冲突。比如卖方定位的投资机构或产品提供商，如财富公司、房地产公司、移民公司等，其核心业务是产品销售，有品牌、资金甚至客户。一旦他们成为家族办公室股东，在选择专业服务机构和产品时有可能产生内部交易的风险。

第二，相互认可原则，即在选择股东时需要各股东充分交流沟通，彼此认同。

选择怎样的股权结构？

家族办公室作为小型精品机构，起步时的股权结构要相对简单和明确。创设初期以2~3个股东为宜，有利于股东间的交流和快速达成共识。太多的股东往往导致很多事情议而不决，或者无人真正负责。

大股东通常有三种情况：

- 家族设立的家族办公室，以家族为大股东和实际控制人。
- 专业人士设立的家族办公室，以核心经营者为大股东和实际控制人，如果由两个或以上的专业人士共同发起设立，建议其中一人占比高于另一人（占比50%以上），以保障公司有最终实际负责人。

- 高净值人士与专业人士共同设立的，以真正发起人为大股东和实际控制人为佳。

需要注意的是，创始人为实际控制人时，在家族办公室起步阶段也要绝对控股，以保障其对家族办公室发展的实际控制力和风险收益对称性。

随着公司发展，如何保护发起人的实际控制权？

股权结构不是一成不变的。随着办公室的成长与发展，更多对家族办公室有贡献的人或机构会成为家族办公室的股东，这就必然导致家族办公室的股权增发。实际控制人可以通过建立有限合伙企业的方式吸纳新的股东，同时实际控制人作为有限合伙企业的普通合伙人（GP）保留新增股权在公司的发言权，从而实现对公司的有效控制和管理。当然，也可以通过一致行动人、AB股等方法来实现控制权。另外，初期的股东最好各自出资入股，创始人不要轻易给干股。

优脉曾经服务过一个由数位企业家共同建设的家族办公室，该家族办公室股权分配较为均衡，没有大股东。这样的股权结构前期看似“你好我好大家好，大家一起做贡献”，却对后期经营带来了极大挑战。因为没有真正的负责人，大家都会互相观望而不会大力投入。这与早期股权投资的逻辑一样，一家创业企业如果早期股权就比较分散，往往很难持续发展。

案例分析

我们以某家族办公室为例，剖析其股权结构及家族基金的设计特点与缘由。

Y先生是一位成功企业家，通过在传统行业的数十年耕耘积累了巨额的家族财富。2013年前后他对股权投资基金和投资项目产生了浓厚的兴趣，为此投入了大量的时间与精力在全国学习考察，也投资了不少项目和基金，初步建立了自己的投资逻辑和投资方法，取得了不错的收益，最后成了有名的投资人。

投资经历让他的生活发生了改变。周围的朋友纷纷向他取经，询问投资建议甚至让其推荐好的投资项目。但Y先生本身并不是专业的资管人，无法提供体系化的资产配置建议，且他深知投资这件事赚钱了大家都高兴，一旦产生亏损可能会影响朋友关系。一次偶然的机会，我和Y先生结识并谈起了此事。经过几次探讨，我们决定用家族办公室作为此问题的解决方案。

考虑到Y先生的背景及其圈层的特点，优脉建议Y先生以创始人及大股东身份创设并主导家族办公室的发展与运营，优脉作为该家族办公室的第二大股东，同时作为专业服务机构，为家族办公室提供体系化的专业支持，Y先生的朋友分别按照出资比例成为小股东。所有重要的经营管理和投资事项定期向小股东说明。

这种股权结构设计的考量主要是让专业化、体系化的作业能力支持家族办公室的运营，同时让大家保持长期的利益一致性（股东关系是最可靠的商业关系）。在资产得到妥善配置的同时，Y先生和他的朋友还可以拓展新事业，学习新技能。根据我们的观察，过去几年有很多企业家自己成立专门的投资机构，安排自己信赖的人做投资，但最终能做好的却没有几个，究其原因主要是：专业化程度不够，缺乏体系化的作业，摸着石头过河；找来的专业人士和创设者利益不一致，外行领导内行导致人才流失；后代缺乏能力管理；等等。

从欧美经验看，单一家族办公室的股东一般就是其所服务的家族，家族直系成员在家族办公室中担任董事长、CEO等角色；联合家族办公室的股东一般是具备资产管理能力和家族事务架构能力的专业人士，他们在成为家族办公室创始股东前，一般已经在高端财富管理领域或专业服务领域工作。

中国联合家族办公室股东结构的两大要点

在中国，一个好的联合家族办公室的股东结构有两大要点：

第一，拥有真正客户关系的创始人为最大股东。这样可以保证家族办公室的所有行为能更好地以客户利益为导向，公司内拥有最大权力的人是客户最信赖的人。

第二，创始人中最好包括三类人群，即高净值客户，与高净值客户有信赖关系的业务能手，以及拥有家族资产管理专业能力的专业团队。

在优脉服务的案例中，**“专业人士/专业服务机构+家族成员”的股东结构愈来愈受青睐**。该股东结构的设计逻辑是：**在实现信任、平等和权利有效平衡的基础上，让专业意见和观点真正落地。**

人才吸引与激励：运营团队和薪酬制度

家族办公室运营团队及与之相关的薪酬制度，需要基于家族办公室的组织架构来建立。

图3-2是联合家族办公室组织结构的基本范例，整体分为前台和中后台。前台主要是针对联合家族办公室的客户发展和客户关系建设需求，目标是获得更多客户的信

任和委托；中后台主要负责研究、投资和运营工作，目标是完成家族资产管理的服务交付。

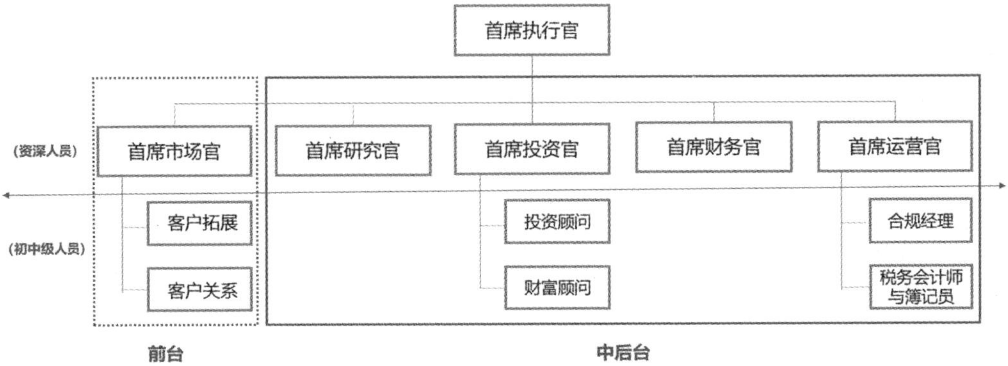

图3-2　全能型联合家族办公室组织结构

根据《家族办公室完全手册》，全球范围内的联合家族办公室差异较大，规模较大的家族办公室聘用员工人数可能达到数百名，中等规模的员工人数在25~50人之间，小型办公室的员工总数可能不到25人，普遍采用“资深人员+初中级人员”的团队作业模式，服务相关的家族客户。当家族办公室的规模较小，无须聘请某些细分领域的专职人员时，可以将某些任务外包出去，专业服务团队（资深人员）将精力聚焦在深度理解客户需求和帮助客户建立长期财富管理规划上。

家族办公室的核心在于“人”，更加强调**中层人员的稳定性**。这些人才具有主动性，高净值家族必须充分信任所聘用的合格专业人才，才能保障家族最大利益。所以理想情况下，家族办公室的中流砥柱也是高净值家族值得信赖的长期伙伴。

人才难觅，培养不易。家族办公室必须根据价值观和目标来确定员工的薪酬和激励机制，且这种机制要能让全体员工成长和成功。比如，必须明确说明每个职位的工作，提供对员工角色的预期，并详细说明具体的绩效考核指标，因为为员工创造个人和职业发展机会将有助于提升其在家族办公室的绩效。另外，可以结合股权结构进一步设计股权激励方案，实现利益共享、风险共担，以此留住以资深人员为主的中层。

经营战略与战术：业务发展的有效方式

家族办公室发展业务的过程就是持续输出成功经验和专业观点，不断强化服务关系、增强对客户的影响力，不断提升服务项目及增加资产管理规模的过程。

家族办公室的运营和能力建设要与其业务发展程度相匹配。没有人能够同时建立多种核心能力，必须有舍有得。可以先专注于某一点，持续积累，创造价值，产生影响力和口碑后，再考虑多元化。关于客户拓展和客户关系管理，以及相关核心能力的建设，后续相关章节将详述。

运营管理有章法：系统和流程的重要性

家族办公室的业务是长期持续的，有效管理客户信息及投资情况尤为重要。而家族客户信息的完整性和私密性，与家族办公室的运营架构和信息管理系统息息相关。

一个能够提供最佳信息流的基础运营架构，既可以防止家族的人力和财务资本遭遇风险，也可以让合伙人更好地根据各个家族的需求特点，做出合理、及时的建议，辅助决策。一个完善的信息管理系统不但能有效保障信息的触达范围，还能在合理权限下对数据进行快捷的分析和使用。Family Office Exchange的研究表明，仅会计和报告工作就占用了家族办公室全部工作时间的32%，占比高的甚至达到了75%。

2014年，优脉开发了中国第一套家族办公室专业运营支持系统——优脉智汇云，从后台产品全生命周期管理、中台作业管理到前台客户服务，提供了行业领先的一体化解决方案。该系统在8年里经过了多次升级迭代，目前有逾80家家族办公室在使用。该系统还记录了几百家投资机构的尽调报告、不同等级的家族办公室合伙人系列培训课程，形成了目前国内少有的家族办公室创设发展和资产管理数据库。

扩展市场有节奏：公司区域发展策略

家族办公室作为专业服务机构，在发展到一定阶段（从经验型机构成长为效率型机构）后，通常会选择开办分支机构以组建新的利润中心。

联合家族办公室可以制定策略帮助各个家族处理不同的复杂事务，并基于此建设基础结构，创建商业流程，精简运营模式，提高运营效率。这个时候，家族办公室步入跨区域发展阶段，借助整个网络的经验和系统来为各个分支机构的客户提供同样专业的服务，形成规模效益，实现高速发展。

举个例子。家族办公室在承接新的家族资产管理项目时，如果恰巧在近期做过类似的项目，那么这样的项目更合算。一方面，家族办公室已经积累了相关知识、专业经验和解决问题的基本方法（通常这些都是家族办公室的核心竞争力所在，是投入大量的人力和财力后获得的，长此以往甚至可以形成案例库），可以直接应用于类似或相关的问题；另一方面，在做类似的项目时，给客户开出的报价往往接近（或者略低于）第一个项目，客户同样认为（并接受）家族办公室为他量身定制了解决方案，但是，家族办公室因定制类似的解决方案而产生的项目成本，并不会全部与客户共享（出于职业操守和私密性要求也不会分享）。因此，这类家族办公室通过“领导市场”提供定制化的专业服务（同时收取为客户提供定制化服务的服务费），并让这类定制化服务在一定程度上实现标准化和程序化，能够获取最大利润。

目前已经有很多国际性的家族办公室开展了多重管辖地规划，其中高净值人士增长最快的亚洲市场特别是中国市场，成为开设分支机构的首选。据2021年的“福布斯全球亿万富豪榜”，全球拥有最多亿万富豪的前10个城市，中国的深圳、上海、北京、杭州、香港包含其中。

另据瑞银集团和中航信托等机构发布的《2020中国家族财富与家族办公室调研报告》，上海是家族办公室最喜欢的地区——32%的相关家族表示他们的办公室将设在上海；其次是北京（21%）和广东（21%），其他主要集中在深圳市和浙江省各城市。这反映了大部分家族办公室选择在发达城市设立办公点，以便招聘人才并服务就近的高净值家族。报告同时显示，目前中国部分家族办公室已经建立或者正在考虑建立第二个办公室。

创设、组建家族办公室的基本流程和优脉SOP

万丈高楼平地起。在设计和组建家族办公室时，将上述理念有效结合起来，会经历一个耗时而复杂的过程。为了让大家对家族办公室的落地有更多的了解，在此我会同时介绍国外成熟的单一家族办公室创建的基本流程和国内正在起步的联合家族办公室创建的基本流程。

创建单一家族办公室的基本流程（以欧美为例）

我们先来看家族办公室研究专家柯比·罗思普洛克博士所总结的，在欧美成立单一家族办公室的基本流程。

第一步，制定愿景（战略规划）。具体包括以下几点：

- 创始人（及家族成员）对家族在投资、企业、慈善和社会目标方面制定了哪些私人目标？
- 家族对企业本身和客户设立了哪些目标？
- 家族企业服务的外部投资者可能也参与了某个共同投资项目，家族对这类项目设有哪些目标？
- 在创始人积极参与家族办公室事务以及向下一代过渡的情况下，家族成员参与家族办公室事务的程度如何？

第二步，确定将服务过渡至家族办公室的时间、方式和负责人。具体包括以下几点：

- 就内部而言，哪些人员应该参与？时间和方式是什么？
- 就外部而言，过渡阶段涉及哪些投资项目、家族企业和家族慈善计划？

- 过渡阶段将受到哪些因素的影响？在短期和长期内完成平稳过渡需要采取哪些措施？

第三步，选择架构方案。具体包括以下几点：

- 评估各种能够实现目标的法律形式，确定解决税务、商业和个人问题的最佳法律形式。
- 考虑各种法律形式对家族办公室生命周期内的所有权、管理层、控制权、日常运营、行政管理和过渡计划的影响。
- 选择法律结构和公司治理方式，以便契合创始人及家族成员的个人和商业战略计划。

第四步，建立治理机制。具体包括以下几点：

- 列举在短期和长期内对家族办公室进行管理、控制和运营的最优方式。
- 明确短期和长期内担任领导职务的人员。
- 与有关人员沟通，召开定期会议。
- 与团队（内部或外部会计、律师和/或咨询师）协作，共同分析和应对潜在的合规要求。

第五步，实施。

起草和签署各种所需文件，列明家族办公室结构的方方面面，包括具体的服务协议和遗产规划修订方案等其他必要的附属规划。

第六步，定期评估和再评估。

- 制订一项共同认可的行动计划，确定评审范围，制订合理的时间表和流程，根据评估细则，确定可交付报告。
- 评审应包含一个或几个专业人士提出的意见，为家族办公室的目的和业务范围提供不同视角。
- 检查是否可以塑造能实现家族目标的家族办公室架构。
- 解决这类问题：家族办公室的结构是否有效？是否能够保护家族的利益？是否能够促进家族的利益，推进家族目标？结构是否激励员工和服务供应商取得最佳的绩效？

创建联合家族办公室的基本流程（以优脉为例）

优脉根据多年实践经验，总结了在中国市场成立与发展联合家族办公室的标准作业程序。

创设咨询

首先，从3个方面分析确认创始人是否适合做家族办公室。

- 发展基础分析：业务基础、核心能力、认知水平、资源状态。
- 适当性分析：创始人的愿景、目标、个人特质、价值观。
- 策略性分析：实现目标是否有多种选择、各选择的优劣势、是否适合家族办公室模式。

其次，设定公司发展规划。

- 发起股东是谁？各自的价值贡献是什么？如何协同？
- 股权结构如何设立？未来的扩展空间如何安排？
- 团队核心运营成员是谁？核心职能建设节奏如何？是否需要外部机构协助？
- 公司的业务模式和商业模式是什么？权益分配的模式是什么？
- 公司的发展阶段如何设计？不同阶段的产品和服务能力如何建设？

最后，业务起步。

- 基础客户群如何交流？
- 起步的服务内容和产品是什么？为什么？
- 起步阶段的客户发展策略是什么？主要行为有哪些？
- 起步阶段的团队和人员能力聚焦在哪里？其他必需的资源和能力如何获得？

筹备支持

第一步，建立一对一工作群。

该工作群是优脉和家族办公室沟通的重要工具，由该家族办公室团队成员、优脉负责家族办公室创设及运营支持的专业服务人员，以及提供各类家族资产管理解决方案的专业人士共同组成，涵盖家族办公室中后台的系统作业、信息管理、合规认证、客服作业、市场推广、人才培训、经营指导，以及家族资产管理的财富规划、资产配置、产品筛选、决策支持、投后管理、税务规划、传承安排等工作模块。

第二步，开通服务系统使用权限。

优脉基于团队经验和行业实践，历时3年为家族办公室研发了To B和To C（分别供家族办公室与客户使用）的服务系统。经过多年的运营，系统功能不断完善，拥有多项专利，可以帮助家族办公室做好信息管理工作，保障家族办公室可持续发展和管理，大幅提升工作效率。系统功能涵盖资产筛选、组合管理、客户存续资产情况、客户关系、家族办公室经营的各种工具下载，以及家族办公室品牌推广和经营报告查询等。

第三步，指派一对一资产配置与专案总监。

该岗位聚焦调动和协调优脉内外资源，支持家族办公室发展。包括一对一辅导家族办公室人员提升专业水平，协助家族办公室一起设定并达成经营目标，支持家族办公室梳理客户情况并建立客户档案，支持家族办公室举办线下私密沙龙活动，以及支持家族办公室与客户沟通等。

第四步，家族办公室公司核名、注册、刻章、银行开户、税务开通。

解决家族办公室在哪里、以什么方式注册的问题。优脉主要在关键环节给予经验指导与合规指导，以提升效率、加快公司落地。

第五步，品牌定位和形象设计。

优脉协助家族办公室完成品牌形象设计及工作相关工具设计与文案，包括对外介绍幻灯片（PPT）、品牌定位（初衷、愿景和价值观）、以专业服务机构标识（logo）设计为核心的视觉识别系统建设，做到创始人和创设品牌的有效融合，品牌如其人。

第六步，开业典礼暨正式亮相。

开业典礼是家族办公室向市场展示其定位、服务和团队的非常重要的一环，也是客户认知家族办公室的第一个窗口。优脉提供从典礼策划、联盟站台、嘉宾邀约、执行落地等流程的相关支持。

经营支持

第一步，家族办公室制定经营目标。

优脉的资产配置与专案总监会和家族办公室创始人进行一对一沟通，协助确定年度经营目标，包括**年度收入目标制定、年度业务目标制定及拆分、年度经营目标计划书编写、月度经营回顾**等。

第二步，家族办公室客户发展策略。

基于经营目标确定客户发展的策略和方法，主要包括**确定客户画像、梳理老客户、确定目标客户、一对一拜访客户**等。

第三步，与客户签署委托咨询服务协议。

签署委托咨询服务协议的价值在于让客户深刻理解家族办公室的服务价值和以往卖方定位机构的不同，并重视每一次沟通。

第四步，客户需求确认及解决方案定制。

家族办公室合伙人需要给客户专业的观点和意见，一味附和与盲目跟从就会沦为客户的跟班，丧失家族办公室的专业价值。优脉的专业人士将协助完成**客户需求整理、内部深度讨论、解决方案制定、根据沟通反馈修正及定稿、定制方案执行落地**等关键工作。

第五步，客户关系加强及维护。

家族办公室要与家族客户同步建立人际信赖关系和商业信赖关系，包括**打造和传递家族办公室合伙人自身专业形象、为客户提供专业咨询服务、定期带客户参加总部活动、带客户一起参加总部定制的游学活动、邀请客户参加优脉培训、定期组织面向高净值客户的培训**等相关内容。

第六步，家族办公室人员成长。

优脉专门研发了“家族办公室CEO成长发展计划”，主要包括**每个工作日早上9点的“优脉早课”，每周二、三、四线上专题分享，家族办公室定向、定制培训，季度、半年、年度会议，尽调、风控会开放日，管理人、项目的参访活动，电话及面谈指导**等，聚焦家族办公室初创阶段的核心能力建设。

家族办公室创设初期的挑战和对策

我在与诸多家族办公室合伙人共同工作的过程中发现，很多家族办公室合伙人经营非常努力，却往往成效甚微。成果和本人付出不成正比的落差，不免让当事人备感失落。本节将从失败案例展开，有针对性地就家族办公室创设初期的问题进行剖析和总结，希望能为后来者提供借鉴。

现实是此岸，理想是彼岸，中间隔着湍急的河流

失败案例分析

失败案例1：想赚快钱的家族第二代和折戟的家族办公室。

这是一位来自广州的家族第二代，他在父辈的安排下成为自己家族办公室的负责人。和国内很多第二代一样，他在接手业务之前并未系统认知家族办公室的机构特性和核心任务，在经营一段时间之后认为做家族办公室“熬人”，不能马上赚大钱，且这份事业不够“让人兴奋”。

一个偶然的机会，他被一位做投资的同学吸引，去深圳一起投资各类“更令人兴奋”的项目，直到因为某个交易损失了7000万元才不得不回家。家族办公室折戟在混乱经营中。

回顾整个过程，我们看到，这位家族办公室负责人希望快速功成名就，被赚快钱、赚大钱的欲望所裹挟，但最为核心的家族资产管理能力一直处于缺失状态，他又不愿意进行持续的学习或尝试与专业团队磨合，导致家族办公室没有经营好，甚至远远偏离了家族资产保值、增值的初衷，损失惨重。

失败案例2：尚处学习阶段的家族第二代和停滞的家族办公室。

这是一位来自苏州的家族第二代，在家族企业上市之后他成立了一家联合家族办公室，希望为自己家族和家族朋友管理资产。这位创始人曾在海外接受过良好的教育，拥有一定的金融基础知识，比较自信。

家族办公室开始运营后，创始人在家族资产管理所需要的系统性金融知识方面比较欠缺，在运营执行层面存在问题，与专业团队的协作一直未能走过合作磨合期。家里长辈出于综合考虑，并未充分授予他家族资产的管理权限，使其积极性和信心受到打击。另外，创始人在此过程中尽管同步积极开拓家族以外的业务，但由于专业尚缺、资历尚浅，不可避免地在沟通过程中出现“说不过目标客户”的窘况。这导致他对家族资产管理的兴趣逐渐降低，这个家族办公室最终也停止了营运。

失败案例3：被地区性投资偏好裹挟的专业人士和无法作为的家族办公室。

这是一位来自某沿海城市的专业人士，其家族办公室的股东和客户都来自当地上市公司，资源和圈层基础都不错。当地整体投资氛围偏激进，爱好追求高收益项目，这给金融专业能力存在一定短板的专业人士带来了困难——明知家族资产管理要做好风险管理，但在实际沟通过程中他始终搞不定客户。徘徊了近两年，整个家族办公室的业务处于停摆状态。

与之类似的是另两位内陆地区的专业人士。作为家族办公室的创始人，他们本身具备正确的投资理念，但是客户相对强势，偏好固收类产品。在与客户数轮沟通无果的情况下，他们遵循客户的强烈要求为其配置了指定产品。但到了产品既定兑付期，他们却遭遇产品“爆雷”，家族办公室为了声誉承担了相关损失，虽然追回了投资款项，但经营和运转因此遭受巨大打击。两位创始人受到打击，选择了“佛系”经营。

在为专业人士创设的家族办公室提供咨询的过程中，我们经常发现有办公室被客户要求带着走的情况发生。妥善处理此类冲突并传递正确的投资理念，是家族办公室很有代表性的挑战。

失败案例4：难以转变产品销售思路的金融人士和变了味的家族办公室。

这是一位资深理财师出身的家族办公室创始人。他始终改变不了“卖产品、拿佣金”的思维模式，一开始确实设立了专门的投资团队，基于买方定位为客户在全市场筛选资产。但一段时间之后因为养专业团队的成本确实不低，他就说服几个合伙人缩减人员，亲自找资产，慢慢地又演变成能找到什么资产就给客户配什么。因为资源和服务能力越来越差，客户开始流失。

出于生存压力和管理层之间的矛盾，这位创始人后期开始将原本应该进入公司账户的收入全部通过不当操作装入个人腰包，最终东窗事发，几位合伙人纷纷离去，办公室名存实亡。

这是金融人士创立家族办公室最易遭遇的陷阱，急功近利却未能做好家族办公室的核心能力建设，在残酷的创业现实中走回“卖产品、拿佣金”的老路，转型失败。

如何成为行业创先者

每一个家族办公室都将经历成长的历程，3年是个门槛。在一个不成熟的市场中，如何做到“动作不变形”，坚持正确的方向，是对创始人耐心和信心的考验，也是对能力和学习力的挑战。

很多人问我家族办公室创业成功者和失败者最大的区别。正如人们常言的“幸福的家庭都是相似的,不幸的家庭各有各的不幸”，导致家族办公室失败的原因很多，要说最重要的，我认为是创始人不够聚焦、专注和坚持。

举个例子。先机公司（Skandia）是我曾经工作过的一家投资集团，其以共同基金的组合管理起家，是全球基金经理筛选与组合管理的先锋。从Skandia身上，我感受到了专注和坚持的力量。

Skandia选择基金经理时的严谨与高标准，现在依然值得国内财富管理行业从业者学习。被Skandia选中的基金经理，要有5年以上且穿越牛熊周期的良好投资业绩；Skandia还会对他们继续跟踪考察1年到1年半，其间约谈4~6次，重要的问题反复问，前后比照看他们的回答是否一致；同时深入探究基金经理的过往业绩究竟是得益于整体市场的上涨，还是源于独到的选择。最终，Skandia才确定那些真正能稳定获取超额收益的基金经理。

Skandia采取基金中的基金（FOF）的管理模式，即在自己的名下募集基金，然后委托全球其他基金公司的基金经理进行管理。因此Skandia最重要工作之一就是从全球挑选出真正优秀的基金经理，委托全球知名资产管理公司或擅长某一领域的投资“精品店”管理基金，通过组合管理的方式实现客户利益最大化。

这些年我创立并经营优脉，在喧嚣的市场环境下一直坚持买方定位，不代销任何资产，也不自己做资产投资，而是专注各类基金筛选、组合管理和家族办公室解决方案的设计与执行，将客户管理与投资事务交予合作伙伴，相信专业分工也有机会赢得市场，这也和我在Skandia的这段经历密不可分。

结合优脉的行业经验，总结国内联合家族办公室创设的常见现象和问题，我发现在关键问题上做到聚焦、专注和坚持的家族办公室，基本上都穿越了创设初期的各种挑战，成为当下中国家族办公室行业的领先者。

国内联合家族办公室创设的常见现象和问题分析

在国内创设家族办公室，有3种常见的现象值得注意。

现象1

很多企业家会设立一个投资公司或者投资型的家族办公室管理家族资产，聘请一位熟悉信赖的专业人士管理，或者与资深、有名望的投资人合作管理。在业务上，这些公司往往只涉及个人资产投资或者个人名下企业的投资管理。

这种类似家族办公室的投资机构非常多，目前中国市场上名气较大的企业家几乎都建立了自己的投资公司。但如果从市场表现的统计情况和评选情况看，这类企业家背景的投资机构很少能够在清科集团、投中网、融中财经这些专业媒体的榜单上出现，实际上也鲜少听说某位企业家的投资公司做得很好。

这类机构整体表现不及预期实属正常，原因如下：

第一，好的投资管理人不太愿意进入这类机构。

优秀的投资管理人本身是一种稀缺资源，会被社会充分定价，企业家不太容易招聘到这些人，但薪酬并非优秀的投资管理人不愿意去这类机构的核心原因。

优秀的投资管理人关注自己的持续发展，在一个企业家背景的投资机构工作久了，其市场影响力和资金资源方会减少，一旦与企业家出现分歧或出于其他原因散伙，重新回到市场就比较难。

选择投资标的、进行投资决策，是讲求认知和逻辑的专业工作，在一个企业家设立的投资公司里，资金主要来自企业家，投资风险也由企业家承担，因此当参与决策的各方认知差异较大时，如果没有充分放权，投资管理人的观点和企业家的观点难以达成共识，投资管理人就需要做大量的说服工作，工作空间也随之变小。此外，企业家背景的投资公司在权益分配、决策流程等方面也会面临挑战。

第二，投资管理人和企业家的合作不易持续。

在现实情况中，双方两三年“甜蜜期”一过就分手是常态，这导致机构难以积累专业能力、提升专业水准，也就难以进一步建设投资体系。

中国的成功企业家往往过于自信，喜欢掌控。在其设立的投资机构中，大部分企业家保留决策权和参与权，如果企业家选择的投资机构负责人是其熟悉和信赖的非金融人士，往往导致机构缺乏在金融投资领域的资源和能力。一旦习惯了由老板做决策，这类机构就很难真正提升资产管理能力。

如果高薪聘请投资管理人，因为公司管理机制、利益分配机制及投资决策空间的问题，两三年后出现投资管理人轮换的情况，就会导致公司的投资体系建设困难。投资型家族办公室如果长期无法建立规范的投资体系、提升能力、积累资源，要实现好的投资业绩也是水中捞月。

近些年也有新的情况出现。以互联网“新富”为例，他们喜欢共同设立一个家族办公室，以投资为核心把资金放在一起，找一位资深的投资管理人来管理办公室和基金。这种情况虽有进步，因为有专业人士把关，有规范的决策机制，但若仔细分析，潜藏的问题同样不容忽视。

如果这些互联网“新富”投资自己熟悉的领域，从投资收益角度看，收益应该不错。他们身处成长性行业，在资源和专业认知方面拥有优势，能够选到更好的投资项目。但这种投资方式很难做到资产管理的风险分散，一旦互联网行业或相关领域出现问题，对资产的影响就会很大，如果投资不熟悉的行业，就需要寻找专业投资管理人。

对此，我的观点是：

- 企业家无论来自传统行业还是互联网行业，都是财富创造领域的佼佼者，但管理财富与创造财富是完全不同的，千万不能以创造财富的思路去管理财富。
- 财富的保值、增值和传承，是家族办公室的核心职责。虽然市场上有很多家族办公室正以投资公司或者投资型家族办公室的模式作业，但这种模式并不是特别有效。
- 家族办公室要由高净值人士身边的专业团队进行财富规划、风险识别、资产配置、组合管理，要能充分运用各种法律、金融、保险、投资工具，而不是在某个单一领域开展工作。

如果创设者对以上几个方面没有清晰的思考，家族办公室在起步阶段就可能出现重大偏差。

现象2

不少专业人士会寻找相互熟悉但来自不同专业领域的人士或机构合作，共同发起设立家族办公室，甚至通过吸收大量合伙人发展业务。

但据我们的观察，这类家族办公室往往经营不超过3年就会出现股东分裂、公司停运的情况。通过实地走访和分析，我们发现这类家族办公室主要存在以下致命的缺陷。

第一，有些机构连正式的公司机制都没有设立，创设者也不是全职从事家族办公室事业，还在各（金融）机构从事本职工作，专注力均难以持久。这类“兼职式”的家族办公室无法长久运营是必然。

第二，有些创设者彼此合作，专门注册了公司作为家族办公室的法律主体，在业务层面分享客户资源或产品资源，用彼此不同的专业技能服务客户。但起步阶段创设者在利益分配机制方面定义不清晰，特别是客户转介后的业务收入分成不明确，导致一系列矛盾产生，引起机构分裂。

第三，有些创设者设定了清晰的利益分配机制，但未能设置风险控制机制，产品资源由创设者各自带入，缺乏纪律性的专业筛选与动态管理。例如，A的客户交给B做一项业务，客户不满意的时候影响客户与A的关系。但由于A并不了解B的业务，A担心以后再发生问题而不再愿意转介客户，导致彼此客户资源共享名存实亡。

第四，这类机构的专业服务端资源未经过专业筛选，也未签署机构间的商业服务合约，业务收入往往给到作业的合伙人，公司收入少且不清晰。公司也缺失明确的收入成本管控机制，无法作为一个整体对外提供服务。随着时间的流逝，公司自然而然解体。

对此，我的观点是：

- 这类不同领域业务人士合作的模式，虽然有共同的愿景和理想，但缺乏正式的组织管理体系和权益管理机制，没有系统的前、中、后台的专业分工和执行团队，存在根本性的缺陷。虽说家族办公室发展可以有中国特色，但这不是可行之路。
- 家族办公室不是一张名片，也不是一个资源的拼盘，需要清晰的愿景、价值观，更需要建立组织的核心能力。
- 家族办公室如果变成某些高端产品销售的平台，就失去了买方定位的基本逻辑，也就不能被称为真正的家族办公室了。

现象3

有些家族办公室起步较高，引入了资产端投资人作为战略股东，还有的甚至引进财务投资人溢价投资，并在公司内部建立较为全面的专业服务能力，或是招聘资深的法律、税务、信托、保险方面的人才主攻传承咨询和服务，或是建立拥有海内外各种牌照的资产管理公司，为客户提供资产保值、增值服务，或是二者兼备。

这样的家族办公室往往面临以下问题：

第一，沦为战略股东的产品销售平台，失去作为家族办公室的基本定位。过去几年，大量资管公司和房地产公司很愿意投资家族办公室，创始人往往也希望借助这些大机构的名声和资源实现更好的起步与发展。但如果不能确定这些机构的投资初衷是否符合家族办公室定位，或者没有事先考察清楚股东提供的资产品质是否符合风控标准，最终可能会严重影响家族办公室的角色定位和作业。

第二，面临公司增值压力，被资本方增值需求驱使，不得不快速发展业务。而家族办公室的业务特点是“倒吃甘蔗后边甜”，很难快速发展。一旦为了生存出现“动作变形”，往往就成了什么赚钱干什么的卖方定位机构。

第三，创设者有宏图大志，在起步阶段也获得了大笔资金，因此招聘各类专才，想要建立全面的家族资产管理和专业服务能力。但这些专才往往都很贵，一旦客户发展不如想象中的美好，就会导致专业团队工作量严重不足，时间长了人才流失，同时公司财务赤字严重超预期，经营面临巨大压力。

对此，我的观点是：

- 家族办公室的确需要多种专业技能和资源支持，因为高净值人士的需求是复杂且多方面的。但是家族办公室创始人也需要认识到，这些能力的建设需要一个过程，钱多是解决不了家族资产管理的核心问题的。
- 家族办公室起步时，创设者一定要清晰认知哪些股东是不能引入的，绝不要将与公司定位和发展有潜在冲突的机构引入股东层面。
- 纵观全球家族办公室的发展，单一家族办公室转为联合家族办公室、家族办公室各种专业能力外包是大趋势，因此现在设立的家族办公室不需要建立全面的专业能力，筛选适合的专业外包服务机构是更睿智的做法。
- 家族办公室的创建不需要大笔资金，需要的是适合的人和资源。能够有效整合资源与人合作，是家族办公室创设成功的重要基石。

特别关注：保险系家族办公室

我曾经就保险业务人员与其他金融业务人员做过一个比较分析，发现资深保险业务人员在买方定位、市场化深度、客户需求导向、市场化拓展、风险认知等方面均具备明显优势（见图3–3）。

	银行家	证券师	理财师	资深保险人
定位	卖方	卖方	卖方	买方思维
市场化深度	低	低	中	高
服务品质（导向）	低（产品导向）	低（交易导向）	中（产品导向）	高（客户群需求导向）
市场拓展力	弱	弱	中	强
风险认知	弱	中	中	高

图3–3　资深保险人创设家族办公室的机会与优势

纵观整个保险行业，越来越多的团队主管和营销精英将设立家族办公室定为下一阶段的重要发展目标。

机会与优势：资深保险人与家族办公室

目前市场上保险类从业者创立的家族办公室，主要是由资深总监、资深MDRT为了职业发展、提升市场竞争力而创立的。他们大多在保险行业从业10年以上，拥有人数众多的团队，积累了大量高端客户，客户多元化的需求倒逼他们通过家族办公室为客户提供更加丰富的服务；同时，他们也希望自身能够实现更综合的发展。因创始人本身的市场化作业能力强，加上保险产品在家族风险管理和财富传承中有明显的价值，这类家族办公室往往起步更顺利，客户黏性更强。

但我在梳理中国市场化家族办公室的过程中发现，目前拔尖的联合家族办公室创始人中，鲜有资深保险人的身影。究其原因，过去我国传统保险市场扩张的方式以直销为主，金字塔形的组织架构和团队发展模式占据主流。这一模式虽然拉动了行业发展，但也带来一系列问题。比如，保险公司在制度上越来越倾向于增加间接佣金比例以激励团队总监扩招团队，造成一些公司“拉人头”拓展业务，团队人员质量难以跟上，虚假宣传和误导销售乱象滋生。这些问题导致保险公司在高净值市场难以打开局面。

监管机构也意识到这个问题的严重性，银保监会于2020年12月正式发布《关于发展独立个人保险代理人有关事项的通知》，加快建立独立个人保险代理人制度，以解决保险代理人队伍长期存在的大进大出、素质参差不齐、保险专业服务能力不足、社会形象较差等问题。

在这个大背景下，保险精英们也在考虑新的成长策略。家族办公室以其为高端客户提供综合金融服务的概念进入保险人视野，不少保险人将家族办公室变成了更好、更快地销售保险单的“羊头”。也有很多保险精英认识到客户需求的变化，认识到自身专业的单一，希望再度成长，从保险精英转变为综合金融专家，因此开启了真正的家族办公室之路。

突围与发展：基于现有模式的思考

目前市场上的保险系家族办公室，大致可以分为4种模式（见表3–2）。

表3-2 保险系家族办公室分类

特点	A模式	B模式	C模式	D模式
个人角色	在职	独立	独立	独立
股东结构	/	·本人大股东 ·前机构小股东	·培训课程开发及授课团队为大小股东	·本人大股东 ·核心大客户小股东 ·专业机构小股东
商业模式	家族事务资源作为VIP增值服务，提升客户黏性和保单件均价值	主要通过资金投入提升服务品质，在家族办公室框架下推进保险业务	以培训切入，发展保险从业人员为合伙人，并推介解决方案	与核心大客户、专业机构共同设立公司，为客户提供综合金融服务解决方案
团队设置	保险公司原团队	持续扩大组织规模	底层为培训公司	少数有资源、有能力、有专业的合伙人组成团队
服务内容	·大额保单 ·保险金信托 ·家族事务服务资源整合	·大额保单 ·保险金信托	·培训课程 ·保险型家族办公室高端客户经营体系搭建 ·本家族办公室下属的理事资格	·大额保单 ·保险金信托 ·资产管理 ·家族事务服务资源整合
优势	√工作和收入相对稳定 √获得企业背书，客户开发难度小	√获得原公司品牌背书，客户开发压力小 √获得原公司资金支持，创业成本降低	√易于提升业内品牌影响力 √利于模式的复制和家族办公室创始人的赋能	√各资源方利益深度捆绑，确保目标一致 √独立团队确保中立买方立场 √综合金融服务触达家族客户核心需求和资产全貌
劣势	×客户关系性质没有实质性的改变，个人品牌发展受限，仍然是“为他人作嫁衣裳” ×与资源供应商关系脆弱，服务质量不稳定	×机构作为股东影响家族办公室的独立性和买方立场 ×本质上就是保险中介公司，人海战术不利家族办公室发展	×更像是以家族办公室为卖点的培训机构 ×服务对象为保险从业人员或团队，而不是家族型客户	×合伙人要求高，开发和筛选难度大 ×不依靠机构品牌背书，需要独立进行家族办公室品牌建设

我们总结了保险系精英创建家族办公室的三大突破方向（见表3-3）。

表3–3　保险系家族办公室三大突破方向

方向	原有		突破方向
扩增个人能力圈	知识	保险知识、相关法律法规、基础财税知识	充分认知和理解银证保基信各类资产筛选的标准、方法和具体案例，中国高净值客户资产配置常见的问题和对策，中国金融产品和市场现状与趋势；熟练撰写家族资产管理解决方案建议书及资产管理专案，资产存续跟踪的策略与经典案例，家族资产传承的方式、方法和经典案例
	心态	激情、自信、自律	善良、利他、自信、承诺、自律、信任、忠诚
	技能	营销技巧、沟通技巧、学习能力、客户拓展能力	咨询诊断能力，有效的演讲能力，市场推广和个人品牌建设能力，训练辅导能力，沟通影响能力
	意愿	利己	利他
扩大服务范畴	产品		资产配置解决方案
	仅限于保险		保险、资管、信托、税务、身份管理、遗嘱
	客户资产规模的10%		客户资产规模的80%
	金融		金融、法律、家族事务
	保险业务服务		综合专业服务
强化客户关系	技能性强化		真正的朋友/伙伴
	开拓新客户		维护老客户
	大量各层级客户		精准定位高端客户
	推动客户		吸引客户

具体而言：

●优秀业务员，基于业务能力基础，建议向成为综合金融服务典范转型。

●优秀总监，基于组织能力，建议依托成规模的团队，整合客户、服务、人才等各方资源。

●保二代（父母双方或者一方是资深保险专业人士），基于客户资源，在机构体制外继承家族客户资源，为客户提供不限于保险业务的综合金融服务。

●资深保险人士，基于服务资源基础，建议选择有较好的大客户基础和值得信任的专业机构作为合伙人成立公司，在资源、专业和能力上实现服务升级，为客户提供综合金融服务。

在业务层面，风险管理、健康管理、子女教育、养老养生和财富传承是保险系家族办公室发展的重点方向。具体如表3–4所示。

表3–4 保险系家族办公室重点业务

业务及特点	风险管理	健康管理	子女教育	养老养生	财富传承
保险产品	■ 意外险 ■ 定期寿险 ■ 终身寿险 ■ 年金险	■ 医疗费用险 ■ 重大疾病险 ■ 收入损失险 ■ 长期看护险	■ 年金险 ■ 投连险	■ 年金险 ■ 投连险 ■ 养老社区	■ 终身寿险 ■ 保险金信托
优点	√ 保费少 √ 中小型客户 √ 容易下单	√ 保费少	√ 保费中等 √ 容易下单	√ 保费高 √ 服务大客户	√ 保费高 √ 服务大客户
缺点	× 一次性消费	× 服务复杂 × 一次性消费	× 一次性消费	× 难下单 × 一次性消费	× 难下单 × 一次性消费
增强服务	■ 风险隔离 ■ 信托架构（海内外） ■ 遗嘱等法律服务	■ 家族健康发展基金 ■ 高端体检 ■ 高端健康管理服务	■ 家族教育基金 ■ 海外游学 ■ 高端培训 ■ 移民	■ 养老信托 ■ 养老基金	■ 传承规划 ■ 资产大类配置与管理 ■ 境外资产管理
优点	√ 全面了解客户情况	√ 提升客户关系，增加黏性	√ 提升客户关系，增加黏性	√ 扩展性强 √收入几何倍增	√ 扩展性强 √收入几何倍增
挑战	↑强客户关系 ↑个性化程度高 ↑收入低 ↑ 工作量较大	↑红海，竞争激烈 ↑服务体验要求高 ↑ 收入低	↑红海，竞争激烈 ↑财富管理是子女培养关切点 ↑ 需求明确容易切入	↑学习更多金融体系 ↑注重客户关系持续深入	↑学习更多金融体系 ↑注重客户关系持续深入

以10年为期，来看看各发展阶段的工作重心。

- 初创期（1~3年）：以传承为核心不断提升家族办公室核心能力。
- 成长期（4~7年）：为家族提供综合金融解决方案，全方位服务客户的保值、增值和有效传承的要求。
- 成熟期（8~10年）：为家族提供全方位的金融、法律和家族事务服务，成为客户贴心的伙伴和全面的专业服务者。

最后，针对资深保险人在创设保险系家族办公室时可能碰到的问题或挑战，附上一张问卷，供进一步思考（见表3–5）。

表3–5　针对资深保险人创设保险系家族办公室的问卷

类别	可能碰到的问题/挑战	请填写你的实际情况
公司层面	你的领导对此事的态度如何？他会支持还是反对，理由是什么？ 公司在这方面的行政管控历来是怎样的方式？有什么原则？是否存在冲突？ 是否能够保质保量地提供各种资源，包括服务资源、资金支持、相关人才、品牌支持等？ 家族办公室业务是否会影响本人KPI考核任务的完成？	
客户层面	你是否有家族型客户资源？家族型客户的关系程度如何？ 对于创设家族办公室，他们会有怎样的看法？ 你是否能够清楚地向他们介绍你从事家族办公室的初心和对他们的价值？ 如果创设家族办公室，有人会坚定地支持你的事业吗？有人适合做你的股东或合伙人吗？	
个人层面	你准备在家族办公室的事业上投入多少时间和精力？ 你对于家族办公室的认知程度是否能够支持你完成家族办公室的创设和业务的落地？ 作为家族办公室的创始人，你的个人品牌建设是否已有大致的规划？ 是否能够根据确定的成长路径，设定家族办公室发展各阶段的阶段性目标？	

以上问题总结自优脉推出的“中国保险系家族办公室孵化计划”，你可以在本书中寻找这些问题的答案，也可以申请参与该计划，定向解答。

04 家族办公室的品牌战略和客户关系

选择一家专业服务机构对于客户而言是一场冒险，因此家族办公室在品牌建设时，需要能够完全站在客户视角，理解客户的心理状态和情绪状态。通常，客户选择机构建立合作关系有两个阶段：在资格认定阶段，客户理性、逻辑性强，并以事实为依据；在做出选择阶段，客户则主要凭借直觉、个人感情和主观印象做出选择。

家族办公室设立初期，公司品牌主要以创始人的个人品牌为核心。而随着公司的成长，合伙人的品行也至关重要。家族办公室要更注重内容而非概念的传播，要展现家族办公室解决具体问题的能力，并且品牌建设要与整个客户生命周期的接触点管理紧密相连，注重客户发展和关系建设。这与私人银行、财富公司的品牌建设差异巨大。

家族办公室的客户发展要特别重视老客户，虽然人们都理解这个道理，但真正能执行者却寥寥。家族办公室需要不断提升客户关系建设的能力。新客户的发展必须从内容着手，新入行的家族办公室合伙人不必担心所谓专家身份问题，勇于向客户分享经验和知识，就是巨大的价值贡献。

商业交易的本质，表象是利益交换，底层则是确定性的交易。家族办公室要有能力让客户以更低的成本充分地感知未来的确定性。

开放的心态、科学的方法是理解客户最有效的策略；诚实、有同理心和清晰的逻辑是帮助家族办公室在与客户沟通中建立信任的三大支柱。

家族办公室建立商业信任的策略不是“物美价廉”，而是“物超所值”。客户关系建设是“双人舞”，包括人际关系的加强和商业互信的深化。这种关系不是短期的，而是长期的选择，需要关系双方都有意愿并为之付出努力。

一切站在客户视角思考

站在客户视角，从高净值人士如何选择专业服务机构出发，我们可以反观家族办公室应当怎样做好品牌建设、客户发展与客户关系建设。

客户选择专业服务机构是一次“冒险之旅”

家族办公室服务的是高净值客户市场。作为高净值人群，要委托一个不太了解的家族办公室为自己提供资产管理方面的服务，不会是一段轻松体验。一方面，他们会觉得自己在冒险；另一方面，把家族内部事务交由他人来处理而不得不放弃一部分控制权，这让他们在情绪上难免不安。所以在选择和委托专业服务的过程中，高净值人士或存在以下几种心态。

第一，忐忑不安。“我”很难判断哪家服务商最为专业靠谱，为了弄清楚各家机构的差异，已经筋疲力尽，而且还是无从知晓自己面临的究竟是一个简单问题还是复杂问题——服务商可能只是为了做业务而故意让“我”觉得事情很复杂或问题很大。

第二，心存怀疑。“我”曾经被一些声称是家族办公室的“专业机构”所蒙蔽，他们给了“我”诸多承诺，最终却未能兑现。现在“我”面前的机构，会不会仍旧难以掌控、言而无信、敷衍了事……简言之，它会如“我”所期待的那样吗？

第三，感受到威胁。这是“我”的权益范围，尽管从理性上“我”清楚自己需要使用外部专业服务，但是真把自己的事务交由他人处理，“我”将有可能失去对事务的控制权。

第四，焦虑。家族办公室提出的改善建议实则暗示“我”在这方面做得不好，只是对方真的会始终和“我”站在同一边吗？如果对方给“我”的解决方案表现不如预期，“我”又该如何处理？

第五，担忧暴露隐私。为了委托家族办公室提供相关服务，“我”不得不透露一些家族的隐私信息，对方是否可以信赖？“我”会不会因此反而需要面对更多风险？

第六，不信任。家族办公室所提供的咨询建议和解决方案听上去十分复杂高深，“我”作为外行人无法判断其可信度和专业度，而且相关费用并不低，是不是找个可信赖的家里人来管理更为稳妥？

上述客户心理状态很容易感同身受。相信许多专业人士都曾亲身参与过聘用其他领域的专业人士的全过程，例如家族办公室雇用律师，律师聘用会计师，公关顾问使用税务咨询服务，所有专业人士都可以凭自己作为客户的经验来加深对专业服务购买全过程中各个环节的了解。

通常而言，客户选择合作伙伴大体可以分为两个步骤：资格认定和做出选择。让我们从家族办公室潜在客户的角度出发，模拟商业关系建立的整个过程。

首先，客户会缩小备选家族办公室及专业人士的范围，选出认为具备资格的候选名单。在资格认定阶段，客户会考虑诸如“服务过哪些客户”“具备哪些能力”“公司拥有什么样的人才”“其他客户评价如何”等问题。

尽管个别情况下客户可选择的范围很窄，或者面临的问题极其复杂，仅有一家服务供应商有能力提供客户所需要的服务，但绝大多数情况下，针对客户面临的问题，市场上有诸多机构可以提供有经验可循的专业服务。即使经过最严密、全面的尽职调查（仔细筛选、评估和访谈备选的家族办公室、私人银行等），至少也会有两家服务供应商在技术能力上达到要求。

从中可以得出一个重要结论：除非家族办公室确实具备独一无二的技能，没有任何竞争对手可以与之抗衡，否则它绝不可能仅仅凭借自身的专业能力就让客户做出聘用决定。对于相对陌生的客户而言，出色的专业能力是专业服务公司能够进入最后一轮竞选的基本条件而非充分条件，这与最终获得委托是两回事。

在确定了最后一轮候选名单后，客户的关注点会发生重大转移。客户不再关心“对方有能力做这个项目吗”，而是会问自己“想和对方合作吗”。因此，客户不会再对公司的组织架构及资质感兴趣，而是会根据自己的主观印象对机构进行评估和判断。

客户在选择专业服务时到底看重什么

客户如何决定与哪家服务供应商建立合作关系？在资格认定阶段，客户理性、逻辑性强，并以事实为依据；而在做出选择阶段，客户则主要凭借直觉、个人感情和主观印象来做出选择。因此在客户做出选择阶段，家族办公室要注意以下几个方面。

第一，真正了解客户的问题。与客户会面时，急于给客户留下印象的家族办公室会将全部时间都用于宣扬它的辉煌成就和骄人成绩，试图说明它是帮助客户解决问题的最佳选项。但是这些对客户、客户的难题和处境而言，没有什么意义。家族办公室唯一能对客户产生影响的方式是真正了解客户的问题，并告诉客户应该如何解决。客户不愿意听家族办公室的推销言辞，但是如果机构能说明客户的问题所在、应该抓住哪些机会或采取哪些行动，那么客户就会愿意接受服务。

第二，教给客户一些知识。例如：告诉客户针对行业中共性问题的常见处理方式；帮助客户认清客户所处境况的优势和劣势；询问客户目前所采取的做法，并帮助客户了解在不同情况下可以采取的不同方式。总之，告诉客户一些客户不知道的事情，如果客户在沟通时说“这点很有意思，我一直都没有想到”，那么你就赢得了客户的信任。虽然客户不会在沟通当天就做出委托决定，但是肯定会期待再次与你交流。

第三，当你要求客户谈谈自己的需求时，要注意提问方式。如果单刀直入地问“你有什么需求”，客户通常不会主动、详细地回答这个问题，因为这样的提问方式太简单粗暴，甚至可以说你没有自己的观点，是在向客户要答案。同样，也不要问客户“有哪些事情进展不顺利”，这样的问题客户也不愿意回答。但是如果问“有哪些事情你还没有时间处理”，客户就会比较乐意交谈。

第四，当客户开始对一个议题产生兴趣，你的下一步工作就是说服客户（或者让客户自己说服自己）一定要解决这个会困扰他的问题。这里有一个有趣的现象：不到万不得已的时候，客户是不愿意和家族办公室合作的，只有当客户确信解决这个问题为他带来的益处极大且成功的可能性极高，并愿意为此忍受家族办公室可能带来的干扰及不愉快的感受时，客户才会决定委托家族办公室。因此，在告诉客户怎样解决问题之前，要先说服客户某个问题确实值得去解决。

针对这一点，最有成效的策略就是帮助客户在脑海中勾勒出一幅达到某个状态后可以获得各种好处的美好蓝图。如果你能让客户对这些可望又可即的好处心动不已（不要只是嘴上信誓旦旦，而是要让客户切实感受到它们是触手可及的），客户就会希望了解你将如何帮助他实现目标；如果客户认为解决这个问题没有太大的价值，那么即使你说得天花乱坠，也只是徒劳。

第五，如果客户同意你的看法，也有意愿合作，可能就会询问要采取哪些具体步骤来解决问题。这时，不要急于提供单一、具体的解决思路，客户也许对此并不感兴趣。比如说，客户或许想要一个永久性的解决方案，一劳永逸地解决所有类似的问题；或许客户想要一种快速解决方案，起到立竿见影的效果；或许客户需要最佳方案但要先了解付出的时间和精力。这里的关键就在于为客户提供一些选项，并帮助其了解各个选项的优势和劣势，让客户自己做出选择。如果只是告知解决思路，会给人一种千篇一律的感觉，而告诉客户可供采用的多种处理方式，则会让客户感觉到自己面对的是一家尊重客户的判断和决定，并能主动互动的公司。

这里需要指明的是，客户通常不会当面说“行”或者“不行”，他在做出决定之前需要征询各方的意见，因此不要给客户施加压力，也不要用什么“一定要成交”的手段来对付客户，而是要给出其在进行内部讨论时派得上用场的理由及依据。不要把每次会谈都当成达成交易的机会，而是要以此为契机努力增进双方的关系。比如，家族办公室客户或许会参加家族办公室举办的研讨会或者同意再参加一次议题更加明确的一对一交流会议，这些都可以视为成功增进双方关系的表现。客户可能会要求提交一份建议书，但是一定不要忘记客户的最终决定取决于客户是否信任负责沟通的专业人士，所以业务的成与败是在面对面交谈的过程中见分晓的。对于绝大部分项目而言，对家族办公室的委托决定在准备方案建议书的阶段就已经形成了，正式的方案建议书或方案演示及陈述只是用来确认（或推翻）一个已经形成的决定。

第六，如果客户在沟通过程中打断陈述，那就直接回答客户提出的问题。很多专业人士在正式演示之前会安排预演，但预演中他们的关注点却是错误的。客户看重的不是听到的演讲多么流畅，客户的决定也不会因此受到任何影响，客户在意的是当他出难题时，专业人士会镇定自若还是手足无措。从这个角度看，需要预演的是如何应对客户提出的问题。客户往往希望能被专业人士充分听取问题且能得到回应，所以当客户看到演讲者脱离了预先准备好的文稿，并根据自己的问题进行下一步陈述的时候，就会明白自己的问题被用心听取了。而当客户抛出一个难题（并且很可能继续这么做），专业人士却没有临场发挥的能力，无法应对时，那么客户该如何相信专业机构的能力?

第七，当客户对观点提出异议时，请耐心地听客户把话讲完，不要急于打断，也不要告诉客户没有必要担心这些问题。首先，要承认客户所说的问题确实存在并且会带来负面影响，一般可以换一种说法来重新表述客户的问题，并适度软化语气来征得客户的认同。然后，要给客户一个答案，并询问客户是否可以接受。不要试图用一些模棱两可或一带而过的言辞来给自己圆场，这样做虽然可能会避免尴尬，但却会给客户留下没有回答问题的印象，这也就意味着客户无法信任你。如果能在沟通之前就预先想到客户可能会提出的不同意见，并做好充分的准备工作，就会给客户留下深刻印象，因为这说明你确实花了时间站在客户的角度来考虑问题。因此，要基于买方定位，预先思考客户可能会提出的不同意见，并在准备工作中练习如何应对，这是决定商业关系建立成败的关键因素。

最佳典范：海外家族如何选择家族办公室

在欧美国家，许多富豪家族在评估企业架构、组织、人才和投资流程方面不是专家，所以会聘用第三方咨询师来管理遴选与评估家族办公室的过程，同时由咨询师协助解读被评估的公司给予的各种反馈。专业咨询师作为中介机构，能帮助富豪家族找出最适合的潜在合作办公室。

整个流程大致是这样的：富豪家族直接或通过咨询师向候选家族办公室发出一个问题清单。家族可能给予该家族办公室2~4周的时间来反馈——如果回答问题需搜集的为综合信息或涉及面较广，则有时时间更长。接下来，家族办公室将所有答复发回给该家族，家族通常再与各关键利益相关方和家族领导召开一次或几次面对面会议，进行审核、分析。

候选家族办公室可能有机会派出机构领导、行业专家或技术专家，以及未来可能为该家族服务的顾问来展示实力。评选过程可能耗时数周甚至数月，并且过程中经常会出现反复，富豪家族可能会不断暂停、重启评估，导致周期延长。

Family Office Exchange为此创建了一个问题清单，以帮助富豪家族更好地实施评估流程，清单部分摘录如下。对于初创期的中国家族办公室而言，这份问题清单同样具有借鉴意义，家族办公室可以从客户在评估过程中的提问反观与客户建设商业关系时的要点。

关于公司背景

◇贵公司是何时创立的？

◇公司从何时开始提供理财咨询服务？

◇创建联合家族办公室机构的原动力是什么（如有）？

◇公司的组织结构是怎样的？

◇公司的所有权结构是怎样的？如果为某一家族所有，家族持有的股权比例是多少？

◇公司是否已制定年度战略规划？如有，公司在未来两年内的主要行动计划是什么？

◇公司正式公开的使命是什么？

关于服务范围

◇描述贵公司在以下服务领域的专业技能：

☆财富转移规划；

☆财务规划；

☆基金会与慈善规划；

☆投资规划；

☆投资管理；

☆业绩分析；

☆税务规划与税务合规；

☆账单支付与现金流管理；

☆客户教育流程。

◇在财富咨询服务方面，公司最大的优势有哪些？

◇明年公司计划推出哪些新的服务/升级版服务？

◇公司与竞争对手在业务上有哪些差异？

◇公司是否与外部的投资咨询师合作，共同提升研究水平？

◇公司是否正在提升/改进一个或更多的服务领域？请具体说明并介绍原因。

◇在过去几年里，公司是否改变过提供服务的方式？如果是，为什么？

关于客户关系

◇贵公司为多少个家族提供财富咨询服务?

◇公司客户群按类型(如企业主、财富所有者、财富继承人及基金会等)有什么分布特征?

◇公司在过去3年里增加/流失了多少客户?造成变化的原因是什么?

◇对于只使用公司部分服务的客户,公司通常向其提供哪些服务?

◇公司如何获得新业务?公司是否会采取措施积极开发新业务?公司哪位员工主管业务开发?业务开发人员的薪酬结构如何?

◇公司目前管理多少资产?

◇请提供下列信息的细目:

☆过去3年内新增客户带来的新增资产增长情况;

☆现有客户新增资产带来的资产增长情况;

☆过去3年内客户流失导致的资产减少情况。

◇提供与公司合作3年以上的3位客户的推荐函。

◇过去3年内与公司终止合作的客户,不再选择公司服务的主要原因是什么?

关于员工概况

◇贵公司各大部门分别有多少名员工?请按下列分类提供具体的员工人数(分类仅供参考):

☆高级客户关系经理;

☆投资专业人士;

☆税务与会计专业人士;

☆慈善专业人士;

☆信息技术(IT)专业人士;

☆营销专业人士;

☆运营/后台人员;

☆行政人员。

◇客户关系管理团队一般采用何种组织结构?技术人员如何为客户关系团队提供支持?

◇客户关系经理的薪酬结构如何？如果他们享有激励奖金，基数是多少？他们是否分享公司的利润？

◇每位客户关系经理通常负责维护几位客户？

◇关于贵公司高管和服务于本人账户的关键人员，请提供相关简介或公司网站上的链接。

◇提供过去3年内招聘、辞退和辞职的员工人数。

关于客户维护与汇报

◇公司与客户沟通时最常使用哪种方式？

◇公司是否定期安排客户会议？如果是，会议的频率如何？一般由谁代表贵公司出席会议？

◇公司如何与客户的其他主要顾问联络？

◇公司是否提供电子版的客户报告？客户是否能够通过互联网获得这些报告？

◇能否提供编辑过的报告样本？

关于客户教育与研究

◇贵公司提供哪些类型的客户教育？

◇公司是否提供正式研讨会或其他学习机会？

◇公司是否为客户提供研究论文或行业通讯？请列出向客户发布的研究论文及其发表日期。

关于价格与费用

◇贵公司是否有公开的收费价目表？如有，请提供。如无，请说明公司给新客户报价的方式。

◇是否设有最小账户规模限制或最低收费标准？

◇不同类型客户的费用结构有何差异？

◇公司是否按业绩表现收取费用？与基点收费标准之间是否存在替代性？

◇公司是否从任何产品供应商处获得佣金收入？

◇公司是否从任何其他类型的服务供应商处收取费用？如果是，有什么前提条件？

家族办公室品牌战略规划

现代营销学之父菲利普·科特勒在著作《市场营销》中定义，品牌是销售者向购买者长期提供的一组特定的特点、利益和服务。从购买者的角度来看，品牌是人们对一个企业及其产品、售后服务、文化价值的一种评价和认知，是一种信任。

广义的品牌是具有经济价值的无形资产，它是一种综合反映，用抽象化的、特有的、能识别的心智概念来表现差异性，从而在人们的意识当中占据一定位置。

狭义的品牌是一种拥有对内、对外两面性的标准或规则，它是一套识别系统，通过对理念、行为、视觉、听觉4方面进行标准化、规则化，使之具备特有性、价值性、长期性、认知性。我们也将这套系统称为企业识别系统（Corporate Identity System，CIS）。企业品牌传达的是企业的经营理念、企业文化、企业价值观及对其客户的态度等，它使企业能有效突破地域之间的壁垒，进行跨地区的经营活动，因此它对于家族办公室的区域扩展非常关键。

既然品牌是给拥有者带来溢价、产生增值的一种无形资产，能更有效地帮助家族办公室创建与客户的信任关系，助力企业区域扩展，那么家族办公室在创立初期就需要认真对待品牌，并学习建立自身的品牌资产价值的方法。

家族办公室在品牌建设中需要建立品牌战略规划，让家族办公室传递给客户的信息和体验保持统一和规范，这样可以大大提升工作的效能。品牌建设一般会经历3个阶段，从最初的创始人品牌开始，逐渐发展成为合伙人品牌，最终成长为公司品牌。

家族办公室的品牌化路径与品牌战略规划概览

家族办公室品牌之所以从创始人品牌开始建设，是因为专业服务机构都有如下特质：专业服务机构在创设初期一般不需要也没有强大的资本，客户愿意委托是因为相信创始人的人品和能力，当专业服务机构的创始人在客户心中拥有较大的影响力时，他们通常以个人名义拥有自己的品牌。因此，公司品牌依托创始人品行。但随着公司的成长，品牌资产便至关重要。

由于专业服务极其抽象和具有主观性，参照物和证明物便极具价值；而在安全感和社会认可方面，情感因素也不可或缺，这使得专业服务领域的进入壁垒较高，客户转换成本也极其昂贵。然而，客户却拥有讨价还价的机会，并且经常这样做。因此，家族办公室要通过积累社会资源、长期可合作的重要伙伴、长期可信赖的客户关系，不断明确公司形象，以提升客户对家族办公室及其业务属性的品牌认知。

根据品牌建设理论，结合实践经验，我将家族办公室品牌战略分为以下4个关键环节。

第一，识别和建立品牌规划。在品牌战略中，首先要清晰地理解品牌代表什么，以及相较竞争者应该如何定位。

第二，设计并执行品牌活动。在客户大脑中合理定位，并尽可能获得客户对品牌的共鸣。一般来说，品牌构建可以分为3个方面：一是构成品牌元素的初始选择以及元素的组合搭配；二是品牌活动及支持方案中将品牌融入的方式方法；三是通过与其他一些实体（如公司、渠道或其他品牌）相关联，间接产生品牌联想。

考虑到国内家族办公室正处于起步阶段，我们以对初创品牌起到重要识别作用的品牌元素为例。最常见的品牌元素包括品牌名称、网址、标识、符号及口号等。当客户仅仅了解品牌名称和相关logo时，他如何看待家族办公室服务是检验品牌元素是否有助于品牌建立的最佳试金石。其中logo是视觉识别系统（VI）的重要组成部分，承载着品牌的丰富内涵，logo既可以是图形，也可以是文字，还可以是字母。优脉的首席品牌形象设计师对此有着系统思考，已经帮助几十个家族办公室操刀logo设计。在他看来，一个真正理想的品牌logo，承载着创始人对家族办公室的愿景、价值观和初心的深度思考。比如优脉的logo是由一组人形手拉手连接形成的皇冠形态，不仅寓意着家族办公室如财富管理行业的皇冠，并且表明这个皇冠是由各类优秀人才紧密合作而成的，每个人都是皇冠上的明珠，同时也寓意着人才是最宝贵的财富，对应的英文“youmy wealth”及中文“优脉”更强化了这种理念和思想。

如果你正打算开设自己的家族办公室，那么你的创设愿景、价值观和初心是什么，又该如何反映在以logo为代表的品牌识别系统中？不妨认真做一番思考。

品牌联想主要通过与其他一些实体相关联而体现，包含属性联想、利益联想。属性联想是有关家族办公室服务项目的描述性特征，分为与产品有关以及与产品无关两类。与产品有关的属性是执行该产品或服务功能的必备要素，这里不展开表述。而与产品或服务无关的属性则包括价格信息、包装或外观、使用情境和使用人群等，其中价格和使用人群对家族办公室的品牌联想影响最为强烈：人们不会相信最优秀的资产管理人会以极低的费用提供服务，同时人们也会特别关注使用该家族办公室产品或服务的人与自己的身份是否相近。在利益联想中，人们除了会关注产品和服务能够带来的功能利益、个人感觉，也会关注其象征利益，如社会认同等。在家族办公室品牌规划和活动中，需要注意合作机构的形象对家族办公室品牌形象是加分还是减分。例如，合作机构的品牌、客户群特质、参与人员等与你的品牌定位是否一致等。

第三，评估和诠释品牌绩效。一旦确定了品牌定位，就需要将实际品牌管理和传播方案付诸行动，以创建、强化或维持品牌联想。而为了解品牌管理和传播方案的效果，需要使用合适的方式来追踪品牌价值的创造过程。我会在后文详细介绍最适合家族办公室的方式——基于客户的品牌资产管理系统。

第四，维系和提升品牌资产价值。维系和提升品牌资产价值非常具有挑战性，需要从更广阔、更多元化的视角理解品牌资产，并理解品牌战略应如何反映和优化创始人的所思所想。这里特别强调一点，家族资产管理是一项长达几十甚至上百年的工作，因此家族办公室需要长期管理品牌资产，长期维系和提升基于客户的品牌资产价值，在长期可信赖的客户关系的建立过程中，不断明确办公室的形象。

建设基于客户的家族办公室品牌资产

家族办公室的买方定位具体到品牌建设，就是需要建设基于客户的品牌资产，从客户（不论是现有客户还是潜在新客户）的视角来探讨家族办公室的品牌资产，特别是探讨如何才能更好地创建、评估和管理家族办公室品牌资产。理解客户的需求并提供相应的优质服务与解决方案，是家族办公室品牌成功建立的核心所在，这里有两个重要的基本问题：一个是使用不同的家族办公室品牌对客户来说意味着什么；另一个则是客户对家族办公室品牌的认知，将如何影响其对家族办公室业务拓展活动的反应。

我们知道，品牌形象存在于客户的心智之中，一个品牌的强势程度取决于客户在长期的经验中对企业的所知、所感、所见和所闻，家族办公室在建立品牌时面临的挑战是：必须有效管理家族办公室各个员工的行为及公司与潜在客户的所有接触点，特别是为潜在客户提供服务时，需要让客户体验到与品牌定义一致的信息，从而把客户的思想、感情、形象、信念、感知和意见等与品牌关联起来。

根据战略品牌管理大师凯文·莱恩·凯勒教授的品牌资产模型，结合家族办公室品牌建设经验，优脉总结并建立了基于客户的家族办公室品牌建设金字塔（见图4–1）。

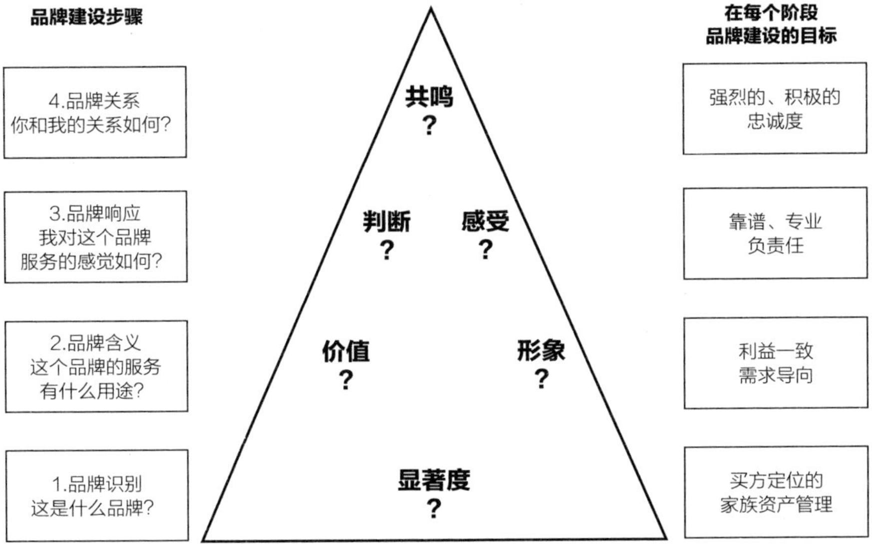

图4–1　基于客户的家族办公室品牌建设金字塔

问号处的具体内容（即次级维度），读者可以先行独立思考再对照图4–2。

客户对品牌的体验分为感知（感受）、认知（判断）、心灵（共鸣）3个层面。办公室状态、个人形象等感官体验是外在的体验；认知层面的体验，比如解决方案的观点是否清晰，逻辑是否清晰等是内在的体验；心灵层面主要指心灵体验，如友善、温暖。这3个层面相互作用，互为支撑。

举个例子：2019年我在澳大利亚考察家族办公室，其中一个家族办公室位于悉尼市郊，已经运转30多年，两位创始人创立办公室之前都是银行理财师。他们在介绍办公室的时候，我除了感受到专业，更感受到了温暖。比如会议中途有人去洗手间或者茶水间，办公室团队人员都会主动指引，表现出极大的善意和暖意，让人感到家人般的关爱，就像见到了久违的好友和亲人。创始人表示，这是他们公司的文化——像

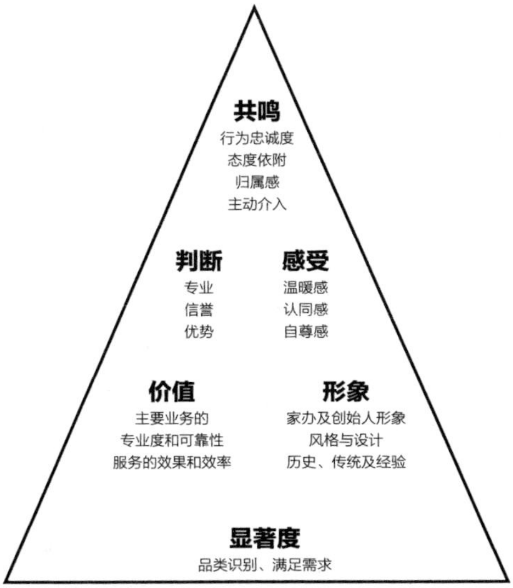

图4-2 基于客户的家族办公室品牌建设金字塔（次级维度）

照顾最好的朋友一样照顾自己的客户和同事。这个家族办公室自成立以来，员工和客户流失率都非常低，几乎所有客户都跟着办公室一路走来，相互认可。发展至今，公司人员规模并不大，但业务持续稳健成长，大家有任何问题都愿意一起在公司讨论交流，就像家人一样。这个家族办公室提供的服务已经超越了一般商业服务。这是心灵层面的品牌资产成功建设的典范之一。

感知、认知、心灵这3个层面都很重要，每个办公室的品牌资产建设核心放在哪个层面，可以根据实际情况来决定。具体落地需要基于与客户的所有行为接触点，进行规范的制度建设。

品牌建设与接触点管理

接触点管理又称接触管理，是指企业决定在何时、何地、以何种方式与客户或潜在客户进行接触，以达成预期沟通目标，也就是围绕客户接触过程与接触结果处理展开管理工作。接触点管理的核心是企业在正确的地点，以正确的方式，向正确的客户提供正确的服务。

所谓客户生命周期，指一个客户对企业而言有诞生、成长、成熟、衰老、死亡的过程。具体到家族办公室，客户生命周期指的就是目标客户从听说家族办公室、开始关注，到了解、认知、认同、委托、增加或减少委托，最后结束委托服务的过程。

客户对家族办公室的品牌印象是在接触中逐渐建立的，因此要做好家族办公室的品牌管理，必须充分思考和规划与客户的各种接触点上的客户体验。很多时候，家族办公室常犯的错误是在不同接触点上不经意地向客户传递了不同的品牌信息和体验，让客户对该机构品牌的理解产生歧义。表4–1、表4–2、表4–3是我在家族办公室创设和学习过程中，与家族办公室创始人的演练过程和随堂结果，供参考。

表4–1　非面对面接触

<table>
<tr><th>听说、了解</th><th>感知</th><th>认知</th></tr>
<tr><td>公司及个人新媒体（微信朋友圈、视频号、公众号）</td><td rowspan="8">持续、敬业</td><td rowspan="8">有质量、品质
有启迪的、引发思考、共鸣
易理解（现阶段工作进程、公司标识）</td></tr>
<tr><td>公司网站</td></tr>
<tr><td>线上搜索（如百度）</td></tr>
<tr><td>文章、软文</td></tr>
<tr><td>合作伙伴</td></tr>
<tr><td>供应商</td></tr>
<tr><td>熟悉FO的人（如客户）</td></tr>
<tr><td>行业媒体信息</td></tr>
</table>

注：非面对面接触情况下，较难触达心灵层面。

表4–2　面对面接触——一对多沟通

接触（交流→产生兴趣）	感知	认知	心灵
闭门沙龙	私密	有收获	亲和
茶话会等	高端	有启发	亲和、真诚
兴趣爱好活动	阳光、正面	高手	愿意帮助他人、谦和易相处
授课	职业、得体	专业、有内容	真诚

表4–3　面对面接触——一对一沟通

深入沟通商务合作签约	感知	认知	心灵
风险诊断、需求调查 –客户办公室 –家族办公室 –茶馆、咖啡馆等	认真	逻辑、专业	尊重
交流解决方案 –客户办公室 –请客户到家族办公室	准备充分、私密	逻辑、专业	同理心、真诚
客户咨询答复 –电话、微信解答客户疑问 –面谈 –电话会议	准备充分、提前告知	精准、明确	友善
理解（对方）、负责任考察 –GP（一级、二级管理人） –海外（游学、访问） –优脉联盟总部	安全、妥帖	扩展视野 有启迪	关爱
签约 –客户办公室 –客户家中 家族办公室	准备充分	专业、解答详尽	懂我

通过接触点管理，家族办公室可以设定自己要给客户留下什么样的印象。相关工作需要持续进行，所传递的内容和观点要有一致性，才有可能在目标客户心中留下清晰的品牌形象。但是接触点有很多，家族办公室在创设初期也不能什么都铺开，在关键的接触点上的持续努力，会使企业更加有效率地建立自身的品牌形象。

品牌形象与专业服务

家族办公室要让客户对品牌形象有充分的了解和认同，需要在与长期可积淀的社会资源、长期可合作的重要伙伴、长期可信赖的客户互动过程中，不断体现专业主义精神及业务属性，这样才能形成品牌印象。

在专业服务领域，获得业务的最佳方式不是推销，而是关心。专业人士试图勾起客户购买某项新服务的兴趣时，客户心里只有一个念头："为什么你想要卖给我这个？"客户可能会持有两种截然不同的想法：其一，"你只是想要赚钱"；其二，"你真诚地关心我，并想要提供帮助"。专业人士的推荐能否成功，取决于客户持有哪种想法。如果客户相信专业人士是真切地关心自己，在意自己，真心实意地想要帮助自己，就会很愿意购买相应的服务。我们必须意识到，出色的服务不仅包括练就超绝的专业技能，还包括对待客户的拳拳之心。如果你的客户不会主动向朋友推荐你，那么你的工作或者服务可能不像你想象得那样令人满意。而且，如果你尚不能在现有客户中维持良好口碑，又谈何开拓新客户呢?

如果专业人士真心想要成功推广其专业服务，就必须严格按照专业主义精神的工作顺序，做好以下5件事情。在完整细致地做好前一件事情之前，不要做下一件事情。

第一，询问客户如何更好地为他们提供服务——他们希望你增强哪些方面服务，减少哪些方面。倾听他们的心声，并为之行动。不要错将"你还不错"当作可以接受的答案。继续追问下去，直至他们告诉你如何才能得到"你太棒了"的评价。不断重复上述过程，直到90%以上的客户都愿意为你出具书面推荐，并且50%以上的新客户来源于现有客户的主动推荐。

第二，加大对现有客户的投入，让他们看到你对他们问题的关注。与客户定期见面，讨论他们的业务；参加客户的内部会议；为他们提供免费的内部研讨会；阅读客户的行业杂志，乐于帮他们各种小忙。请注意，以上不是简单地与客户一起娱乐和社交，先要努力把客户的业务关系打理好，而不单单只是私人关系。

以上努力不可懈怠，直到你甚至不用自己开口，就会自动得到绝大多数客户的新业务机会。确实，现有客户是新业务的最佳来源，但是想要得到这些新业务，你必须愿意付出足够的努力来维护与他们的关系。在确信你已经完全获得现有客户全部的最佳业务机会之前，不要花费力气去争取新客户！那些已经接受你的服务的客户才值得你的优先关注。这就是专业主义精神。

第三，如果业务推荐不能给你带来足够的新客户业务，回到第一步和第二步，确保你尽最大的努力完成这两步。

第四，不要寄希望于广撒网、钓大鱼。只是对广大潜在客户给予泛泛的、没有针对性的关注，采用比如邮寄名单、宣传手册及新闻推送等手段——这无异于站在街角叫卖。你应该比这更专业。你要为潜在客户提供更有用的东西，以此来证明你对他们的关注和价值：一篇文章、一场演讲、一份调查研究、一个新思路、一堂研讨会。潜在客户不需要无谓的吹捧，他们需要的是你拿出真凭实据，作为他们决策的依据。

第五，一旦潜在客户表露出对你的兴趣，你必须停止谈论你自己和你的公司。成功的营销不光在于你和你的能力，更在于你能否发现客户的需求。成功的诀窍在于倾听，不在于谈论。咨询业务想要做得好，关键在于让客户向你倾诉他们的问题、需求、要求和顾虑。从接触的最开始，就要将你的潜在客户当成正式客户——积极回应、出主意、解释可选方案、普及专业知识。不要等到正式拿到项目才开始提供专业帮助，你是一位专业人士——去证明这一点，从最开始就提供专业帮助。①

专业主义精神和品牌营销是一致的，它们的本质都是专注于服务和帮助客户。戴尔·卡耐基在《人性的弱点》中写道："如果你不再执迷于实现自己的目标，而是开始帮助他人实现他们的目标，那么你将会收获更多的乐趣和成就感。"

行业实践中，服务质量问题产生的主要原因是客户和专业人士之间沟通不顺畅，存在误解。专业人士认为他们十分清楚客户需要他们提供什么，但是实际上他们提供的与客户的真实需求或期望有偏差。家族办公室要展现专业服务的品牌形象，合伙人在与客户沟通中亦须遵循上述规则和经验。

① [美]大卫·梅斯特.专业主义[M].吴卫军，朱小英，译，北京：机械工业出版社，2019.

家族办公室客户发展策略

关于客户开发，每个人都有自己的理解。有的人认为“只要照顾好现有大客户，新业务自然随之而来”，有的人认为“源源不断地开发新客户对办公室的健康发展至关重要”，有的人则认为“关键是处理好客户关系”，还有人认为“我们需要融入某个圈层去结识新朋友”，等等。这些观点都有道理，但是仅凭其中的任何一个，又不能完全解释家族办公室客户开发的要义。

我曾在“家族财富管理师训练营”做过一个如何开发客户的测试，在面对“只能做一件事情以实现第一年公司目标”的问题时，绝大部分学员的选择是老客户挖潜，理由是这样最直接、最有效；而在面对“做3件事以实现长达10~20年的持续发展”时，绝大部分学员的选择虽具体指向不同，但都更侧重建立长期信誉，以更好地吸引新客户。

新家族办公室起步的业务对象如果是和你有共同经历、了解你的人，或者他通过成功的投资经历认可你的经验，那么当你决定创设家族办公室时，对方也会认真考虑是否与你快速展开合作。的确，与更具信任关系基础的现有客户沟通，是家族办公室创立之初的生存所需。但在考虑家族办公室客户的长期发展时，创始人关注的几乎都是与“吸引”相关的方式，比如接受采访、发表文章和视频、制作线上和线下课程等，想通过各种方式持续展示家族办公室的经验、专业和忠诚尽责的精神，赢得更多发展机会。

重视现有客户——“拉动”背后的底层逻辑剖析

现有客户的重要性

大多数专业服务公司，包括家族办公室，都认可现有客户群给公司带来新业务的可能性最大，利润通常也最可观。其重要性主要体现于以下几个方面：

第一，客户的信任对专业服务的销售有着举足轻重的影响。在竞争过程中，很多时候仅凭这一个因素就能决定结果。因此当家族办公室已经为某个客户提供服务时，它就获得了领先优势，成功的概率也会比竞争对手更高。

第二，面对现有客户，家族办公室在发现其真正关心的问题及真实需求方面更有竞争优势。如果家族办公室在为现有客户提供服务的过程中发现客户有新需求，只要之前的服务令客户满意，那么往往可以在获得客户的允许后直接开展新项目。大多数情况下，针对现有客户开发新业务，常常没有竞争对手。

第三，在大多数情况下，以现有客户为目标，为赢得同等业务量而需要付出的营销成本更低。家族办公室不需要花费时间来了解现有客户的背景情况，因为之前已经做了相应的基础工作，可以省去为赢得新客户而需要做的事情，比如，让客户了解家族办公室，获得客户对家族办公室能力的认可，双方培养默契或开展访谈，撰写服务建议，演示陈述等。

第四，开发现有客户的新业务所带来的利润，比开发新客户所获得的利润更高。首先，在了解客户需求上花费的时间较少。其次，在项目执行过程中出现错误导致返工的情况更少，这也是避免浪费时间的一个因素。再次，因为没有竞争，家族办公室不用承受为赢得客户而降低收费水平或压缩收费空间的压力，因为客户已经使用过家族办公室的服务，认同公司所提供的服务物有所值。而对于新客户而言，由于对家族办公室及其能力缺乏了解，往往会持怀疑态度，对收费水平也更为敏感。最后也是最为关键的决定性因素是，在为现有客户提供服务的过程中，随着双方合作的深入，家族办公室可以逐步建立起客户对初级员工的接受度和认可度，分派更多的初级人员参与为客户提供服务的过程。相比之下，新客户可能对新的服务供应商并不完全放心，通常会坚持要求更多的资深人员参与项目。因此，在新客户的项目上使用人员的效率要比现有客户的项目低，通过加杠杆来实现高利润的方式，在新客户身上较难实施。

第五，如果家族办公室要强化自身的实力，巩固其在市场中的地位，就必须仔细考虑自己承接的业务类型。公司必须寻找新的工作内容，提升自身的服务能力，也要给员工提供新的锻炼机会，拓展员工的专业技能。很明显，如果公司以前没有承接过类似的项目类型，那么就很难让新客户信服公司有能力提供这项服务。但是，一旦现有客户已经对服务供应商有了一定程度的信任，彼此也建立起了默契，那么现有客户更有可能给服务供应商提供机会，让他们做一些难度更大的工作。所以只有面对现有客户，家族办公室才有机会做一些不仅能为公司创造利润而且有助于提升公司服务能力，进而在未来提高收费水平的新工作，公司可以通过这些工作增加专业服务公司的智力资本，而不仅仅是过度消耗现有的智力资源。

家族办公室对现有客户群不够重视的原因

但是，如果仔细观察市场上家族办公室及专业服务公司的作为就会发现，虽然它们拥有成熟、完善、运营有序的新客户开发系统，却很少会系统性地开展工作来赢得现有客户的新业务。同样，大多数家族办公室在市场营销方面的投入，无论是费用支出还是时间投入，都较多地用于开发新客户，只有很小一部分用于赢得现有客户的新业务。

如何解释这个明显存在矛盾的实际情况？为什么很多家族办公室明明知道现有客户的重要性，却会相对忽略他们？

最主要也是最简单的一个原因是开发新客户更有乐趣。开发新客户的成就感无法从维护现有客户关系的过程中获得。新客户的项目通常具有清晰的特征，有相对明确的工作任务，还设有具体的期限。而培育与现有客户的关系通常没有具体期限，也没有特征明显的项目，工作内容更模糊。这就好比人类的一个基本偏好——我们总是在追求伴侣的阶段比在结婚后更重视对方。令人遗憾的是，家族办公室管理层对考核的设置也对这种偏好起着推波助澜的作用。比如，大多数公司更倾向给赢得新客户的人员奖励，而如果是从现有客户获得新业务机会，则不会获得什么奖励。而且开发现有客户的新业务，也容易被认为是理所当然的，比如人们会抱有这样的想法："如果我们做得好，客户当然会给我们新业务，所以我们没有必要在这方面花费太多不可计费的工时。"又或是："现有客户对我们的所有服务都应该付钱，我们的市场营销工作也应该在可计费的时间内做。"可以想象，这种观点带来的后果就是公司不可能在现有客户中开展有效的市场营销活动。在这样的环境中，有一个现象很奇怪：家族办公室合伙人非常愿意为赢得一个新客户和其他竞争对手展开激烈竞争，花费大量不可计费的工时去追求那些成功概率较低的业务机会，对获得新客户所带来的收入甘之如饴，但是却不愿意投入同样多（甚至是更少）的不可计费工时去开发现有客户的新业务机会。花在潜在客户身上的那些时间是赠送给客户的，但对现有客户花费这样的时间，却是要向客户收取费用的。

其次，当下家族办公室现有的客户实在太少，很多客户即使已经成交也还在尝试期，而家族办公室的管理业绩体现需要时间。因此家族办公室为了生存，必须开发新的客户。

最后，开发新客户与开发老客户所采取的营销手段是完全不同的，开发现有客户的新业务需要与客户建立亲密的合作关系，即人际互信关系和商业互信关系。工作人员需要走近客户，让客户对自己有高度信任感，这需要更高的技能水平。相反，开发新客户不需要频繁地和客户一对一接触，也不需要和客户建立特别亲密的关系，可以从“非面对面”——比如发布客户可能感兴趣的文章或课程——一步一步过渡到“面对面”和“一对一”——比如公开演讲、举行讨论会并且条理清晰地进行演示等。不论结果是好是坏，很多专业人士都更喜欢开发新客户。

对于很多家族办公室而言，如果能在开发新老客户上合理分配时间，特别是在起步阶段针对现有客户制定明确的、更加积极的业务发展规划，将受益良多。

家族办公室如何挑选有潜力的客户

为了开发现有客户，可以在现有客户群中挑选出最有潜力的客户。同所有的市场营销活动一样，基本原则是集中精力挖掘最佳业务发展机会。因此，对全部现有客户都开展市场营销并不明智，正确的做法是认真挑选出有潜力的客户，即找出已建立良好关系的客户，确定可以进一步满足客户新需求的服务方案。

具体到家族办公室初期的“拉动”动作，根据优脉的实践经验，我梳理了如下两个基本步骤。

首先，确定客户策略即客户画像。家族办公室为了聚焦时间，服务有限数量的客户，要确定客户画像。具体做法有：第一，服务客户数量，建议每人服务的客户数量在10~30人；第二，服务客户的资产管理量，例如：可投资的金融资产①在3000万元及以上的占50%，1亿元及以上的占30%，10亿元以上的占20%；第三，过去有一定信任关系和

① 金融资产，包括银行存款、股票、债券、基金份额、资产管理计划、银行理财产品、信托计划、保险产品、期货权益等。

交易服务频次在3次以上的客户优先；第四，对买方定位的家族办公室的服务模式理解和认可的客户优先；第五，以上目标可根据家族办公室合伙人的具体情况进行微调。

其次，梳理老客户，确定目标客户。具体来说：第一，将符合画像要求的客户登记到客户档案登记表中；第二，根据梳理出的客户清单，制定一对一客户拜访的时间计划和新服务建议书，一般每周至少拜访4人，电话和微信沟通20人，每周根据沟通情况，完善客户档案。

吸引新客户——持续展示专业、经验、忠诚尽责

在讨论具体策略之前，我们需要先理解专业服务领域的专家身份。

经营家族办公室，需要先破除一个迷信：若要想成为某个领域的专家，离不开1万小时学习定律。回到家族办公室的机构本质，不同于智慧型专业服务机构需要具备相关领域顶尖知识以解决最前沿问题，家族办公室是经验型专业服务机构，更强调基于丰富的实践经验去帮助他人解决类似问题。所以，家族办公室行业的专家是相对客户而言的，也就是比客户更具解决类似问题的知识、经验和加以运用的能力。

举个例子：关于如何理解“不要把鸡蛋放在一个篮子里”，与客户相比，家族办公室除了字面意思，或有更为深入的理解——“单一风险因子不要对主要资产造成重大影响”。比如，某客户的所有资产皆为苏州的房产，此时苏州房价就是影响其资产价值的主要因子，办公室就应当及时给出合理的配置建议和可落地的解决方案，而相关建议更多是依据行业经验，而不是通过1万小时习得最为高深的专业知识之后再做出解答，但这些建议对于客户而言依然是有价值的。

所以对于专业，要建立两个层面的理解：一是我们应该在自己所专注的行业内勇夺第一，让自己在该领域的认知更深厚，更有见地；二是我们与客户之间只要存在认知势能差，就能够为客户创造价值。当我们的专业水准高于客户、认知深于客户，就可以将相关能力赋予客户，将客户在该领域的做事水平或认知水准拉升到与我们一致的高度，从而为客户创造价值。

在此推荐《专业化生存》这本书，书的作者是目前世界上最高薪酬等级的高效能教练和培训师之一布兰登·伯查德。这本书清楚地告诉了读者什么是专家，以及如你我般的普通人怎样成为一名专家。

布兰登将“专家”定义为愿意与大家分享经验和知识，并以此获得报酬的关怀

群体。专家经常分享人生经历，这些经历或有助于改善生活，或有助于提升事业。这些人都是普通人，把自己的研究成果或故事打包分享给世人，使自己成为某些特定话题的专家，比如如何更好地做父母、如何创业、如何驾驭工作、如何活得更有激情等。或许有人觉得自己并不具备专家级或大师级的才干，但事实上任何人都能成为专家。如果你觉得自己与“专家”“大师”相去甚远，我们可以重新界定这两个词的含义——专家和大师只是助人一臂之力、做好事务的人罢了。“专家”其实是定位和包装的产物，只要你能定位好自己的角色，你和你团队的知识能帮助大多数目标受众，你就是专家。我们生活在一个全新的创意时代，被真实性、信任感、搜索引擎、社交媒体等包围，新型的创意者和专家都为自己工作，凭借有价值的建议和信息，与人们建立实实在在的联系。幸运的是，由于互联网信息的共享性和公平性，我们每个人都可以发布有价值的内容，指导他人，帮助他人。所以，只要你在某个领域比客户知道得更多，且能以帮助他人解决问题为价值点，你就可以成为这个领域的专家。

回到家族办公室客户拓展的基本逻辑和方向：短期要从基础客户入手，一对一直接完成服务；中长期要不断传播家族办公室的所见、所闻、所想，让客户持续感知家族办公室的经验、专业能力和忠诚尽责的精神。

具体到每一个家族办公室，由于资源、背景、个人能力不尽相同，落地时采用的方式也不同。我分享的是优脉联盟成员吸引潜在客户时最常用且最有效的几种方式（见图4-3）。

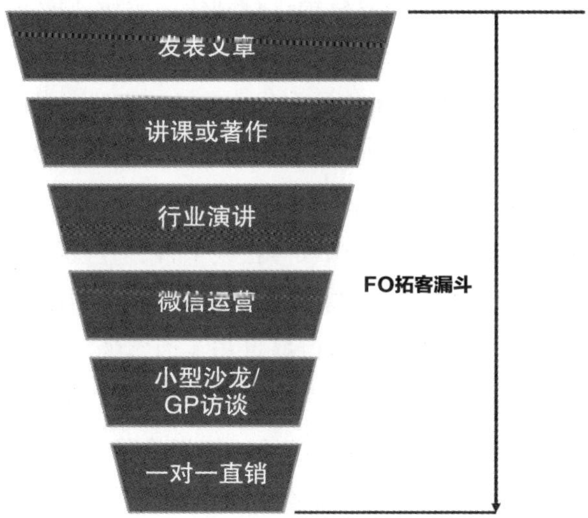

图4-3 家族办公室拓客漏斗

家族办公室以内容营销为大框架，主要有以下优势：可以实现持续积累，比如积累客户印象、客户数量等；积累效果会持续增强，比如从办公室找客户逐渐转变为客户主动找办公室；因为是持续动作，无须占用大块时间，比如第一年每天拿出两个小时即可，亦无须消耗大量精力，因为好的内容传播往往是与自身学习相结合的。

其中关于内容本身，主要有以下要点：以有价值的内容为主，比如家族财富管理的相关知识、观点和常见误区；内容强调真情实感，由心而发，目的在于建立长期人际信赖；不要夹带私货，特别是不要一味推销产品，以避免读者产生抵触情绪甚至直接拒绝；初期可以采用短篇文章、视频形式，无须长篇大论，关键在于可读性强、方便传播；长期贵在坚持，持续刺激。

内容营销的第一种方式是发表文章、接受采访、进行行业调研、出版著作。发表文章或发布视频是第一步，操作性最强，受众亦最广泛。有一部分人阅读过内容后会忘记你，也会有一部分潜在客户因为相关需求选择持续关注和评估你，还有少数人可能会在阅读过内容后主动与你联系，希望进一步了解家族办公室的服务。

白皮书、行业报告、调研报告等可以作为文章发表的加分选项。如果有人在读过某一篇文章后还想阅读你的其他文章，你可以引导他们找到这些深度报告或白皮书。需要注意的是，这类内容的受众人数更少，其中一些读者会和你洽谈合作事宜，但是大多数人最终不会与你达成合作，所以建议在家族办公室稳步迈入成长阶段后，再将深度报告或白皮书等作为发表文章的补充。

再进一步是出版著作，这是内容营销进行到较高阶段才能够选择的选项。读者阅读你的文章或白皮书，或者搜索到一本关于你的独特技能或专长的图书后，有可能购买你写的某本书。这种方式体现了比较充分的信任，你在读者眼中可能是作者、专家、成功人士或领导者，能够真正为他人增加价值。换言之，做这件事之前，你得已经是家族财富管理相关细分领域的专家。

第二种方式是利用小鹅通、喜马拉雅等在线平台，开设线上直播或录播课程。这样做一方面可以在信息时代突破时间和空间的限制，在大幅提升触达客群效率的同时，大幅降低触达成本；另一方面也可以通过相关内容的“云”留存，实现持续积淀。当某一天有一位潜在客户出现，就可通过系列课程建立对你的系统认知，这于双方而言都是非常便捷的途径。此外，我们还可以把相关课程拆解成一个个更加便于传播的视频，作为平时在微信视频号或朋友圈发布的小单元内容。从文章到线上课程再到视频，这些内容就形成了以家族办公室为中心的完整内容矩阵，并通过办公室创始人品牌的私域圈层，最大化达成协同共振的传播效果。

第三种方式是面对面的小型沙龙，这是实现从“吸引”到“拉动”的关键性工作。因为高净值客户不可能完全通过非面对面的方式拓展，还需要一个自然而然、水到渠成的导流过程。从优脉的过往实践看，表现优秀的家族办公室一般在非面对面的基础工作之上，每两周安排一期面对面的小型沙龙，以助力后续一对一直销的落地。之所以强调家族办公室要坚持每两周做一期小型沙龙，是因为沙龙必然会安排分享环节，而分享既可以是家族办公室内部人员来讲课，实现线上人设与线下人设的统一，进一步提升客户信任度，也可以邀请外部嘉宾来讲课。办公室邀请的嘉宾往往可以从侧面展现家族办公室的资源、能力和圈层，进一步树立家族办公室的权威感。具体到讲课内容，既可以是与客户资产配置息息相关的内容，例如，尽调筛选是如何进行的，通过存续报告揭示投后管理的重要性和专业作业，对于高净值客户而言产品和解决方案的真正区别等；也可以分享进一步拓展客户视野的内容，例如，对宏观趋势的观点和看法，对一级市场和二级市场各投资机构和投资赛道的底层认知，实现家族客户财富保值、增值和传承的主要挑战和应对策略等。

第四种方式是以微信社群为代表的沉淀池，它可以作为面对面和非面对面客户往下递进的重要抓手。家族办公室可能因为文章和线上课程受到广泛关注，合伙人被邀请到相关平台和论坛做分享，或被某EMBA课程、某俱乐部、某协会邀请分享投资相关话题。不论处于哪种情境，一定要记得一个重要环节——建立进一步的联系，比如目前大家习惯的“加微信”动作，并借此环节将相关好友放进潜在客户群。一般而言，如果家族办公室同步启用微信营销，需要建立两个微信群，一个是以潜在客户为主的大群，可以将所有对家族资产保值、增值、传承话题感兴趣的人士都拉进去，平时可以在大群分享文章、课程、视频等相关内容，保持信息交流；另一个是核心客户群，该群的客户一般既往已经有过委托服务，处于客户关系管理进一步加强的阶段。不论是哪个群的客户，都会从你的朋友圈内容感知你，一步一步拉近彼此的距离。

第五种方式是一对一的深度沟通，这是客户拓展中的转化环节，意味着办公室将与客户正式沟通，并根据其需求实现例如管理家族资产等相关服务。而在此之前，你吸引和触达的潜在客户越多，可以转化为核心客户的数量自然就越多。

在此重申一下拓展新客户的基本逻辑：首先，家族办公室合伙人要在成立之初就致力于让自己成为相关领域专家，不是通常意义上的在实验室或图书馆钻研满1万小时的研究型专家，而是基于核心能力建设的经验型专家，是比客户在管理财富方面有着更深度的认知和更广泛的经验的专家；其次，通过文章、课程、视频、微信（社群）营销、小型沙龙等各种方式，层层递进，分享经验，创造价值，最终和客户进行一对一的深度沟通，建立商业合作关系。

延伸阅读1：关于经验型专业机构的小型沙龙

举办小型沙龙是最有效的沟通策略，但只有应用得当才会产生最佳效果。

在沙龙开始前，需要遵循以下几个指导原则。第一，由于会议的目的是和客户进行单独交谈，因此参与小型沙龙的潜在客户不能超过25人——如果想接触200人，那就举办8次沙龙。此外，为了保持个人间的亲密互动，潜在客户与专业服务人员比例不能超过5：1。第二，一旦知道哪些潜在客户会出席沙龙，家族办公室就要立即对每一位客户进行全面、详细的研究。研究目标是了解所有可以公开获取的客户相关信息，比如客户家族的基本投资情况、客户家族企业所属行业整体发展情况等。简而言之，只要是能找到的资料就尽量找出来。第三，沙龙的座位安排也有讲究。例如，安排1位家族办公室合伙人和5位特定客户坐在一起，而且该合伙人已经提前了解了这5位客户的背景。投资大师查理・芒格还是律师初级合伙人的时候，曾接过一个案子，客户要讨论计划但没说好具体日期。于是芒格提前熬夜加班，认真研究案情，分析出3种可能的解决方案，并针对每一种方案给出专业的解决意见。结果转天客户就来了，提到的果然是芒格前一晚想到的其中一种方案。资深合伙人让芒格回去准备方案，以便客户明天再过来讨论，芒格却站起来说："我现在就可以把方案拿出来。"这让客户非常震惊，因此对芒格建立了信任，从此指定芒格担任委托律师。

良好的开端是成功的一半，当你做了充分的准备工作，客户就会对你形成良好的初步印象。总之，如果你从一开始就表现得非常专业，就说明你的机构与一般的财富管理机构不同，并且这个效果在沙龙还没开始之前就已经达到了。

沙龙开始后，主持人讲话不要超过30分钟，而且应该让每个与会者都参与小组讨论。发言人不要问："还有问题吗？"沙龙的目标是让25：1的课堂式问答转变为5：1的亲密讨论，这样做更便于大家打开思路，以更加开放的态度参与讨论。负责每一组客户的合伙人可以分别询问客户的意见："这也是您遇到的问题吗？"如果答案是"不，这并不是我所关心的问题"，合伙人就可以接着问："那么您遇到的问题是什么？"自然而然地让客户开始谈他在家族财富管理中遇到的困惑和关心的问题，这是赢取客户的关键。沙龙的流程一般包括20分钟的主持人讲话、40分钟的嘉宾分享、20分钟的小型圆桌讨论，以及最后的主持人总结。从与会者的角度看，这种形式的沙龙可以最大限度地给予他们发表自己看法的机会，因此十分受欢迎。

最后，沙龙结束之后的跟进工作不会太难，家族办公室的工作人员可以给参与同组讨论的客户打电话："我们花了一上午的时间讨论您目前面临的问题。您曾提到沙龙没有谈及的一些关键问题，我和资产配置专家做了一些专项沟通，希望能和您谈谈我们的看法和观点。"这样的跟进方式对家族办公室而言比较轻车熟路，并且颇受潜在客户的欢迎，因为这是针对某个客户所关心的具体问题进行对话，不会浪费客户的时间，同时也能为客户创造价值。

延伸阅读2：关于经验型专业机构的文章发表

专业机构可以选择在与潜在客户相关的报纸杂志上发表文章。一方面，这样做可以充分证明自己的能力，比如论述家族办公室与一般财富管理机构的差异，显示出自己的特点，同时也给潜在客户提供一个与你沟通的好理由。另一方面，为专业杂志撰写文章可能会在行业内给你带来一定的知名度，但是注意，只有在客户关注的刊物上发表文章，才会带来业务机会。文章能发挥的作用源自它的多重用途，比如当潜在客户第一次咨询家族办公室时，如果你的回答是“对，我们针对这个话题发表了几篇文章，我会尽快发送给你”，这显然要比“这是我们的宣传手册”更加有效。如果文章写得好且通俗易懂，那么即使在多年之后，它依然会对读者有所启发。

发表文章还有助于向客户证明家族办公室的资质。当专业人士在行业刊物上发表文章时，建议选择自己研究经验和实践经验最丰富的某一个细分领域，针对客户关注的话题。这些文章很有可能成为这个话题的“专有”文章，随着日积月累，这些文章还可以汇集成书。即使很少有读者会一页一页地仔细翻读整本书，但能形成“这个家族办公室在这个领域很专业”的印象。

写这类文章其实并不难，甚至有一定模式和套路可以遵循：例如文章字数控制在2000~5000字，内容结构是“如果你正面临以下问题或挑战，可以重点考虑采取哪几种处理方式，它们各有哪些利弊，你应该考虑哪些因素，我们认为最佳的解决方案是什么”。同时，文章也会暗示：“如果你想了解更多信息，请与我联系。”当然，文章必须有实质性的内容，才能引起读者的兴趣。

文章的影响力很大，因此当家族办公室解决生存问题后，制定创始人、合伙人、专业人士定期发表文章的目标是一个非常明智的做法，可以极大地提升办公室在市场中的曝光率。这一目标通常不会因为没有内容可写而受到限制，因为大多数专业人士在实务工作中都能总结出一些令潜在客户感兴趣的经验。

复杂购买决策下的销售生产力

很多中国的高净值人士目前还将家族资产管理等同于购买金融产品，且是以选购一般消费品的作业逻辑快速做出决策，如凭个人感受或品牌影响，这是典型的简单决策方式。事实上，家族资产管理是一项复杂的系统工程，需要理性地确定管理目标，根据市场环境做出判断趋势、配置组合、制定标准、选择资产，需遵循纪律性的投资管理和决策流程，属于复杂购买决策方式，就如同购买一架飞机或一条生产线，合理的做法是审慎思考，聘请专业团队，多角色、多回合、演进式地进行整体性慎重思考与决策。

简单决策和复杂决策之间到底有什么不同，这种不同会为家族办公室的客户拓展和业务落地带来何种新视角？

丹尼尔·卡尼曼在《思考，快与慢》一书中，把人类的思考拆分成快思考和慢思考两种模式。与之相对应，人类的决策方式也可以归类为面向简单问题的简单决策和面向复杂问题的复杂决策。

我结合国内外对决策系统的研究，从思维模式、决策特点、理论背景等层面对简单决策和复杂决策进行比较分析，如表4–4所示。

表4–4　简单决策与复杂决策的比较分析

决策分类	简单决策	复杂决策
思维模式	**采用快思考** **即下意识、动物精神、直觉** 依赖情感、记忆和经验迅速做出判断，使我们能够迅速对眼前的情况做出反应。它包含大部分普通人都能掌握的技能，这种技能已经内化到头脑中无意识的活动范围，是不需要努力、不必刻意就能迅速从头脑中提取出来的行为。但简单决策固守“眼见即为事实”的原则，任由损失厌恶和乐观偏见之类的错觉引导我们做出错误选择	**采用慢思考** **即有意识、理性思维** 通过调动注意力来分析和解决问题，经常诉诸历史、统计规律、数字、概率和推理等需要付出一定注意力和努力才能完成的行为。它比较慢，不容易出错，但它很懒惰，经常走捷径，直接采纳快思考的直觉型判断结果。由于无法做到足够全面客观有深度，或者需要耗费过多的注意力，复杂决策中经常倾向找一些简单的、貌似合理的、但不够全面客观的答案
决策目标	存在可以量化表达的决策目标，或者尽管难以量化但是显性的目标	总是以系统的目标形式出现，但是复杂系统的目标往往是模糊和缺失的
对人的假设	完全理性	有限理性，复杂人、文化人

续表

决策分类	简单决策	复杂决策
目标表达	主观效用	没有固定模式或者程序可遵循
决策追求	目标最优或者满意度	合理化和确定性
决策者	决策问题不构成系统，决策只是针对决策对象，决策者处于决策问题之外	处于“决策回路”中，并构成决策系统的组成部分
决策环境	很少考虑，一般通过前提条件加以屏蔽，或者直接忽略	必须考虑，且始终处于动态演化过程之中
理论背景	数学、运筹学、认知心理学、社会学	除了简单决策理论依托的学科背景，还强调对系统科学、复杂性科学、思维科学的理论依托
决策方法	具有一定随机性和机动性，倾向使用决策锚定法	遵循一定的机制和策略，需要系统方法论，典型的如整合类和综合集成
适用范围（举例）	日常生活中，我们作为顾客所做的各类决策基本属于简单决策 ●买一个什么牌子的杯子 ●穿一件什么款式的衣服 ●去哪里旅行/吃饭/K歌 ……	整个社会的经济系统就是由无数个不同的复杂决策组成的成熟的股市整体就是一个典型的复杂决策系统，每只股票的价格是大量投资者买入持有或卖出的结果，而这价格反过来又影响下一期每个投资者的买入持有或卖出的决策，形成一个没有尽头的因果之链
决策失误（后果）	一般不会产生太大的结果差异，容错率高	一般牵一发而动全身，损失重大，容错率低

如何提升复杂购买决策下的销售生产力？

北大纵横管理咨询集团的朱宁老师认为，绝大多数购买者在商业交易中是不具备鉴别供应商的能力的，但是做出的决策越重要，购买者就越需要具备鉴别供应商或者合作方的能力。这种能力需要消耗人体大量能量，负责决策的大脑在高速运转时需要大量能量支撑，人体或迅速感觉到能量不足、疲惫不堪。因此一般人或私人银行、财富机构的理财师，都会缺乏推进复杂购买决策的动力。而家族办公室这样的专业服务机构对于推进复杂购买决策的动力通常比较强劲，毕竟这就是家族办公室体现价值、获得客户认可的地方。

复杂购买决策落地过程中，购买者有两个重要动作：一是标准设计，即购买者（客户）能否建立起一套评估销售方（产品供应商）的标准；二是选择评估，即购买者是否对全市场潜在合作伙伴进行了选择评估。家族办公室在这个过程中要发挥重要作用，帮助客户建立评判标准，进行选择评估。

对于复杂购买决策而言，购买者首先需要保持理性，并在此基础上不断降低理性决策成本。换言之，家族办公室需要通过自身的专业能力和资源，让购买者更轻松自如地获得复杂购买的决策能力。在争取客户认同时，家族办公室需要让客户感受到自己的作用就是帮助其降低决策难度和决策成本，提升与潜在客户的合作成功率，例如客户无须再单独面对复杂的决策流程，决策成本能够降至最低。

值得关注的是，在复杂购买决策过程中，家族办公室虽然可以使用某些销售技巧促使购买者快速做出感性决策，但我并不提倡这种行为。原因在于，感性决策的客户今天会因为感性而选择与某机构合作，那么明天同样也会因为感性而选择离开该机构。而基于理性做出的决策可持续性更强，往往更经受得住考验。

那么，基于购买标的的确定性，复杂购买决策具体要如何落地呢？商业交易的本质，表象是利益的交换，底层逻辑则是对确定性的交易。以证券等风险资产的投资为例，首先需要解决两个核心问题，即预期收益与风险。期望值理论是风险问题的解决之道。下列公式是期望值理论的核心：

$$M=V \cdot E$$

M表示激励力，这里指能够促使个人做决策的积极性。

V表示效价，这里指个人的预期收益。

E表示期望值，这里指某种决策之于预期收益的实现概率（确定性），$0<E<1$。

假设有两项投资方案A和B，有两种市场状况，好或坏，确定性分别为70%和30%。A方案在市场状况好时获利1000元，在市场状况不好时损失500元；B方案在市场状况好时获利800元，在市场状况不好时损失100元。客户会选择哪种方案？

方案A的期望收益：$1000 \times 70\%+(-500) \times 30\%=550$

方案B的期望收益：$800 \times 70\%+(-100) \times 30\%=530$

理性地看，客户会比较两种方案期望收益的大小，选择期望收益较大的方案A投资。

需要注意的是理性具有相对性，家族办公室要有能力让客户以更低的成本，更充分地感知未来的确定性。

假设再有甲、乙两家提供财务咨询服务的供应商，甲解决某个棘手问题的确定性是80分，而乙解决该棘手问题的确定性则是90分。但是甲通过销售能让客户感知到60分，而乙只能让客户感知到40分，那么最终客户可能会因为其可感知的确定性而选择甲。

当然，客户是否选择一个家族办公室提供服务，也是一项复杂购买决策，其底层逻辑是一致的：家族办公室除了要用99%的时间体现**确定性**，还需有1%的时间体现**可能性**，给客户带来更多价值贡献和认同感。

想要增强人们对家族办公室价值的确定性认知，离不开信任传递过程。这个过程一方面是基于价值观、做事原则、天性和品格的人际互信建设，另一方面则是基于知识、经验、专业、能力、视野、资源、团队的商业互信建设。这亦是我们强调专业服务机构必须做好客户关系管理的底层原因。

客户关系深化的“双人舞”

有一句关于医生的老话是这样说的：“医学界研究疾病,通常不太关心人们对疾病的表述,他们更感兴趣的是病理学，以便了解病因、诊治手段和疗效。”

遗憾的是，这种态度及行为在财富管理领域亦普遍存在。很多专业人士过于关注解决技术问题而忽略了专业服务是以双方的信任关系为基础的。这并不是说专业技能是不相干的要素，恰恰相反，专业技能很重要。但是，具备专业技能只是成功的必要条件而不是充分条件，作为客户，最希望能聘请一家既具备出色的专业技能，又会真心实意地协助其解决问题的家族办公室。理解和默契是关键，办公室和客户要进入对方的内心世界建立人际互信，办公室就要设身处地地为客户着想，建立商业互信，从而明白客户的真正需求是什么，为客户量身定制解决方案。

专业咨询是“双人舞”，关系深化需要家族办公室与客户的共同努力。家族办公室的客户甄选与关系建设，是家族办公室业务发展的基石。家族办公室对客户是有选择的，不能为了业务一味迎合客户，争取认同。家族办公室与目标客户之间的合作是相互选择判断的结果，也是双方持续交往的成果。

家族办公室需要不断加强与目标客户的信赖关系。这种信赖关系包括两个层面：第一个层面是人际信赖关系，第二个层面是商业信赖关系。家族办公室需要同时建立这两种关系。

建立信赖关系是一个双向动作，既包含家族办公室的付出，也包含客户的付出，这与传统意义上以单向为主的产品销售大不相同，也是咨询和销售的主要区别。

客户关系深化之人际互信建设

哈佛大学教授弗朗西斯·弗雷（Frances Frei）研究发现，在人与人的交流沟通过程中，建立互信有3个关键点：真实性、同理心和逻辑性。在我的财富管理实践中，要深化客户关系有两个工具特别好用，一个是乔哈里视窗（Johari Window），另一个是4D系统。充分运用这两个工具，可以让人们快速深入理解对方，建立对彼此的同理心，并更加坦诚真实。再加上专业人员的逻辑分析能力，就可以快速增强家族办公室和客户之间的人际信赖和商业信赖关系。

乔哈里视窗是一种关于沟通的技巧和理论，也被称为“自我意识的发现—反馈模型”，国内管理学实务中通常称之为沟通视窗。这个理论最初由乔瑟夫·勒夫（Joseph Luft）和哈利·英格姆（Harry Ingham）在20世纪50年代提出，他们将人际沟通的信息比作一扇窗，并分为4个区域：开放区、隐秘区、盲目区、未知区。人们不断扩大开放区，就能快速提升彼此的认知和关系。

具体而言，开放区指双方共享特征明显的信息，这是双方互动交流的大前提；隐秘区指自己知道但对方不知晓的信息；盲目区指对方知道但自己却不知道的信息；未知区则指双方都不曾涉及、不知晓的信息。乔哈里视窗属于动态沟通模型，沟通双方可以通过交换隐秘区、缩小盲目区、探索未知区3种手段来扩大开放区，并采取策略有效规避信息扩张带来的风险，对印象管理实施有效维护，增进对方的认同。

具体到家族办公室，合伙人与客户需要不断扩大开放区，比如你是否知道客户及其家族成员所从事的事业，是否知道客户的人生经历，是否知道客户的价值观和信念，是否知道客户对哪些事情最敏感，客户是否也对办公室有深入了解等。

这与很多职场人士所秉持的“工作就是工作，生活就是生活”的理念大为不同。“私人的事情不希望对方知道”这句话乍一听并没有错，但是倘若合伙人与客户彼此间一无所知，对对方的思维逻辑不了解，就难以真正理解对方。所以，合伙人要创造机会让客户充分了解自己，交流内心真实想法，进而促使客户委托自己排忧解难。

有效的提问是家族办公室了解客户、帮助客户认知自我的有效工具，这也是家族办公室作为专业咨询服务机构，与一般财富管理机构的区别所在。后者往往是带着产品见客户，而前者通常是带着问题见客户。

分析心理学的奠基人之一卡尔·荣格曾提出著名的性格理论，他认为人在做决定和收集信息方面的倾向是先天的，即每个人天生就会用情感或逻辑做决定，并在先天偏好的基础上形成性格。关于人的性格特点的研究，人力资源行业也有非常多的科学模型，其中查理·佩勒林（Charles Pellerin）博士研发的4D系统简单高效、便于使用。

查理·佩勒林博士是美国航空航天局（NASA）前高管、哈勃望远镜修复工程的负责人，他在组织调查哈勃望远镜、哥伦比亚号航天飞机和挑战者号飞船等重大项目事故时发现，NASA出现过的重大风险事件的真正原因往往不是科技方面的，而是人际关系、文化背景等社会性要素出了问题，比如领导力失效，或是供应商与NASA管理者之间的敌对情绪导致重要信息沟通不畅，给整个项目带来损失。NASA的另一位领导者甚至认为，“NASA80%~95%的失败，都是由人为失误或者沟通不良造成的”。为此，佩勒林博士着力研究如何建设卓越团队，并由此发展出4D系统。

4D系统以卡尔·荣格的性格理论为基础架构，基于人类天性中获取信息的偏好和决策偏好建立了二维象限，用来识别不同特性的人的行为特征和思维特征。这套只要回答14个简单问题的“4D性格测评”，经过在NASA的几十年实践，准确率达到90%以上，为人们了解自己及他人的性格提供了简单清晰的科学方法。

据统计：大约一半的人天生偏向用逻辑做决定，例如规则、理性、客观事实等；而另一半的人则偏向用情感做决定，例如是否感觉良好。举个例子，我们可以观察一下人们在会议中对冲突的反应：情感型的人往往关注眼前发生的冲突，冲突经常会误导他们，只有当紧张气氛缓解之后，他们才开始注意到问题；而逻辑型性格的人往往关注问题本身，忽视紧张气氛，他们难以处理莫名其妙的情绪问题。

任何一个人或机构做投资，都离不开两件事情：一是获取信息——专业机构称为“尽调筛选”；二是做出决策——专业机构称为“纪律性投资决策”。

每个人都有自己的心灵地图，也都有自己的决策风格，同样的信息输送给不同的个体，决策结果就会不同。专业机构强调纪律性决策的原因，就是规避个性差异带来的决策风险。对于家族办公室而言，清晰了解自身和客户的信息获取及决策偏好，不仅能加强理解他人特质的能力，增进人际信赖关系，也能为后续商业互信关系的建设提供支持。

了解自己决策风格的第一步，是进行天生决策偏好测试（见表4–5）。天生决策偏好测试可以帮你了解自己与生俱来的性格基础，在回答问题时尽可能保持自然状态。

表4-5 天生决策偏好测试

情感型决策者	打“√”	逻辑型决策者	打“√”
和谐很重要		和谐是达到目的的手段	
因为“感觉对”而采取行动		因为“合乎逻辑”而采取行动	
优先考虑人		优先考虑事	
喜欢和谐的关系		喜欢做对的事	
达成共识再决定		根据自己的想法来决定	
首先相信自己的感觉		首先相信自己的理智	
无法忍受冲突		有冲突也可以忍受	
综合—情感型决策者		**综合—逻辑型决策者**	

注：在你认为比较真实的项目旁打钩，以判断你的天生决策偏好。然后把勾出的项目相加，看每一边有几项，在项目多的偏好上画圈。答案不存在对与错，每一项都有充分理由。

依据佩勒林博士的研究，人们生命早期的任务是在天性的基础上建立自己的性格，到了后期则通过发展其他3个维度，完成性格发展。因此，如果你处在中年时期，你也许在重点发展一个或几个并非天生的维度，而这些变化有可能导致你更偏重认知方面。如果你怀疑自己就是这种情况，那就用你年轻时的状态来回答问题，比如25岁左右，那个时候你的天性特征可能更明显。

第二步，天生信息偏好测试（见表4-6）。想象感觉者和直觉者同时看到了一起车祸，警察过来问感觉者看到了什么，他们会这样回答：“哎呀，我看到了一辆绿色的1998年雪佛兰以每小时35千米的速度开过来，司机好像一直在向左看……”感觉者非常详细地描述场景，警察听了很满意。当他转向直觉者，却听到这样的回答：“是的，我看到了那起车祸，我跟你说如果这些停车信号同时亮起的话，这样的事故就不会发生了。”直觉者会跳过细节，直击重点。

表4-6 天生信息偏好测试

直觉获取信息	打“√”	感觉获取信息	打“√”
依靠我的内在觉知		依靠我的观察	
更多思考的是“可能是什么”		更多思考的是“是什么”	

续表

直觉获取信息	打“√”	感觉获取信息	打“√”
倾向创造		倾向常识	
依靠灵感采取行动		依靠谨慎分析采取行动	
喜欢在概念上花时间		喜欢在事实与数据上花时间	
喜欢全局观点		喜欢细节	
喜欢远大构想		喜欢既定事实	
综合—直觉获取信息		**综合—感觉获取信息**	

注：在你认为比较真实的项目旁打钩，以判断你的天生信息偏好。然后把勾出的项目相加，看每一边有几项，在项目多的偏好上画圈。答案不存在对与错，每一项都有充分理由。

第三步，利用你的决策和信息偏好测试结果，找到你的性格基础。

如图4–4所示，结合家族办公室与客户在人际关系建设方面的特征和具体需求，我们集中梳理了与此相关的4种性格关键点和细节点。在4类性格中：第一象限展望型（创新力）的特征是追求卓越，乐观坚韧，开拓创新，聪慧独立，领导变革；第二象限人际型（亲和力）的特征是欣赏与感激他人，寻求共同利益，关心他人，善于沟通，追求自由快乐；第三象限包容型（凝聚力）的特征是包容他人，诚实正直，信守

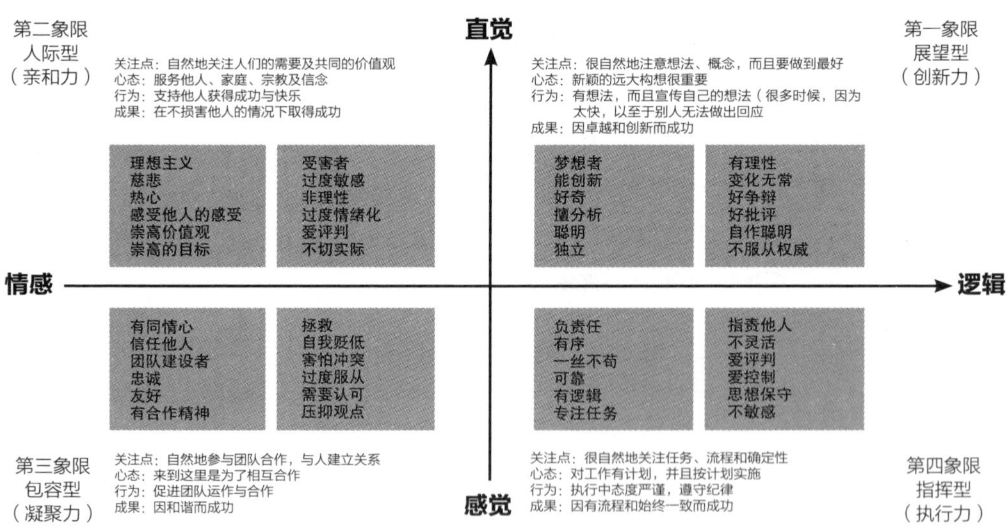

图4–4　4种性格特点

承诺，忠于组织，重视团队建设；第四象限指挥型（执行力）的特征是注重计划、制度、流程与结果，坚持原则，实事求是。

理解客户的性格基础，即对方的天生性格以及为什么如此行事，对于家族办公室而言意义重大。

一般而言，位于客户所属性格的对角线象限的特点，是对他而言最具挑战性的地方。这是一个完全基于人性的思考：不管客户曾经创造了多大的财富，他都是图4-4上的某个点，一定拥有内在的优势和挑战。这意味着如果我们理解客户的性格特点，特别是理解最具挑战或困难的事，我们就能够更好地支持和帮助对方。

举个例子：某位指挥型客户总是不接受你的建议，回到人性的角度理解，这类人通常逻辑性很强，会比较关注任务、流程和确定性，但在投资这件事上会碰到诸多问题，因为投资离不开对未来的分析和判断，而结果往往带有一定的不确定性。一个追求确定性的人怎么面对一件不确定的事？请注意，逻辑是具有确定性的，因此在与相关客户沟通投资话题时，一定要讲清楚投资逻辑，如选择投资管理人时基于4P原则的合伙人筛选逻辑——重点对合伙人的投资理念（philosophy）、投资流程（process）、投资业绩（performance）、投研团队（people）进行分解剖析，对公司关键人士、法务、财务、底层项目、LP（有限合伙人）的多维度底层进行尽职调查及访谈，获取翔实数据，并结合业内专家及投资圈专业人士的评价进行研究判断。4P原则本身已被各大国际知名资产管理机构充分实践和验证，所以我们要跟这类客户讲逻辑，当逻辑最后推导得出某个投资值得做的结论，我们的建议自然而然也就能被客户接受了。

所以，4D系统可以让家族办公室明确认知客户的内在挑战和优势，进而真正懂得客户需求，更好地建设客户关系。与此同时，办公室创始人的性格特质也可以完全开放给客户。因为绝大部分客户的想法是“我看不清楚你，我就不愿意跟你深入沟通”，如此，深入的客户关系也就建立不起来。创始人清楚地表达自己，打开心灵和思想，才能让自己更有机会被客户所喜欢和信赖。

综上所述，我们已经从底层逻辑和认知层面了解了人际关系的建设，大家可以据此选择适合各自家族办公室的具体策略和方法（见表4-7）。

表4-7　关于天性投资适应性测评解析

类别	第一象限	第二象限	第三象限	第四象限
投资偏好	进取类投资 愿意接受长周期的投资方式	进取类投资 愿意接受长周期的投资方式	稳健类投资 倾向接受期限短的投资方式	稳健类投资 倾向接受期限短的投资方式
投资产品选择	偏好股票、期货投资基金（CTA）、早期股权投资，如天使、VC等	偏好股票、CTA、早期股权投资，如天使、VC等	偏好低波动类投资，如债券、套利等，股权方面偏重后期股权投资，如PE、上市前融资（Pre-IPO）等	偏好低波动类投资，如债券、套利等，股权方面偏重后期股权投资，如PE、Pre-IPO等
投资形式	偏好独立决策直接投资，或者是以投资基金的方式进行	偏好联合投资，或者是以投资基金、基金中的基金的方式进行	偏好联合投资，或者是投资基金、基金中的基金、并购的方式进行	偏好独立决策直接投资，或者是以投资基金的方式进行
在财富管理中的角色定位	更喜欢建立自己的家族办公室，或者自己管理自己的家族基金	更喜欢与金融机构建立忠诚关系，或者是成为家族办公室的股东	更喜欢与金融机构建立忠诚关系，或者是成为家族办公室的股东	更喜欢成为专业投资机构的创始人，或建立自己的家族办公室，或者自己管理自己的家族基金

注：此解析来自优脉内部经验总结，供家族办公室在后续落地具体业务时作为参考使用。

客户关系深化之商业互信建设

从对业务落地的影响力大小来看，建立商业关系比建立人际关系更重要。比如和客户交朋友会对业务有所帮助，但是这只能作为密切的商务关系的补充，不能取而代之。家族办公室遵循着同样的规律，即需要在人际互信的基础上实现商业互信，与客户建立值得信赖的商业关系。

在正式讨论商业互信建设之前，先思考一个小问题：一张纸的价格是多少？其中收了几层费？假定我们手中这张纸的原材料在加拿大，其基本收费层次如下：伐木工、运输公司、木材进出口商、木浆厂、造纸公司、批发商、零售商、快递公司。目前国内网购一包500张的A4纸，当天送达，费用不到30元。在此过程中，我们并不关心一张0.06元的白纸被多少家公司收了多少层费，也并不会因为多层收费而选择亲自去加拿大森林就地伐木和造纸。

同样地，在家族办公室和客户的商业关系中，重点不是收多少层费，而是给客户创造了多少价值。商业关系所讲求的是商业效益，追求的是性价比，客户选择的往往是更具性价比的机构。

通常而言，性价比主要有两种表现形式：一种是“物超所值”，在专业服务领域主要表现为服务价值超过客户的预期；一种是“物美价廉”，比如过去财富管理行业所常用的减佣、返佣策略，即减少向客户收取的费用。家族办公室在经营中应倡导“物超所值”，即在经营一段商业关系的时候，不断认知客户的真正需求，用专业能力为客户带来超越期望的价值。

现阶段，还有不少客户认为聘用家族办公室增加了费用，但只要回看一下人类财富发展的历史就可以理解，这只是一个阶段性认知问题。亚当·斯密在《国富论》中明确指出，社会分工和自由交换创造更多的财富。表面看，社会分工使得一项工作由很多人完成，每个人都只得到这项工作成果的一部分，但因为成本大大降低，整体效率有了提升，因此事实上整个社会的财富大大增加了，每个人获得的财富也相应增加了。

这种分工同样适用于家族资产管理。创造财富和管理财富是完全不同的专业领域，要做好财富管理，就需要聘请可靠的专业团队分工协作，每项专业工作都有其独特的价值贡献。

认知家族资产管理的工作内容，人们就可以更好地理解这项工作的专业性及其与财富创造的巨大差异。家族办公室是站在家族角度提供专业服务，在选择具体可配置资产时会首先关注提供产品的金融投资机构与家族利益是否一致，接着要审视投资标的，进行全方位尽调、专业风控和纪律性决策，再进行投后管理，并结合家族需求及状态提出是否值得配置的意见和建议。

把投资机会获取放在更长的时间轴去观察，家族资产管理是几十年甚至更长时间的工作。要在未来几十年时间里都能够捕获更多、更好的投资机会，家族办公室就要更有机制性，要进行持续的宏观研究，并在具体实践中做到3点：第一，了解市场上好的投资机会都在哪里；第二，知道如何与拥有投资资源的机构建立可持续合作关系；第三，建立获取这些投资机会的工作机制。

家族资产管理是集系统化思考、整体性规划、专业化作业于一体的工作。所以家族办公室往往由不同专业领域的“老法师”组成团队进行作业。家族办公室给某位家族客户提供服务时，基于经验和专业，可以给出更具价值的咨询建议和解决方案。

换言之，高净值家族通过家族办公室进行家族财富管理时，面临的风险会更小一些，踩的坑也会更少一些。假设踩一个坑损失500万元，客户在100次决策中或许会踩5个坑，而请家族办公室管理会少踩几个坑，这种价值上千万的差别真实存在。从另一个方面看，通过社会分工，让专业的人做专业的事不仅可以降低成本，还会带来可观的机会收益。让专业团队承担财富管理工作，财富拥有者可以有更多的时间和精力去从事对自己更有价值、自己也更擅长的事业，由此带来的收益不可估量。

那么，家族办公室在商业关系中，如何向高净值人士传递服务的性价比？关键在于让客户感受到办公室帮助他管理财富和他自己管理财富的差别。家族办公室在商业关系中能够赋予客户的商业价值点，主要包括知识、经验、专业、能力、视野、资源、团队。具体到展示价值点的方法，前文提到的乔哈里视窗同样适用——不断缩小盲目区，扩大与目标客户的开放区，让家族办公室成为客户管理财富认知领域的“一扇窗”。

相较大型金融机构，家族办公室在呈现价值点方面有很大的不同。前者主要基于大平台的“机构的力量”，竞争力体现在机构品牌的高知名度与广誉度；而后者主要是基于专业人士的“人的力量”，竞争力体现在对客户的需求理解和专业人才的经验能力上。

归根结底，家族办公室和客户的商业互信建设，在于家族办公室理解客户需求，为其提供真正需要的高性价比服务。

客户关系建设是家族办公室可持续发展的基石

就商业模式而言，家族办公室并不是赚快钱的机构，要具备长期盈利的能力，需要建立强大的客户关系。所以在创设阶段，创始人应该认清以下几点。

首先是客户关系再认识。家族办公室创设者往往已经在各自领域深耕多年，积累起了相应的客户资源及专业，再结合各种专业服务机构的支持，看上去似乎万事俱备。但在实践中，我观察到很多家族办公室创设者特别是专业人士，过去在大金融机构每年可以轻松拿下数亿元的资产管理规模，一旦单干却总是得不到期望的客户委托。这个现象背后是一个容易被忽视的问题，即过去客户极有可能不是因为信任某一个人，而是信任其背后的平台或产品。所以决定做家族办公室的时候，创始人需要认真梳理自身与客户的人际关系及商业信赖关系程度，并不断增进彼此的关系。

其次，客户关系再建设。随着专业能力与经验增强，家族办公室建立起一定的客户资源，开始有条不紊地开展核心业务。在此过程中，办公室可以通过展示自己的能力、资源、视野和观点吸引并开发新客户。比如通过老客户主动转介绍新客户，通过沙龙等活动让潜在客户认可其专业能力。优脉通常会建议联盟家族办公室创始人在创业的头两年里每天至少学习1~2小时，不断增强专业能力。

最后是客户沟通的过程管理。市场风险无处不在，资产管理也不是永远都能达成预期，那么如何让客户不流失？这与投资业绩关系不大。坦诚、具有同理心和清晰逻辑的交流可以让客户始终感受到你的关心、负责和专业。当市场遭遇风险，投资面临损失时，创始人要在第一时间坦诚面对客户，倾听客户心声并安抚客户情绪，给出建设性意见，赢得客户的信任。

换言之，在中国做联合家族办公室，两三年的创业期是不可避免的。无论家族办公室合伙人过往是多么资深的专业人士，只要进入家族办公室行业，都要经历客户关系再次建设和专业能力再次提升的阶段。抱着空杯心态入局，方能走得更快、更好、更稳。

05 家族办公室基本功：咨询服务

家族办公室咨询服务的核心是帮助客户做出转变，这是一项专业服务，而非通过咨询方式获取交易的顾问式营销。在正式提供咨询服务前，家族资产管理理念的传递和家族办公室服务模式的推广必不可少，这是行业早期发展阶段必做的功课。

帮助客户界定问题是第一项重要咨询服务，类似财富的健康体检。家族办公室需要从两大方向、五个维度进行检测，“体检报告”涵盖财富管理九大成果指标。

家庭办公室合伙人可以运用身心语言程序学转变客户的财富管理信念，家族办公室合伙人需要学习信念结构，学习转变限制性信念和隔离思想病毒的策略。

以金字塔结构呈现咨询建议或解决方案，可以更有逻辑结构，与客户沟通成果更佳。

什么是咨询

在大多数情况下，咨询工作是对与自己不存在隶属关系的个人或组织施加影响，从而使其实现某种程度的改变。对于家族办公室的咨询工作而言，改变具体可以分为两种：一种改变是通过咨询实现客户思想层面的变化，涉及愿景、身份、信念领域，如管理家族资产的愿景、个人角色定位、管理思路和策略等；另一种改变是客户行为能力和事件最终结果的改变，如聘请专业团队，更合理地确定管理目标等。可以说，咨询顾问的目的就在于促进组织或个人完成改变。

咨询的定义与能力要求

咨询顾问通常对某个人、某个群体或某个组织有一定的影响力，但是不具备直接做出转变或实施项目的权力。接受建议方被称为“客户”，客户有时是一个人，有时也可能是一个机构或组织。总之，客户是指咨询顾问渴望施加影响的个人或群体。

家族办公室为客户提供服务时有两种模式：一种是咨询服务，咨询顾问对客户要做的事情没有直接管理权，但可以施加影响力，是提供财富管理建议的人；另一种是资产管理服务，办公室直接参与客户的资产管理过程并为结果负责，即扮演资产管理人的角色。

要想顺利地完成家族办公室相关的咨询服务工作，必须掌握3种能力：专业技能、人际交往技能与咨询技巧。

首先是专业技能。我们必须明白需要咨询的客户在说些什么，因此我们必须是家族资产管理领域的专家。专业知识和经验视野是基础，只有在拥有了一定的专业背景之后，我们才能够开始相关领域的咨询工作。家族办公室合伙人所需的基本专业技能主要包括以下几种：人性特质、人的生命周期及人生需求、人类幸福学专业知识；人类经济发展史、财富发展史及关键驱动因素；经济学基本知识及宏观经济趋势分析；各类与家族资产管理和传承相关的金融工具（信托、资管、保险）和法律基本知识；各类资产筛选原则与组合管理逻辑；高净值人士财富管理常见问题、产生原因和改善策略等。关于这部分知识和技能，在我的《家族资产管理》一书中有更为详细的阐述。

其次是人际交往技能。为了能与他人协作，我们需要具备一定的人际交往能力，包括将理念转化为语言的能力，倾听对方诉求的能力，给予支持的能力，适度地与他人争论的能力，与对方维系关系的能力，等等。市场上有很多图书与专业课程旨在帮助人们提高这些能力，实际上，针对改善人际关系技巧的培训已经成为一个产业。与专业技能一样，人际交往能力对于有效开展咨询工作是至关重要的。

最后是咨询技巧。在家族资产管理的咨询服务过程中，无论是花费10分钟的咨询服务还是持续数月的咨询服务，都包含4个步骤。各个步骤是连续的，忽略其中任何一个步骤或者对某个步骤掉以轻心，都会给咨询工作带来极大困扰。这4个步骤如下：

第一步，接触交流。初步接触阶段，明确客户需要探讨和解决的问题是什么，咨询顾问能否胜任，客户的期望目标应该是什么，咨询顾问的期望又是什么，如何开始咨询等问题。客户开始谈到管理财富的需求和问题时，往往就是咨询项目机会的开始。

第二步，调研与对话，也就是诊断。咨询顾问必须了解问题的具体情况以及客户拥有的资源与能力，了解这些情况是咨询最基础的工作。同时，咨询顾问还需要有能力将其掌握的情况告知客户。

第三步，分析与决策。咨询顾问提交建议书并获得服务委托，最终咨询顾问提出问题解决方案。咨询顾问必须对垂询和对话的结果进行整理，并以一定形式向客户呈现。咨询顾问的重要职责就是尽量向客户呈现具有代表性的问题及专业分析，还需要对客户在处理问题时所扮演的角色提出建议。通常在信息反馈中，客户会有很多质疑或疑惑，咨询顾问必须设法打消这些疑惑，这样客户才能做出适当的决定，使咨询工作进行下去。

第四步，参与、实施方案和持续管理。这一步涉及方案执行、扩展或终止，包括对上一步确定的方案的实施，对方案实施进度的持续跟进或分析，并根据客户需求提出新的咨询建议或调整现有方案。

根据我的工作经验，如果能够按照上述方法开展咨询工作，就可以实现如下成果：更好地利用咨询顾问的专业技能，顾问的建议将被更多采纳并得到实施，顾问与客户之间不仅仅是简单的合作关系，顾问能获得客户更多的支持，提高对客户的影响力，与客户建立更加坚固的信任关系。

咨询顾问与客户的关系

作为咨询顾问，通常要在两个层面开展工作：一个是基本层面，即客户提出某个需求，或提出对某个事物的认知和看法等。我称这个环节为技术或业务问题。另一个是感受层面，无论顾问感受到什么——赞同或抵触，积极或消沉，支持或抵抗，顾问和客户实时交流并体会彼此的感受。在咨询活动的每个阶段，它与第一个层面一样至关重要。

客户与咨询顾问之间关系的重要性，远远超出了咨询顾问致力于解决的问题的重要性。顾问与客户讨论时，那些实际担心及对建立良好友谊的可能性建议，都是客户的情感表达，这些信息非常重要，需要咨询顾问密切关注。大多数咨询顾问在处理基本层面的讨论时经验丰富、得心应手，但是咨询顾问更应该关注与客户交流过程中所体验到的感受。一旦咨询顾问将感受层面作为关注的一个重要方面，就需要考虑如何更自如地运用语言来表达与客户交流的感受，这样做会减少客户的防御心理。

实际工作中，咨询顾问与客户的互动关系在感受层面通常有4个要素。

第一个要素是责任。多数情况下，客户带着对顾问能够解决问题的期待签订了一份委托合同，希望顾问的解决方案能够让他有收获。咨询顾问需要让客户认识到，顾问到底在承担什么责任，这如同一个丈夫对妻子说“我对你负责”，到底是负什么责。

第二个要素是感觉。咨询顾问需要时刻关注客户的感受，比如客户防御性强，或者有较强的控制意识，不愿意采纳意见或者不愿意更深入交流等。这些都是顾问需要了解的重要信息。

第三个要素是信任。当咨询顾问为客户提供咨询服务时，客户眼中的顾问都是专家级的人物。这时顾问不妨问问客户对自己提出的投资策略有什么疑虑。通过这样的方式，顾问就能培养自信。特别是在与客户早期接触的时候，客户将疑虑表达得越多，顾问和客户之间建立起来的信任就越深厚。

第四个要素是个人需求。从实践层面说，咨询顾问也有自己的个人需求，就是要得到客户的认同和支持。

总之，咨询顾问需要密切关注客户的感受，并将此作为咨询工作的一个重要方面。咨询技巧不仅针对为客户诊断需求、提供规划、制订方案和执行方案，还包括确认并表达责任、感觉、信任和个人需求。

咨询服务的目标：以转变为核心

每一项咨询工作都有一套商业目标，虽然我们并不总是能够实现这些目标，但是必须对首要目标心中有数。

咨询工作的首要目标是强化信任关系，增强客户对咨询顾问的认同和信赖。家族资产管理以信任为基础，每一次接触也要以此为基础展开，所以无论在何时何地遇到客户，咨询顾问都要问自己如下两个问题：第一，对这位客户来说，我诚实可信吗？第二，我的行为表现能让客户相信，我可以胜任这一专业服务工作吗？

在客户面前表现得诚实可信，意味着咨询顾问需要将自己在咨询服务过程中的经验转化为语言，在工作中与客户分享，这是与客户建立良好合作关系最有利的方式。

金融产品营销领域经常讲顾问式营销，有时也称为关系营销，指企业在盈利的基础上，识别、建立、维护和巩固与顾客及其他伙伴的关系，实现参与各方的目标，从而形成一种兼顾各方利益的长期关系。关系营销把营销活动看成一个企业与消费者、供应商、分销商、竞争者、政府机构及其他公众发生互动作用的过程；正确处理企业与这些组织及个人的关系，是企业营销的核心，也是企业经营成败的关键。由此可见，顾问式营销强调的是在强化客户关系基础上的产品交易，而咨询服务的重点是理解客户真正的问题并给出解决方案。概言之，前者是基于关系基础的产品导向，后者则是在需求认知基础上的建议或方案。

作为咨询顾问，家族办公室合伙人必须是某些领域的专家，这体现在他们比客户在某些方面懂得更多、了解更多或者经历更多。他们对自己提供的服务了如指掌，花费了很多时间来熟悉自己介绍的服务内容的每一个细节，以及竞争对手提供的服务。在与客户交流的过程中，咨询顾问要认真地问问题，并仔细聆听和记录。咨询顾问需要把所有精力都集中在了解客户情况上，这样他们才可以根据客户的真正需求提出明智的建议。

咨询服务和资产管理服务一样，是家族办公室提供的专业服务之一，不是为了达成某个产品交易而被用来说服客户的方式。家族办公室合伙人应将自己视为真正问题的发现者和专业意见提供者，在这样的框架体系下，他们不会“恭恭敬敬”地接待顾客，也不会为是否降费和客户谈一整天。合伙人对待客户的态度应该是：“我们是咨询师，帮助客户做出转变，更好地解决问题或实现目标。”

目前中国金融服务市场上绝大部分都是卖方定位机构，人们已经习惯了这些机构的做法，人们购买金融产品和购买一般产品的思维逻辑、行为风格相似，都是看品牌、凭感觉。作为买方定位机构的家族办公室，要如何让客户看到自己的价值？或者从客户角度出发，如何区分家族办公室和私人银行、财富公司的咨询服务？

“转变”这个词非常重要，我认为这是体现买卖双方差异的一个重要方面。买方顾问通过诊断了解客户管理财富的状态，找出客户在管理财富时需要关注和转变的地方，并给出具体的改善建议或方案。而市场上的私人银行、财富公司的顾问则在了解客户情况后，找到自己产品的匹配点以尽量促成产品交易，这类咨询本质上和卖化妆品、医疗保健产品的顾问做法没有什么不同。概言之，买方顾问侧重帮助客户“转变”，卖方顾问则侧重与客户达成“交易”，差异明显。

转变意味着跳出舒适圈，这对任何人来说都是挑战。高净值人士大多是财富创造的成功人士，特别是第一代，往往自信非凡。要让这些人看到自身需要转变的地方并做出转变，需要咨询顾问有真正的专业素养和咨询能力。

优脉的从业者在转变客户方面有很多的实践和探索。

第一，从多个层次探寻转变路径并达成一致的策略。我们的经验是，要做好家族资产管理，家族办公室和客户之间除了信赖的基础，还必须有一致的愿景、匹配的角色定位、共同的信念、相近的管理逻辑和共同的利益，如果没有这些要素的趋同，即使建立了合作关系也很难长久持续。

第二，家族办公室与客户的沟通交流不是每一个客户都会接受，这也成为家族办公室选择客户的一种策略和方法。

第三，理解转变是一个过程，比如客户参与“财富体检”就是很好的转变，至于客户是否就“体检报告”中的重要内容采取行动，还要尊重客户自己的选择。

第四，专业工具和工作流程会有很大帮助。家族办公室可以通过提供科学数据和专业解读，让潜在客户清晰地感受和认识到转变的重要性和急迫性，从而在行为上做出转变。

在优脉过往的业务工作中，家族办公室影响客户、助力转变的咨询服务已经获得了广泛的接受和价值认同。

咨询服务的定价：一切基于“感觉”

奥斯卡·王尔德曾经说过，一个愤世嫉俗的人知道所有东西的价格，却根本不知道任何东西的价值。管理咨询大师杰拉尔德·温伯格（Gerald Weinberg）认为，从全球看咨询行业，很多咨询顾问不知道如何给自己的服务定价。

我的感受是，中国的家族办公室合伙人也不知道如何给自己的咨询服务定价。针对这一问题，全球咨询行业关于顾问服务定价的一些基本逻辑值得家族办公室借鉴。

第一，价格不是关键，价值才是。多年前看过一则报道，一个公司在网络上推广新款口红，20元的定价很有竞争力，可是销售却很失败，公司积累了很大的库存；后来一位新的营销总监把口红的价格提到100元，面对三、四线城市的年轻人，主打新国货概念进行推广，效果立竿见影，产品销售火爆。这个例子也适用于家族办公室合伙人——如果你把自己定位为行业顶尖权威，却只要最低的顾问费，你给客户的信息就是矛盾的。要让客户相信自己得到了最好的咨询意见，而最好的家族办公室合伙人绝无可能只要最低的咨询费。

第二，付给你的钱越多，对你的爱就越多；反之，对你的尊重就越少。价格是一个重要的筛选器，如果家族办公室合伙人觉得服务配得上要价，潜在客户却认为太贵，而最终合伙人屈就了客户的价格，客户就不会尊重合伙人，甚至会安排各种“乱七八糟”的事情填满合伙人的时间。

第三，报价只是客户总成本的一个部分。如果担心报价高客户不接受，可以研究一下客户使用咨询服务的总成本。你会发现，除了咨询费，客户还有其他很多成本，如差旅的成本、沟通的时间成本、各种考察的成本、信息保密的成本等。核算一下你的报价在总成本中的占比，客户就会比较容易接受你的报价了。

第四，设定的价格应该让你不论谈成还是没谈成，都不后悔。定好价格后与客户交流时会有两种结果：一种是客户接受，另一种则是客户拒绝。如果无论哪种情况发生，你都感觉可以接受，这就是一个比较好的报价。

第五，如果你急需这笔钱，就别接这个活。否则你可能会因为想捞一票而把价格定得太高，又或者因为希望竞得这个工作而把价格定得太低。当你急需获得这项业务，你很可能在与客户谈判的时候就流露出焦虑，而客户就会考虑这么需要业务的顾问肯定不是最优秀的。就算成交了，情况也不会变好。假设你的报价太高，你可能在合同沟通过程中夸大你将提供的服务，实际服务却不一定能达到客户的预期；假设报价太低，则这笔钱不仅解决不了当下的财务问题，还会给下一次报价造成麻烦。如果想要业务，最好的办法是免费提供服务，坦率地说你刚刚起步，有很多东西需要学习。有些客户会欣赏这种坦诚并给你合作机会。

第六，如果客户对你的工作不满意，就不要拿他们的钱。有一种做法是，客户对工作完全满意后才付钱，我觉得这是个很好的策略。这样做可以激发对自己的信心——完成工作后如果客户不要求退款，就说明自己的表现肯定达到了某种最低限度。

仔细回顾上述定价原则就会发现，这些原则不谈论理性，只谈论情感。换句话说，在所有定价规则的背后，我们需要明白，价格最终都是基于感觉的——家族办公室合伙人和客户的感觉。了解这些，家族办公室就能够较容易地确定如何给自己的咨询服务定价了——在维护良好客户感受的基础上，根据自己的业务阶段，针对每个客户的具体状态个性化处理。不必拘泥于是否有一个明确的咨询服务定价表。

咨询服务前的咨询服务

现阶段家族办公室的咨询服务分三大部分。首先是“财富体检”，如同体检是为了保持健康，防患于未然，“财富体检”的目的是帮助客户了解其财富的现状，一般每年进行一次。其次是“访谈诊疗”，这个过程中，客户针对需要改善的具体问题与相关专家深入交流，专家通过一对一深度对话沟通，分析并设计具体改善方案。最后，当上述两部分完成之后，咨询的主要工作重点就在于帮助客户建立选择标准和选择流程，确定何时、何地、由什么样的机构来帮助其实施解决方案。当然，在开始上述咨询服务前还有一些基础工作，我称之为咨询服务前的咨询服务。

当下，大部分高净值人士对于如何管理家族财富缺乏认知，对家族办公室这种新业态也知之甚少，家族办公室面临着开拓新客户的经营压力和提升客户认知的挑战。在为客户提供各种咨询服务前，家族办公室要先和客户在一些基础认知上达成共识，这部分工作的主要方式是一对多的专业交流服务，主要内容是帮助客户建立对家族资产管理体系的基本认知和对家族办公室的基础共识。当然，这个过程也是家族办公室筛选目标客户的关键环节。

一方面，家族办公室要在这个过程中提升客户视野，转变客户对家族资产管理的理念。大部分客户对家族资产管理的认知停留在购买金融产品上，对各种金融和法律工具的特点了解不全，客户在管理家族资产的愿景、目标、身份、角色定位、分析判断等方面有巨大的提升和转变空间。家族资产管理如何实现长期的保值增值？家族资产传承的成功经验和典范做法是什么？家族资产管理的核心成功要素和关键作业点是什么？如何识别符合需求的专业团队并有效建立合作关系？大部分客户存在着类似的困扰。

另一方面，家族办公室要在这个过程中解决客户对其的基本信任问题，消除疑虑。家族办公室与国内常见的金融服务机构在服务立场、服务方式、资本品牌、组织规模方面有很大的不同，因此让潜在客户真正理解并认知家族办公室的服务，是家族办公室发展的基础。常见的客户问题包括：你们和传统金融机构有何区别？你们刚成立，如何保证服务质量？整个团队的专业性到底如何？相比大型金融机构有何优势？工作方法和流程是怎样的？

一对多专业交流方式有两种：一种是面对面的方式，这种方式对建立客户管理财富基础共识的效果较好；另一种是非接触的方式，同样可以起到影响他人的作用，其功能不仅是传播知识点，更多的是建立潜在客户对家族办公室的认知和认同。具体方法在前文中已有论述，此处不再赘言。家族办公室可以根据自身的发展阶段及家族办公室合伙人的能力，在具体落地过程中选择不同的方式。

在家族办公室成立的前两年里，很多家族办公室合伙人本身虽然认同买方顾问定位，但思维习惯、行为习惯还处在不断修正过程中，咨询方法、经验和专业认知还有待提升，因此我建议更多使用以下两种方式：

一是定期组织沙龙演讲。家族办公室合伙人主要针对家族办公室的价值、愿景、理念、服务内容、服务形式，以及家族财富管理的方法、流程、解决方案，与其他卖方服务机构的区别等内容，进行反复演讲。二是做好微信朋友圈、公众号及视频号内容维护。这3项工具的使用方法简单、成本低、时效性好，内容可以联动发布，有效触达意向客户。因此，我建议家族办公室合伙人定期制定内容规划，收集和发布有价值的内容，并尝试进行内容原创。当然，家族办公室也可以和优脉这样的专业服务机构合作，外包相应工作，以迅速提升专业输出的品质和效率。

从家族办公室成立的第三年开始，家族办公室合伙人除了继续坚持上述一对多交流方式，还可以增加如下两种方式：

一是开展对潜在客户的培训。培训是一个传道解惑的过程，家族办公室合伙人在此过程中作为讲师具有导师优势，可以更快地和潜在客户建立信任关系，并在培训的过程中加深对客户的理解，为后续的工作推进做好铺垫。二是以原创文章和内容为主，将自己对家族财富管理的理解、体会写下来，分享给客户。

在家族办公室发展的成熟期，即成立的第五或第六年，家族办公室业务稳定，服务内容和服务理念成熟，服务能力和技能也更加娴熟。此时，家族办公室合伙人可以更多地“走出去”，参与行业相关会议、活动、论坛等，分享观点或者演讲，也可以接受媒体的采访发表个人观点，或者撰写自己的专著。

“财富体检”的一小步，财富管理的一大步

在日常生活中，人们通常是在感觉自己身体不舒服，并且自己也不知道如何处理的情况下，才去医院找医生；在企业管理领域，企业主往往也是在面对问题自己找不到解决方法时才去请教咨询顾问；家族资产管理更是如此，高净值人士总觉得自己什么都可以搞得定，不到损失大笔资金、出现无法克服的困难时，不会去找家族办公室。

其实现代人已经有了更好的策略与方法来防范风险。在健康领域，人们已经习惯每年认真做健康体检，及早发现潜在风险；在企业管理领域，人们会聘请私董教练探讨企业问题，防患于未然。家族资产管理从专业角度看，主要是对未来的风险进行防范与管理。这种风险未爆发时不是那么明显，但如果等到爆发再去找解决方法，则为时晚矣。家族资产管理与“健康体检”类似，定期的全面风险检查可以让企业有效降低相关损失，这在境外成熟市场已经成为规范。在初级阶段的中国市场，家族办公室应该提供的第一项咨询服务，就是让家族人士意识到家族资产管理的重要性，并定期完成每年的“财富体检”。

咨询的第一件事情是做好问题界定，问题定义清晰、有共识，咨询工作才能有效推进。在健康领域，医生通过化学、物理、生物检查及各种辅助检查，了解受检者各项关键生命指标，通过受检者指标值与健康值的差距，发现受检人的健康问题。在管理咨询领域，如麦肯锡公司在协助客户界定问题时，通常看客户过去努力得到的结果与客户希望得到的结果之间是否存在差距，要解决的是将客户不喜欢的现实结果转变为想得到的期望结果。当然，因为客户的期望结果是相当主观的，因此咨询顾问需要清晰了解客户的期望目标，并找出与现实状态之间的差距。家族资产管理领域的问题界定介于健康管理领域和管理咨询行业之间——健康的财富状态有客观的专业共识，

但不见得每个客户都清楚。通过与财富管理专业人士的访谈交流，高净值人士可以看到自己在管理财富方面的现状，以及现状与理想状态的差异，从而有效界定自身存在的问题。

虽然内地市场和境外市场相比，家族和个人还没有制定财富规划并且每年更新的习惯，但对于高净值人士而言，高品质的“财富体检”是非常有价值的，也是必需的。

“财富体检”主要以专业的家族办公室合伙人与高净值人士进行私密谈话的方式进行。根据我对高净值人士提供服务时的经验，主要从两大方向、5个维度对客户的财富管理进行全面“财富体检”。一个方向是根据人的逻辑层次结构进行诊断，分为愿景、身份、信念、能力、行为、环境六大层次；另一个方向是从财富管理层面进行诊断，包含战略规划、战术动作及过往成果三大模块。综合而言，“财富体检”分为灵性认知、个人状态、战略规划、战术行为、管理成果5个维度。每个维度下分若干子维度，各子维度有两端得分参考，最左端是0分（最糟糕情况），最右端是10分（最理想情况），少数包含中间值。

在“财富体检”的实操工作中，家族办公室一方面可以根据各维度的综合得分，判断客户在该维度的整体健康情况，另一方面可以根据各子维度的得分，找寻到该维度存在的具体隐患，为后续“体检报告”内容和指标解读提供精准定位。

灵性认知维度主要诊断家族在管理财富的初心、愿景、身份、信念方面的状态（见表5-1）。良好的初心和愿景，正确的角色定位和管理信念，是资产有效管理的前提。

表5-1　灵性认知评估

灵性认知维度（分类）	维度最左端（0分）	维度最右端（10分）	得分评估（按实际打分）
关于初心	管理财富意味着让财富增值，获得更多的财富	为了家族的可持续发展而设立有效的管理机制，并使得家族资产保值增值有效传承	
关于愿景	没有明确的愿景画像，资产越来越多就好	希望通过对家族资产的有效管理更好地支持家族长青，让每个家族后代持续成长与发展，家族越来越兴旺并为社会所尊重	

续表

灵性认知维度（分类）	维度最左端（0分）	维度最右端（10分）	得分评估（按实际打分）
身份角色	我的身份角色是大客户，很受私行和财富公司的尊重和优待	我的身份角色是委托人及家族办公室股东，是建立可持续成长的家族资产管理机制的人，同时也是让家族更有凝聚力和影响力的人	
关于信念	我相信我的判断力和聪明才智及资源可以管理好家族资产	我相信制度化、体系化和专业化的家族资产管理机制能够更好地管理财富	
灵性认知维度综合得分：（ ） 注：该维度得分在0~40分之间，若得分低于24分，说明该维度整体存在财富管理隐患			

个人状态维度主要是对家族掌门人在管理财富的能力、行为、资源环境方面的状态诊断（见表5-2）。人生不是财富的奴隶，管理财富的出发点，应该是让财富为包括家族掌门人在内的家族成员创造价值。

表5-2　个人状态评估

个人状态维度（分类）	维度最左端（0分）	维度最右端（10分）	得分评估（按实际打分）
身体健康状态	健康状态不佳，不太有体能和行为自由度参与到管理家族资产的专业事务中	身体非常健康，完全可以承担家族资产管理的各项工作	
时间精力分配	非常忙，不太有时间深入思考和参与家族资产管理的相关事务	有充足的时间和精力投入对家族资产的有效管理，希望能持续提升自己的认知和能力水平	
个人偏好	对参与家族资产管理的专业事务不感兴趣	参与家族资产管理的各项工作时非常兴奋，并且有新的收获和成长	
未来预期	在可预见的未来，个人健康和时间精力安排难以支持现在的管理家族资产的工作方法，我们需要现在开始为未来持续有效地管理资产做准备	在可预见的未来，您及家人的健康、时间或精力状态还能像现在这样支持您做好家族资产管理的工作，暂时不需要预备方案	
家族资产管理能力	完全不了解这个领域	非常了解并有能力执行家族资产管理的逻辑、方法和策略	

续表

个人状态维度（分类）	维度最左端（0分）	维度最右端（10分）	得分评估（按实际打分）
家族资产管理知识	对家族资产管理领域的知识学习不多，了解不系统	对家族资产管理领域有过深入系统的学习和研究，知识体系比较完整	
管理家族资产行为经验	没有做过这方面的事情	曾参与各种金融资产的选择、配置和管理工作，有充分的体验和经验	
金融行业资源环境	没有什么朋友在金融投资领域	在金融投资领域有很多大咖级朋友并且可以深度沟通和直接交流	
家族资产管理视野	不太了解别人是如何管理其家族资产的	了解全球不同地区人们管理家族资产的策略与方法及其背后的逻辑选择	
个人状态维度综合得分：（　　） 注：该维度得分在0~90分之间，若得分低于54分，说明该维度整体存在财富管理隐患			

战略规划维度主要是对家族资产管理战略规划方面的状态分析（见表5-3）。家族资产管理首先要做好的是战略性规划，很多家族更专注项目选择，但这种战术上的勤奋很容易掩盖战略上的懒惰，对家族资产的长期保值、增值和有效传承带来巨大的风险。

表5-3　战略规划评估

战略规划维度（分类）	维度最左端（0分）	维度最右端（10分）	得分评估（按实际打分）
整体家族资产规划	没有对家族资产进行主动的整体性规划	将家族资产分为按照财富创造、保值、增值、传承、慈善等几个不同维度进行整体规划并设定不同的管理模式和转换规则	
财富创造规划	没有找到财富创造的市场机会和行业机会	在明确的高成长性行业领域拥有有竞争力的资源和核心能力，可以聚焦投入创造更大的财富	
财富管理方式规划	没有明确的规划，家族成员不断在各类可投资项目中做出决策	建立管理资产的组织机制，通过外部合作和自建，不断提升专业团队组织能力以实现可持续改善的家族资产管理机制	

续表

战略规划维度（分类）	维度最左端（0分）	维度最右端（10分）	得分评估（按实际打分）
财富管理目标规划	没有明确的目标要求，主要是收益要越来越好	根据家族成员人生需求所需的资金支持设定资产管理的流动性、风险性、收益性目标，并定期评估和调整	
资产流动性规划	没有明确的流动性规划	根据资金使用需求设定资产管理的流动性规划，并以流动性为切入点进行整体资产配置规划，避免短债长投或长债短投情况发生。	
资产风险管理规划	收益与风险对称，为了追求高收益可以提升些风险	以风险管理为核心展开资产配置的具体策略和组合安排，以家族的情绪幸福度为风险承受力基础设定可承担风险波动范围	
资产保值规划	持续采用保守的策略，如存银行等方式保全财富	理解财富保值的核心成功要素，知道如何有效分散资产并有良好的实践成果	
资产增值规划	寻找各种可以获得超额回报的投资机会，感觉对了就下大注	理解资产长期增值的核心成功要素，并在组合配置、项目筛选和时机选择方面有良好的管理机制和实践成果	
传承方式规划	直接赠与或百年后通过法定规则和遗嘱传给后代	有效使用信托、保险、资管等金融工具落实了传承架构，并对未来传承资产的扩展性做出规划，如不断增加传承资产和安排家族成员为传承资产做出贡献等	
传承目标规划	会给后代留下一大笔资金，保障他们的生活之需	家族传承资产的规划目标是能够为家族的未来持续发展、家族和睦、家族文化与精神发扬光大带来非常好的激励作用	

续表

战略规划维度（分类）	维度最左端（0分）	维度最右端（10分）	得分评估（按实际打分）
传承资产风险管理规划	能够在传承资产有效增值的基础上有效地隔离债务、法务、婚姻风险及税务风险，保障传承资产不被分割	除了架构设定的风险防范，在传承资产的增加和管理方面设定多种方式，保障家族传承资产对家族成员持续性支持的风险最小： ●聘用专业团队负责传承资产的保值增值，保障资产的有效增值，提升传承资产的可持续性 ●为家族成员购买保险等，并将受益人设定为家族信托（传承资产主体），提升家族资产的可持续性 ●以天使投资的方式为家族成员提供创业金，后代创业成功的同时增加家族传承资产的可持续性 ●设立家族传承资产管理委员会，对家族传承资产的有效管理实施监督，保障家族资产对家族成员的持续性支持	
慈善规划	还没有做出规划和行动	有结合家族精神和文化特质设定整体性的慈善规划，建立了可持续的公益基金，对适合的公益项目提供善款捐赠	
战略规划维度综合得分：（　　） 注：该维度得分在0~120分之间，若得分低于72分，说明该维度整体存在财富管理隐患			

战术行为维度主要是看家族资产日常管理过程中的行为状态（见表5–4）。影响资产管理成果的因素很多，好的规划需要好的行为去落实，而行为是可以持续改善的。

表5–4　战术行为评估

战术行为维度（分类）	维度最左端（0分）	维度最右端（10分）	得分评估（按实际打分）
目标更新	一般没有	无论怎样都会定期评估和更新财富规划的内容	
管理目标与组合策略	以投资业绩为核心目标	定期评估管理目标和组合策略的有效性，根据市场变化及时对组合策略做出战术性调整	

续表

战术行为维度（分类）	维度最左端（0分）	维度最右端（10分）	得分评估（按实际打分）
投资标的获取	从各种机构和朋友推荐的项目中选择	根据投资目标、组合策略在全部市场中主动筛选符合标准的投资策略和投资标的	
项目信息	靠项目推荐方提供	有自己或聘请的专业团队去独立做全面深入完整的尽调	
风险控制	找朋友咨询	建立了专业的风控团队、聘请了相关专家，对项目召开专题风险讨论会	
投资决策	听取他人建议，自我决策	建立了明确的决策机制，根据规范的决定流程，在专家参与下根据管理目标和决策规则进行投资决策	
投后管理	只要没出现大的业绩“变脸”，一般不会做什么	对于已经投资的标的安排专业人员持续跟踪和反馈，定期做出评估和调整决策	
传承资产分配	根据规则给受益人做权益分配	定期召开年度家族会议，家族成员汇聚交流增强家族凝聚力，建立有仪式感的家族文化与精神活动，表彰在家族精神、家族荣耀、家族成员成长方面有突出表现的家族成员，发放受益人权益	
战术行为维度综合得分：（ ） 注：该维度得分在0~80分之间，若得分低于48分，说明该维度整体存在财富管理隐患			

管理成果维度。一切的努力都是为了实现好的资产管理成果，对家族资产管理过往业绩成果的状态进行分析，可以帮助我们有效诊断问题的严重性与急迫性（见表5-5）。但好的结果未必是可持续的，还需要看产生结果的原因是什么，以及这个原因是否可以持续存在。

表5-5 管理成果评估

管理成果维度（分类）	维度最左端（0分）	中间值（5分）	维度最右端（10分）	得分评估（按实际打分）
流动性管理成果	没有咨询考虑过资金流动性安排	没有出现过家族支出需要但无法提供资金的情况	没有出现长债短投导致资产收益率严重不足的情况；也没有出现过短债长投资金链断裂的风险事件	
风险管理成果	出现过大笔投资后收不回的情况	出现过几次资产损失或被分割的情况	没有出现明显的“踩坑”（配置不当资产）或被分割的情况	
资产增值管理成果	结果总是比预期有较大差距	参差不齐，有的好有的不达预期	大部分配置的资产实现了预期的收益	
资产传承管理成果	出现过资产被分割的风险，传承资产的管理也不达预期	传承方案有效，没有出现传承资产被严重分割的情况	传承方案有效，没有出现传承资产被严重分割的情况；传承资产的增加符合预期规划；传承资产的权益分配有效提升了家族凝聚力，实现了预期规划目标	
管理成果维度综合得分：（ ） 注：该维度得分在0~40分之间，若得分低于24分，说明该维度整体存在财富管理隐患				

“财富体检”的报告内容和指标解读

“财富体检”的报告内容，通常以上述5个维度的结果打分为核心，将受访人的个人结果和行业公认的理想结果进行对比，进一步得出健康指标和异常指标，从而确定受访人需要改善的资产管理核心问题。

家族资产管理是一项讲求高端定制化的工作，每一个家族客户的“财富体检”结果都将直接影响其解决方案的设计，根据我服务优脉联盟内外家族办公室及其家族客户的经验，以下9项指标在“财富体检”报告中十分常见。在此我针对这9项指标所对应的健康状态进行解读，以便大家在实际作业中按需使用。

第一项指标是家族资产管理模式对家族成员的支持性评价。

● 家族成员在思想上意识到财富创造者（家族掌门人）是家族的顶梁柱，是家族幸福长久与否的风险点，因此会考虑如何降低家族顶梁柱的个人压力及由此带来的家族风险。

- 家族成员都意识到家族资产管理是非常重要和长期艰巨的任务，需要对此建立长效机制。
- 建立了家族资产管理的专业团队，全面考虑家族需求、风险管理、身份管理、税务规划及法律要求，提升每一个作业环节的成功概率，减轻家族掌门人的心理压力和精力消耗。
- 资产管理工作团队与家族成员有效协作，家族成员可以将更多时间花在人生更重要的事情上，如身体、家人等。
- 建立了有效的资产管理工作团队，并且资产管理的品质稳定，不受个人变化影响，达到家族预期。

第二项指标是家族资产管理模式对家族可持续性发展的支持能力评价。

- 家族成员理解建设家族资产管理机制的初心，是为家族长期持续有效发展提供财务和机制保障。
- 思想上，家族对如何建立可持续的家族资产管理模式和体现家族文化与精神的分配机制，有制度化的思考。
- 行动上，聘请专业机构帮助建立可持续的家族资产管理与分配机制。
- 已经初步建立了能够有效隔离风险、保障资产增值、满足家族成员需求的财富管理机制。
- 家族成长保障机制建设基本完成，已经开始发挥作用，机制本身体现家族文化与精神，激励和支持家族成员的成长与发展。

第三项指标是家族资产管理的流动性安排与家族需求匹配度的评价。

- 流动性安排的初心，是配合家族成员的人生需求。
- 家族成员把流动性规划作为家族资产管理的首个任务和切入点。
- 行动上，根据家族成员人生需求合理计算其所需资金的数额和时间要求。
- 在资产配置时，流动性安排能够有效落实上述需求，不会产生流动性不足或过剩的情况。
- 过往的实践证明自身的流动性规划满足需求。

第四项指标是家族资产长期保值的可能性评价。

- 家族成员在思想上，清晰认知资产长期保值的核心是风险分散，不能让单一风险因子影响整体财富损益。

- 家族成员有专业能力（自己或者外聘），能有效地做好风险分散。
- 行动上，将资产有效分散配置并定期评估风险分散的有效性。
- 战略上，对财富创造的进攻型资产和财富管理的防御型资产进行清晰的区分和规划。
- 战术上，有专业能力（自己或外聘）做好资产的组合、筛选和持续跟踪管理，以降低风险。
- 过往已经做了上述事项，且取得了不错的成果，没有“踩坑”事件或大资金陷入风险状态的情况。

第五项指标是家族资产的风险防范能力评价。

- 家族成员在思想上，有面对各种突发风险的意识。
- 常备有防范重大风险事件的规划。
- 有专业团队负责风险管理机制的定期检查。
- 战术上，面对突发风险事件一周内可以做出有效响应。
- 过去面对风险事件的反应符合预期，有效地避免了财富的损失。

第六项指标是家族资产风险管理品质评价。

- 家族成员在思想上，对影响家族资产的各种风险（人性风险、法律风险、经济风险、市场风险等）有清晰的认知。
- 技术上，熟悉各种风险管理策略（风险降低、风险隔离、风险转移等）。
- 行动上，有效运用了各种金融工具的风险管理特点。
- 熟悉各种金融产品（信托、保险、资管等各类投资策略和资产）的筛选标准和使用方法。
- 能够有效结合各种金融工具，在有效控制成本的情况下配合实现高品质的风险管理目标。

第七项指标是家族资产的长期增值性评价。

- 家族成员在思想上，将家族资产长期增值视为一项重要而艰巨的任务。
- 认知上，清晰了解保持资产的长期增值的因素是在保值的基础上做好组合管理、资产选择和有效择时，其中组合管理是关键因素。
- 在管理财富的角色定位上，将自己定位为“委托人”，审慎选择解决方案管理人，建立专业化、机构化、可持续的资产综合管理机制。
- 行动上，能够提升资产管理每个工作环节上的专业性和纪律性，包括管理目标的设定、组合策略的制定、项目机会的获取、意向标的的尽调、风控投决、投后管理、税务规划等。

●持续性方面，能够定期评估管理过程，与管理人充分沟通，保持透明度和信赖关系。

第八项指标是家族传承资产的管理对避免家族争产、维系家族成员关系的支持性评价。

●家族成员理解家族传承资产设立的目的，是建立可以永续支持家族全体成员发展的财务基础，并更好地维护家族成员彼此的关系。

●家族掌门人为家族传承资产的设立投入首笔资金，随后根据情况逐渐增加。

●家族传承架构能够有效地隔离相关法律、债务、婚姻及人身等各类风险。资产通过专业化的管理获得持续的保值与增值，家族成员可以在管理家族资产过程中有效参与，并获得相应的个人成长及管理人收益。

●家族传承保险架构能够体现每一位家族成员的人身价值，并以家族信托为受益人，来实现家族每一位成员对家族传承的价值贡献和彼此的关爱精神。

●家族传承资产（家族信托）以天使投资的方式鼓励家族成员的开拓与发展，家族成员创业成功对家族传承资产带来增值效应，为更多的家族成员带来价值。

第九项指标是家族资产的权益分配让家族走向兴旺发达的有效性评价。

●委托人期待家族资产的分配能够激励家族成员更好地传承家族文化与家族精神，家族后代在此基础上更上一层楼。

●家族成员在思想上，对家族资产在家庭生活中的支出和使用有规划意识。

●对于家族各个成员在什么状态或条件下应该获得什么样的权益，有清晰的判断：

基础性权益设定合理，家族成员在生存期均可获得品质生活、健康保障和基础教育费用，维护家族在社会上的基本形象；

成长性权益分配，指家族成员在生存期均可获得高等教育的学费、生活费支持，人生首笔创业金支持，婚嫁金支持和孕育更多子女的费用支持，以提升家族成员的社会地位，奖励家族成员为家族兴旺所做的贡献；

家族文化与精神传承上，对家族成员获得社会性荣誉、出版图书、获得专利等荣耀家族文化与精神的成果，给予奖励分配。

●已经着手将这些观点固化成家族资产权益分配的规则性文件，并落实制度。

●家族资产受益人分配已经按照委托人意愿开始执行，并取得预期成果。

“财富体检”可以让受检的高净值人士看到之前没有看到的问题，但是对于如何解决问题，“财富体检”无法给出明确的答案，这需要客户与家族办公室做进一步的沟通和交流。

咨询服务：转变客户信念的策略与方法

在家族资产管理的咨询服务中，我认为最有挑战的情况是：客户有一套自己的管理财富的理念，这些理念从专业角度看存在缺陷，咨询顾问却很难直接对客户说他错了，委婉地沟通，效果也往往不佳。

如何让客户认同专业观点并快速做出相应的行为转变？如何快速从根本上帮助客户摆脱错误的认知及意识上的误区？针对这类问题，让我最有收获的是身心语言程序学知识体系。这是由语言学家、神经医学专家模仿世界顶级心理治疗师的语言模式和直觉能力发展出的知识体系和认知逻辑，让普通人可以像经验丰富的沟通专家一样提问，并帮助受众转变信念。

管理家族资产应该如何定义目标？它会创造什么价值？为了什么而管理？应该基于什么原则和逻辑去管理？每个人的原生家庭、成长经历及个性特质的不同，造成人们认知、价值观、身份和愿景的差异，产生完全个性化的回答。如果家族办公室在思想理念层面对客户理解不深，在管理财富的思想层面上没有和客户达成共识，咨询服务就很难落到实处。特别是对于第一代创富者而言，多年的打拼让他们怀着强烈的自信，转变他们的观点似乎是一件难上加难的事情。

但有一首苏格兰摇篮曲告诉我们，人们观点的转变有时就在只言片语间：

我给了爱人一颗没有核的樱桃
我给了爱人一只没有骨头的小鸡
我给了爱人一个不哭的婴儿

你怎么能让樱桃没有核？

你怎么能让小鸡没有骨头？

你怎么能让婴儿不哭？

当樱桃还在开花时，它没有核

当小鸡还是鸡蛋时，它没有骨

当婴儿睡着时，他不哭

从这首古老歌谣的语言结构看，当我们看问题的框架视角发生转变，观点也会迅速随之改变。框架视角决定了人们能够感知到的大部分意义和含义，转变框架的模式叫作“换框”，我们可以转换框架大小，也可以转换情景、时间尺度、意义（如从负面评价中找出正面意图）、观察视角等。

事实上，没有人能够改变其他人，但人们可以通过语言沟通，帮助他人快速建立新的认知、新的视角，从而产生新的观点和新的行为。家族办公室咨询服务中需要特别重视的就是“换框”的有效使用。

转变的挑战

如果我们在2020年带着一张2000年出版的北京地图在北京找目的地，估计很快就会迷路，因为地图的标识和现实实景差异很大，过时的地图无法把我们带到想去的地方。在认知家族资产管理的世界时也是一样，每个人都有一张自己的“内在地图”，但它不是“实景”，由于信息和认知的不对称，客户在家族资产管理领域的个人过往经验所形成的“内在地图”，距离“实景”可能有较大的差异，在“内在地图”的指引下有可能完全无法到达期望的目的地，但客户自身并不知晓。

每个人都在“内在地图”的指引下行动，即使他人有更好的观念和做法，如果还没有成为自己“内在地图”的一部分，人们就不会依此行事。因此，家族办公室所谓转变客户的咨询服务，本质上是要增强和丰富客户的“内在地图”，使之与“实景”更加接近，从而助力客户更快、更好地实现管理目标。

科学家的研究表明，人的“内在地图”通过语言和感官系统形成，是个体生命体验的结果。这些身心语言所形成的“地图”而非现实本身，决定着我们如何解释周围的世界，以及如何对世界做出反应，并对我们的行为和经历赋予意义。

与客户沟通中的限制性障碍问题，一部分只需要通过逻辑规则和理性思考的交流就可以改变，比较有挑战的是对客户信念部分的转变。这需要家族办公室合伙人有更强的神经语言学专业认知和实践能力，因为人们的信念大多是在儿时就由父母或抚养者、老师和社会环境种下的——在人们能够意识到其影响，能够有所选择之前。很多客户固有的一些信念，对于管理家族资产是有很大限制的，要重构、消除或改变旧信念，就需要合伙人对信念的内涵和结构有基本的认知。

人的信念是对自己、他人和周围人群的评估和判断，是对因果、意义、界限、周围世界，以及自身行为、能力及身份的总结。例如，“大陆板块的移动引发了地震”和“上帝的愤怒引发了地震”这样的陈述，反映了人们对周围世界同一件事发生原因的不同信念。**信念决定了人们如何定义事件，是动机和文化的核心。人们的信念和价值观会强化（激励或说服）对特定能力与行为的支持或抑制。**

信念在行为和感知两个层面上运作。神经学的研究表明，信念与边缘系统及视丘下部有关，因而直接影响情绪和调节自主神经系统，引发基本生理功能的改变。比如我们知道，自己相信某些东西的方式，是它触发了“心头鹿撞”“热血沸腾”“起鸡皮疙瘩”等无意识的生理反应。

人的价值观也是通过信念与体验相连，才有现实意义。我们知道，人的价值观是生活的原始发动机，当事态情景与人们的价值观相符或匹配时，人们会感到满足、融洽、和谐，反之则会感到不满、不适或被侵害。因此，**价值观是激励和说服他人的基础，是强有力的感知过滤器。**当家族办公室合伙人把咨询建议、解决方案与客户未来的计划和目标、价值观及信念连接起来，这些建议和方案才会变得更加动人。

家族办公室在与客户沟通中需要特别关注客户通过语言表达出的信念和体验点，这样才更能够找到阻碍客户认可自己咨询意见的限制性信念及其影响因子。

如图5-1所示，健康的信念与所有维度保持联结，当我们的价值观、预期、内在状态发生变化，或者有了新的经验时，信念会自然地转变和更新。这就是家族办公室合伙人工作的着力点——通过给客户带来更多的体验，增强其对预期的渴望，并用这样的方式转变其信念。比如，当人们对于家族资产如何有效保值、增值、传承，与家族办公室有相同的信念时，家族办公室的业务自然就发展顺利了。

语言既反映人们的信念和意识，也能塑造人们的信念和意识，这种特性使得语言成为转变人们思想和意识的有力工具。我们看到：在精神治疗领域，心理医生利用语言交流帮助狂躁症患者稳定情绪、改善病情；在社区管理中，社区管理人员利用语言交流平息邻里纠纷；在财富管理领域，家族办公室合伙人同样通过语言交流转变客户的思想和行为，配置和管理资产。

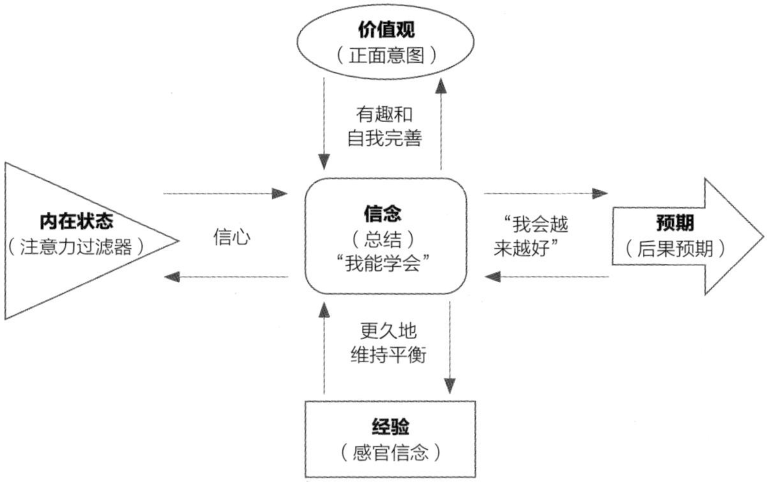

信念是将我们的经验、价值观、内在状态、预期连在一起的归纳总结，就此形成我们的现实建构

图5-1　与健康信念联结的维度

换句话说，**与客户交流不只是用聊天增加熟悉度，更是为了理解对方的目标需求及行为背后的原则和信念，理解其做事的身份定位与价值观。**在与客户沟通中，家族办公室合伙人可以通过深度聆听其语言，了解其信念层面的观点，从而更加有效地理解对方，再通过有效的语言结构更新客户的“内在过滤器”，丰富客户的“内在地图”，助力客户认识到价值，做出转变，自己也能成为受人欢迎的咨询顾问。

古希腊人用不同的词语描述语言的两种用途。他们用“表述”（rhema）来说明话语是交流沟通的媒介，这意味着话语是“对事物的描述”；用“理念”（logos）表明话语与思维、理解有关，意味着话语跟“理性的显现”有关。正是语言的这种特点，使其可以作为快速转变理念和意识的工具，使人们的认知可以通过已经有经验的人的概括总结，传递给他人，让他人迅速获得相关经验和认知，不必再犯同样错误或重新发明已经存在的东西。

需要注意的是，对人类语言表达的误解也造成了沟通的很多问题。人类的语言和概念对于每个人的独特经验来说少得可怜，这容易导致沟通中，人们将两种或更多的情景当成同一个或将它们混淆在一起。例如，对“安全的投资产品”这个词，有的人认为它在表达低风险的投资，也有人认为它是指投资收益不低于通货膨胀、不降低购买力的投资策略产品，还有人认为是在说银行存款。每个人都可能有完全不同的理解。因此对客户的用词，家族办公室合伙人不能仅凭自己的经验或假设判断客户在表达什么，而是应该向客户做进一步的求证。

信念的转变

话语不仅描绘我们的体验，也常常为体验设立框架。语言通过将体验的某些方面置于突出的位置而将其他方面留在背景中，来架构体验。例如：当我们用不同的连接词将想法和体验连接起来时，这些词会引领我们注意体验的不同侧面。如果有人说“这个产品业绩很好，但是市场下跌风险很大”，这句话会让我们更关注以后的风险而忽略现在业绩很好的事实；如果说“这个产品业绩很好，同时市场下跌风险很大”，则两件事情被强调的程度相同；如果说“这个产品业绩很好，虽然市场下跌风险很大”，则会让我们更注意前半句的陈述——这个产品业绩很好，而把后一陈述放在了背景中。

无论表达什么内容，这种语言“设框”和“换框”都会发生。例如，有些人习惯用“但是”这个词抵消体验的积极面。

在与客户沟通的过程中，家族办公室合伙人可以注意观察客户的这些语言模式，利用语言工具重新塑造和影响客户体验和认知，这对于理解客户、帮助客户实现转变非常关键。

以“虽然”替代“但是”为例，它可以将客户从减少和贬损积极体验的句式中拉出来。具体沟通中，要有意识地识别出客户用“但是”来贬损积极体验的陈述，例如“这样做是降低了风险，但是问题还是会出来”，接着用“虽然”这个词来代替“但是”，变成“这样做是降低了风险，虽然问题还是会出来”。这个结构使得人们保持正面的关注点，同时也满足平衡的需要，对那些倾向使用“是的，但是……”模式说话的人特别有用。

从上面的例子中我们可以体会到，框架会“标记”体验，指引注意，极大地影响人们对具体体验与事件的解释和回应方式。

与客户沟通不畅的主要原因是客户的限制性信念影响了其认知和行动。限制性信念产生于“问题框架”“失败框架”或“不可能框架”中的总结、删减和扭曲。常见的限制性信念可概括为3种，分别是“没有希望”、“无能为力”和“没有价值”。

“没有希望”指人们不相信某个渴望的目标有可能实现。比如，“目前的信托法律尚不健全，我的家族资产放在信托里是不可能实现真正传承的”。

“无能为力”指虽然客户相信有结果，并且可能达成目标，但不相信自己有能力得到预期结果。比如，“虽然我看到别人的资产管理长期收益可以到10%，但我对这个不懂，肯定无法实现这个目标，即使我聘请专业团队，也难以实现”。

“没有价值”指虽然相信渴望的目标有可能实现，也相信有能力实现，但确认自己不配得到。这种信念在家族办公室的客户身上较少出现，不过有时会体现为“我无儿无女，现在的资产放在银行里八辈子用不完，管理资产对我没有价值”这样的现象。

限制性信念的强弱与人们的预期有关，缺乏结果预期导致“没有希望”，这使得人们淡漠，易放弃。同样，缺少自我效能预期，会使人产生“无能为力”感。因此对于限制性信念，只要我们识别信念背后的正面意图和前提假设，提供替代选择和“如何/怎样”问题的新答案，这些信念就会有所转变。

对应3种限制性信念，我们可以用3种语言框架来做转变，分别是“结果”框架、“就像”框架和“反馈而非失败”框架。

“结果”框架强调建立和保持对目标的渴求状态，将问题陈述重新表达为目标陈述，将负面词转换为正面词，将所有问题都重新认识为挑战、转变、成长、学习的机会，使得所有问题都预示渴望的结果。

在家族资产管理沟通过程中，咨询顾问经常遇到查看问题及分析其原因的工作。这很重要，然而更加重要的是帮助客户梳理他到底要什么，希望达成什么目标。当目标或家族蓝图成为获取信息的焦点时，虽然问题可能没有被充分理解，但人们也常常能找到解决方案，因为“结果”框架可以有效评估所有与达成特定目标相一致的活动或信息。

“就像”框架的重点是表现得就像已经实现了渴望的目标或结果。“就像”框架经常以反例或替代性选择来挑战限制性信念，强化对自身渴望的预期。例如，如果有人说：“我做不了某事。”就可以问他：“如果你能做某事，会发生什么？”这样的提问让人们放下当前对现实限制的感知，充分运用想象力，在创立目标、结果、梦想的过程中，更好地将渴望的内容视觉化，激发人们能够支持自己实现目标的身心能量。

“反馈而非失败”框架强调将看似问题、症状、错误的东西解释为反馈而不是失败，这有助于客户做出调整，逐步达到对目标渴求的状态。这一点很重要，任何工作，只有反馈，没有失败！比如，选择一个资产后收益没有达到预期，这不是一个失败而是一个反馈，告诉我们需要再深度分析和检讨当初有什么没有关注到的地方。我们在这个反馈中得到提升，下次做选择时就能变得更有经验和更具备专业认知。

这3种语言框架都是帮助人们转变观点的，也就是从问题转向结果，从不可能转向可能，以及从失败转向反馈。

在与客户的沟通中，所有语言回应的目的都是支持客户更加信任其目标、价值观和能力，帮助客户对负面的限制性信念“换框”，促使客户质疑那些限制其发展的观点和判断，找出限制性信念背后的正面意图，帮助客户重新定义限制性信念，使其更加积极正面，并根据正面意图和重新定义的结果建立新的鼓励性信念，它是谈笑间改变信念的强有力的工具（见图5-2）。

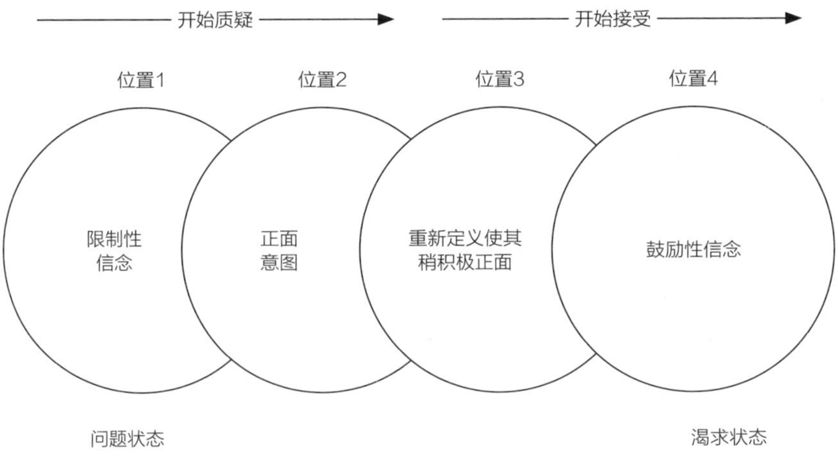

图5-2　创建基本信念连接的位置

在信念转变过程中，最好让相邻的状态在生理、认知或情绪上有某种程度的重叠，同时关注客户的内在状态。如果客户处于积极乐观的状态，那就很难持有负面的限制性信念；如果内在状态是挫败、失望、恐惧的，也很难跟积极的鼓励性信念保持一致。

人的内在状态与当下的心理和情感体验有关。人们在积极的内在状态下，比在消极的状态下更容易接受鼓励性的正面信念，因此家族办公室合伙人需要在沟通中观察和调整客户的内在状态（见表5-6）。

表5-6 客户内在状态比对

积极的内在状态	消极的内在状态
冷静	难过
放松	紧张
弹性	刻板
顺畅	僵化
专心	焦虑
信心	挫败
乐观	疑心
专注	分心
接纳	封闭
信任	恐惧

通过观察客户的身体姿势、手势、视线、呼吸和动作模式，注意客户内在感官体验中最显著的亮度、颜色、音调、音量、温度、质地等次感元状态及情绪表现，我们可以快速了解客户的内在状态并协助其做出改善。例如：客户在你面前收紧肩膀、抱紧双臂，这是典型的防御状态，这时，改变客户所在的位置，调整沟通的话题，给他倒杯茶放松一下，客户的内在状态就会调节，这时再与客户沟通就更容易有积极成效。

家族办公室合伙人在与客户沟通中，客户似乎总是注意负面的东西，倾向对家族办公室合伙人给出的想法和建议找毛病，类似迪士尼策略提到的“批评家”角色。而家族办公室合伙人更多承担了迪士尼策略中的“梦想家”和“实干家”的角色。

作为家族办公室合伙人一定要记住的是，批评也像其他行为一样有其正面意图。我们仔细分析会发现，“批评家”的问题在于除了做负面评判，他们还会在语言上使用否定方式来说话，例如只说不要什么，但没有说想要什么。解决批评、从问题框架转至结果框架的核心语言技巧，就是识别和引发正面意图的陈述能力。比如你问一个“批评家”，“这个方案费用太高”批评背后的正面意图是什么，对方的回应很可能是：“为了避免额外的费用（双重收费）。”这虽然是一个正面意图，但在语言上用的是负面陈述，即他说的是要“避免”而不是“实现”，这一意图的正面陈述可以是

“确保这样做划算”之类的表述。

一旦家族办公室合伙人能从客户的批评中理解其蕴含的正面意图并且用正面语言来陈述，批评就变成了询问，这些询问与批评的意图相同，但是更有建设性。这时家族办公室合伙人可以选择的回应方式就容易和广泛得多，沟通可以有效推进，而客户关系也会得到有效保持和增强。

另外一个常用的“换框”法是站在另一个人的位置上换位思考：如果你是他，你会怎么看这件事情？这可以帮助自己或客户更快地摆脱限制性信念，达成新的信念共识。

“换框”的过程中还可以通过重新归类的方式来改变认知。通过向上归类、向下归类和横向归类3种方式，家族办公室合伙人可以根据不同的情况进行有效的沟通。很多限制性信念的语言是相当大的语言归类或概括性论述，如“那根本做不成”“你总是提出太理想化的方案”。这样的“总是”“从不”“永远”“只有”等向上归类的批评，只要转换为“如何式”问题（向下归类）就可以化解。客户说：“你这个方案不完善。”向下归类可以是：“您认为这个方案中的哪个部分需要完善？是组合配置部分，还是资产选择部分或对市场趋势的表述部分？”这样可以更加有效地界定问题，让讨论更加有成果。

具体到家族办公室与客户之间，由于主要是通过一对一的语言沟通提供咨询服务，如果在与客户的沟通中，无论客户表达出怎样的负面或者限制性信念问题（不行、不能、不愿），家族办公室合伙人均能在客户传递的信息中识别其正面意图并推动信念价值观，而后找出其他满足正面意图的方式，与客户深入交流，那么就可能有效解决客户的各种信念问题，并与其达成共识。

咨询建议与解决方案呈现

多年前在平安麦肯锡团队工作的时候，我经常要写各种方案。麦肯锡团队特别强调诊断问题时要“七步成诗”，分析问题时要“脑力激荡”，准备方案时要按金字塔原理撰写。

麦肯锡工作法有其优势和价值，我认为家族办公室在提交给客户的咨询建议或解决方案时，无论采取何种文书形式，都应该按照金字塔原理进行，在内容上和视觉上，确保组成金字塔的思想之间的逻辑性和关联性。客户看到其中的逻辑关系，才能够更好地理解建议或方案。家族办公室合伙人要用客户眼睛能看到的图像来强化客户头脑中接收到的信息。

咨询服务书或解决方案撰写的3个基本原则分别是：第一，结论先行，每篇文章只有一个中心思想，且放在最前面；第二，以上统下，每一层次的观点必须对下一层次的观点进行总结概括；第三，归纳分组和逻辑递进，每一组的观点必须属于同一逻辑范畴，并按照逻辑顺序排列。此外，沟通演示的逻辑则是：首先，在书面上呈现金字塔结构；其次，呈现思考的逻辑；最后，说明采取行动的结果或目标。

家族办公室常见的咨询服务和解决方案分为两大类：一类是关于家族资产管理模式问题的咨询建议和解决方案，其核心是建立具有可持续发展和成长特性的机构化、体系化、专业化和个性化的管理机制，解决人性弱点、信息不对称和认知不对称等问题，提升家族成员的幸福度；另一类是针对某个具体的专业议题的咨询服务或解决方案，如金融产品的风控咨询服务或某一笔资金的资产管理解决方案等。

家族资产管理模式的咨询建议

机构化、体系化、专业化和个性化的家族资产管理机制建设，是高净值人士管理财富的必由之路，也是家族办公室服务与其他高端财富管理机构服务的差异之处。

机构化即聘请专业团队分工合作，有清晰的管理目标和明确的管理策略，持续作业并阶段性总结回顾，解决个人管理资产的弊端。机构化的实现方式主要分为两种：一是与买方定位的专业机构合作，通过此类机构的各类解决方案来管理资产；二是建立自己的机构化管理的基金专户，比如有限合伙企业的家族专户基金、契约型的家族专户基金等。

机构化可以解决家族资产管理的持续稳定性问题。没有管理机制，家族资产的管理就靠人的表现，如果由资产拥有者自己管理，生老病死以及一些人生中的意外，都可能导致家族资产的管理失去主轴，家族资产的保全、保值、增值和传承就会面临巨大的风险；如果外聘个人主导管理家族资产，也同样面临管理人的变动对家族资产管理的持续性挑战，同时，人性弱点（例如贪婪与恐惧、过度自信、喜欢冒险、厌恶损失、快思维等）带来的投资风险也同样存在。因此，建立或聘请家族办公室这样的专业机构，委托机构化的组织进行管理，一方面可以降低人员变动和人性弱点带来的风险，另一方面还可以持续提升组织的作业水准和稳定性，从而保障家族资产稳定的可持续管理。

体系化即管理资产的过程有规范的作业流程、科学的标准、严谨的工作准则、纪律性的风控投决和反馈机制，减少管理资产的风险。体系建设有以下几种：一是对风控和投资决策体系的建设，如建立风控委员会和投资决策委员会；二是对存续资产持续跟踪管理机制的建设，如建立定期报告和反馈机制；三是对拟投资资产进行全面深入了解的机制建设，如与买方定位的家族办公室或律师事务所等合作，获得专业尽调资讯和意见等；四是建立全面的体系化资产管理体系，如建立或外聘家族办公室。

体系化做不好，容易出现以下问题：一是管理家族资产的关键节点无法保持品质和持续优化提升，导致工作品质不稳定，时好时坏，给家族资产的保值、增值带来巨大压力；二是体系不完善，有些关键点做得好，有些节点有问题，导致整体资管效能不高，给资产带来风险；三是投资标的选择标准不清晰，难以复盘，因而难以提升资产管理能力；四是资产管理程序不清晰，容易产生混乱并且难以区分权责；五是缺乏纪律性的反馈机制，不能及早发现问题，资产风险增大等。纪律性的流程和制度可以助力人们规避这些风险。

专业化即每个作业的环节要专业。专业深度是保障管理资产品质的核心，包括对每项工作内容的认知深度、视野广度、实践经验和直觉力。无论是投资机会获取、项目信息尽调、风险控制观点、投资决策意见，还是投后跟踪管理、动态平衡等，专业化需要每个工作环节都有专业团队执行或协作。具体来说：在资产获取方面，利用外部合作伙伴的数据库，量化分析员持续根据专业的量化分析模型进行初筛，以保证值得看的项目尽可能全面进入投资视野；在风控尽调方面，由视野宽广、经验丰富的基金经理带队对进入视野的投资机会进行初步沟通、全网尽调及现场尽调，尽可能理解投资管理人的投资能力、风格、策略、流程、风控、业绩等各个方面的情况，对管理人全面深入了解，为风控判断做好准备；在风险管理委员会方面，由多方专业资深的投资、风控、法务人员组成的团队根据获得的信息，全面分析投资管理人和其管理的投资产品，尽可能规避重大不当风险；在投资决策委员会方面，由基金经理、管理团队或客户共同参与，选择适合配置的子基金，根据市场趋势、基金组合策略目标和子基金的状态进行全面的分析和决策，提升决策胜率，降低投资风险；在投后管理和动态平衡方面，基金经理和量化分析团队持续跟踪基金表现、投资管理人状态及市场变化，给出调整建议，提升资产组合的收益，降低风险。

在实现方式上，既可以设计家族专项基金与家族办公室合作，也可以投资或设立自己的家族办公室，招聘专业团队管理资产。

专业化解决的问题主要包括以下几个方面：一是认知不对称问题，降低家族资产的工作由于认知不对称带来的风险；二是个人时间精力问题，即使家族成员专业能力足够，建立专业团队也可以解放自己的时间和精力。

个性化即在资产管理目标的确定（投资期限、风险承受范围、收益目标）、资产选择的偏好、资产管理过程的参与程度、投资决策的权利保留、与管理人的权益分配等方面，匹配个性需求，并与管理团队达成共识。具体可以通过建立自己的专户基金，个性化定义资产的配置目标、策略、选择标准及参与方式来实现，也可以通过与家族办公室合作来实现。

个性化有以下几个方面的好处：一是可以在规范专业的基础上，让整体作业过程更符合自己的目标要求和限制条件；二是可以选择更适合自己偏好的资产和组合方案，能够主动管理和配置，避免被人推销；三是可以让资产的配置更加满足家族的人生需求。

家族资产管理中常见的专业咨询服务

家族资产管理常见的专业咨询服务主要有金融产品风险评估、已投资产存续期咨询、代持风险咨询、家庭幸福生活咨询等。下面分别做简单介绍。

首先是金融产品风险评估服务。它涉及对各类金融投资产品的初级调查、市场趋势分析、行业信息判断和产品结构性解读，运用4P原则针对相关产品给出风险分析意见，提出注意事项及投资建议。评估包括但不限于产品发行机构、产品管理机构、项目方、产品结构、投资方面、基础资产、风控措施、行业趋势等。

金融产品风险评估服务的价值主要体现在以下几点：一是对于客户感兴趣的各类产品都有专业分析意见，客户能更好地控制风险，避免“踩坑”，提升投资决策的安全度；二是涉及面广，只要是规范的金融产品，无论是一级市场、二级市场、房地产基金还是信托产品，顾问都可以提供专业分析意见；三是专业度高，此服务由拥有多年金融资产筛选经验的专业人士负责，他们的行业经验和专业能力可以帮助客户全方位地审视产品状态，获得分析意见，规避认知不对称和信息不对称风险。

其次是已投资产存续期咨询服务。这项服务主要解决高净值人士的投资管理误区，由专业团队统一管理高净值人士已经配置的各个金融产品（目前主要是对证券投资基金产品和股权投资产品），设立跟踪监测指标，持续动态跟踪项目进展，定期就配置的金融产品情况给出分析报告，附加已配置资产的配置结构建议及动态调整建议，分析各项金融产品在整个配置中的作用，根据市场情况和未来趋势，给出新的配置意见。

已投资产存续期内，市场变化、管理人变化都有可能导致策略失效或业绩风险，该服务能够及时监测客户已投资产的风险，及早发现问题，防患于未然，降低客户的资产损失、时间成本和情绪成本；同时，专业的已投资产跟踪咨询服务能让高净值人士更深入地了解家族资产配置的结构，以及投资产品容易出现问题的地方，从而反思自己的决策行为，在过程中学习和提升资产管理水平。

再次是代持风险咨询服务。代持是从古到今、国内国外都极为常见的资产持有方式。然而国内目前主要的代持方式，或者会因为没有代持协议而被认定为赠与，或者会因为代持人完全听命于被代持人的指令行事，被认定为财产仍然在被代持人名下，无法达到隔离风险的效果。该项咨询服务可以帮助客户将代持规范化，并根据客户的实际需求来设置更有保障的协议或管理模式，帮助客户更好地保障资产安全。

最后是家庭幸福生活咨询服务。与许多国家一样，我国采用的是夫妻共同财产制度，婚后收入均属于夫妻共同财产，同时许多婚前个人财产在婚后的增值也属于夫妻共同财产。面对财富拥有者婚姻状态不稳定且复杂的现实情况，如何平衡利益与情感，也成为人们不得不面对的问题。如果财富拥有者有多段婚姻，尤其是不同婚姻中育有多个子女，继承问题也会变得复杂，父母作为第一顺位继承人的规定，也在某些情况下增加了传承的复杂性。通过家族办公室的咨询服务，客户在合理的时间内对财产继承进行规划，则能够较好地应对上述问题。

附件：财富管理风险诊断问卷

财富管理的基础是风险管理，保证已有财富的安全，才能立于不败之地。

优脉的风险诊断主要从4个维度对财富风险进行分析，分别是财富拥有者的风险、财富管理过程中的风险、财富本身的投资风险和财富分配及支出方式的风险。

本问卷分5个方面，共28个问题，其中4个方面与风险诊断相关，最后一个部分是对财富管理现状的诊断。

1.财富拥有者（所有者及受益人）的风险管理

<table>
<tr><th colspan="2">问题1</th><th>客户</th><th>指导</th></tr>
<tr><td colspan="4">财富有效传承与分配：您是否存在如下情况或者担心，请根据您的实际情况进行选择和说明。（可以多选）</td></tr>
<tr><td>a</td><td>本人身体状况不佳，担心对未来可能的变化的掌控力。</td><td>☐</td><td rowspan="9">用于梳理财富拥有者本人对财富传承中的风险是否已经做好了防范。请在此描述您的具体情况：</td></tr>
<tr><td>b</td><td>本人有多段婚姻，担忧法定继承或遗嘱继承不能够有效落实本人的分配意愿。</td><td>☐</td></tr>
<tr><td>c</td><td>本人子女较多或家庭即将迎来新的成员，财富传承分配通过法定继承有可能产生纠纷。</td><td>☐</td></tr>
<tr><td>d</td><td>与配偶离异后，共同出资抚养子女，担心资产未被有效使用于合理目的。</td><td>☐</td></tr>
<tr><td>e</td><td>目前为单身或者离异，有婚姻需求，但担心未来婚姻风险，财产会被分割或对方目的不纯。</td><td>☐</td></tr>
<tr><td>f</td><td>子女或孙子女未婚或已婚，担心财产传承后，后辈离婚造成财产被分割。</td><td>☐</td></tr>
<tr><td>g</td><td>对家族成员有特殊分配安排，但是不想让彼此知道分配比例，想实现彼此保密。</td><td>☐</td></tr>
<tr><td>h</td><td>与子女共同经营公司，公司股权已大部分转到子女手中，希望留部分资产为自己和配偶养老。</td><td>☐</td></tr>
<tr><td>i</td><td>担心如果发生重大疾病等可能造成个人责任灭失的情况，由此导致的收入减少会影响家人的生活或者公司经营。</td><td>☐</td></tr>
</table>

<table>
<tr><th colspan="2">问题2</th><th>客户</th><th>指导</th></tr>
<tr><td colspan="4">债务、税务、法律相关风险的有效隔离：您是否存在如下情况或者担心，请根据您的实际情况进行选择和说明。（可以多选）</td></tr>
<tr><td>a</td><td>自己企业有或将有融资计划，担心债务风险，个人资产可能会被用于偿还企业债务。</td><td>☐</td><td rowspan="7">用于梳理财富拥有者对潜在债务风险是否做了相应的隔离。请在此描述您的具体情况：</td></tr>
<tr><td>b</td><td>担心企业未来的隐性债务风险，影响到为子女准备的资产。</td><td>☐</td></tr>
<tr><td>c</td><td>企业经营状态下滑，担心未来发生风险后，影响到多年累积的个人财富。</td><td>☐</td></tr>
<tr><td>d</td><td>担心企业未来面临不可控风险，导致企业债务影响个人及家族成员的生活。</td><td>☐</td></tr>
<tr><td>e</td><td>家族成员可能会面临潜在的刑事或者民事风险，导致家族财产被用于追偿。</td><td>☐</td></tr>
<tr><td>f</td><td>家族成员有不同的国籍身份或不同的税务居民身份，可能面临不同地区的税务风险导致财产损失。</td><td>☐</td></tr>
<tr><td>g</td><td>目前企业公账与个人资产分割不清晰，担心未来发生企业经营性风险，无法保障配偶与子女生活。</td><td>☐</td></tr>
</table>

<table>
<tr><th colspan="2">问题3</th><th>客户</th><th>指导</th></tr>
<tr><td colspan="4">传承的财富未被有效使用的风险：针对您的财富的受益人，您是否存在如下情况或者担心，请根据您的实际情况进行选择和说明。（可以多选）</td></tr>
<tr><td>a</td><td>觉察到子女用钱缺乏经验或有不良嗜好倾向，担心子女继承资产后不能有效使用甚至在短时间内花光。</td><td>☐</td><td rowspan="6">用于梳理财富拥有者的受益人可能面临的风险。请在此描述您的具体情况：</td></tr>
<tr><td>b</td><td>觉察到子女自主判断能力较差，担心子女继承资产后会受人误导，投资受骗。</td><td>☐</td></tr>
<tr><td>c</td><td>希望能设定稳定的财务激励措施，以激励子女与后代获得更好的教育机会、独立创业的机会等。</td><td>☐</td></tr>
<tr><td>d</td><td>子女或者孙子女尚年幼，担心继承资产后无法有效支配或被监护人滥用。</td><td>☐</td></tr>
<tr><td>e</td><td>子女/受益人为无民事行为能力人或患有疾病，担忧未来无人照顾他们的生活（或者发生不能忠实于客户意愿的对钱财的分配使用等）。</td><td>☐</td></tr>
<tr><td>f</td><td>希望家族的后代都能接受良好的教育，并保证有品质的生活。</td><td>☐</td></tr>
</table>

<table>
<tr><th colspan="2">问题4</th><th>客户</th><th>指导</th></tr>
<tr><td colspan="4">在管理财富的过程中面临的操作风险：您是否存在如下情况或者担心，请根据您的实际情况进行选择和说明。（可以多选）</td></tr>
<tr><td>a</td><td>经常在国外或行动不便，在投资理财时，希望简化每次的投资文件签署以及双录流程。</td><td>☐</td><td rowspan="6">请在此描述您的具体情况：</td></tr>
<tr><td>b</td><td>在不同机构购买理财产品，目前对资产投资状态和整体情况没有清晰的概念，也没有人可以帮助自己梳理。</td><td>☐</td></tr>
<tr><td>c</td><td>面对不同产品销售机构的产品推销，需要多方沟通，花费很多时间和精力，希望这一状况有所改善。</td><td>☐</td></tr>
<tr><td>d</td><td>资产量大，需要实现分散投资，但是个人精力有限，经常会顾此失彼。</td><td>☐</td></tr>
<tr><td>e</td><td>长期定居国外，家族成员定居国内，担心无法及时给到家族成员经济支持。</td><td>☐</td></tr>
<tr><td>f</td><td>有想做慈善的意愿，担心如果直接捐赠给慈善机构，标的不够明确，管理不够透明。</td><td>☐</td></tr>
</table>

2.大类资产配置的风险管理

<table>
<tr><th colspan="2">问题1</th><th>客户</th><th>指导</th></tr>
<tr><td colspan="4">资产分布是否合理：是否有效规避某单一风险因素（如货币、地区、企业、行业、市场、政策、环境、经济体、技术等）对整体资产安全的影响？资产是指非生活用的个人资产，包括企业股权、房产、金融资产等。请根据您的实际情况进行选择和说明。</td></tr>
<tr><td>a</td><td>存在3个及以上单一风险因素影响我的全部资产，比如我的资产分布在国内和海外，又通过基金投资了不同的行业。</td><td>☐</td><td rowspan="5">需了解是什么单一风险因素在影响整体资产权益。请在此描述您的具体情况：</td></tr>
<tr><td>b</td><td>存在2个单一风险影响我的全部资产，如我的主要资产是国内房产（人民币资产、房产行业）。</td><td>☐</td></tr>
<tr><td>c</td><td>存在1个单一风险影响我的全部资产，例如我的资产95%以上是人民币资产，或者我的资产95%以上是同一类型企业的股权等。</td><td>☐</td></tr>
<tr><td>d</td><td>基本不存在该风险，因为我的资产广泛分布在不同的行业、资产类别及经济体。</td><td>☐</td></tr>
<tr><td>e</td><td>任何单一风险因素对我的资产影响不超过30%。</td><td>☐</td></tr>
</table>

<table>
<tr><th colspan="2">问题2</th><th>客户</th><th>指导</th></tr>
<tr><td colspan="4">资产收益风险比的管理是否合理：资产配置在未来10年有稳健成长性的行业和领域中[如尖端制造业、新科技、数字新媒体产业（TMT）、新型消费品、公共服务、健康医药、专业服务领域等]，还是大比例配置在停滞或衰退的行业或项目上（如传统农业、传统制造业、房地产、传统服务业等）？请根据您的主要资产所在的行业或领域进行选择。</td></tr>
<tr><td>a</td><td>大概有60%以上的资产在没落行业（这些行业未来基本上是衰退的）。</td><td>□</td><td rowspan="5">需了解主要资产分布在哪些具体行业和领域中，这些行业的未来趋势如何。请在此描述您的具体情况：</td></tr>
<tr><td>b</td><td>大概有60%以上的资产在传统行业（这些行业未来没有什么成长性）。</td><td>□</td></tr>
<tr><td>c</td><td>大概有60%的资产分布在稳健发展的或新兴成长性行业中。</td><td>□</td></tr>
<tr><td>d</td><td>资产的趋势分布合理，基本在成长性领域，如主要资产都分布在消费、TMT等行业中。</td><td>□</td></tr>
<tr><td>e</td><td>资产的趋势分布很有前瞻性和成长性，都在未来新兴成长性领域中。</td><td>□</td></tr>
</table>

<table>
<tr><th colspan="2">问题3</th><th>客户</th><th>指导</th></tr>
<tr><td colspan="4">资产的流动性安排是否合理：提升资产流动性会带来灵活性，降低资产流动性可能会带来较高的收益。长、中、短期资产是否已经有所规划并有效管理？请根据您的实际情况进行选择和说明。（可以多选）</td></tr>
<tr><td>a</td><td>我有很多股权投资等长期投资，也有借贷资金或拆借资金进行长期投资。</td><td>□</td><td rowspan="5">需了解流动性管理的问题点主要体现在什么方面。请在此描述您的具体情况：</td></tr>
<tr><td>b</td><td>我所有资产都是短期投资，每年轮转，即使该资金在相当长时间里不会使用。</td><td>□</td></tr>
<tr><td>c</td><td>我对资产配置主要考虑收益率和风险性，对流动性的理解不深。</td><td>□</td></tr>
<tr><td>d</td><td>我大体做过规划，用于养老、子女教育等长期的钱投资在长期项目上，其他看项目情况进行投资。</td><td>□</td></tr>
<tr><td>e</td><td>我有专业的规划，根据流动性需求来设计相应资产的可投资期限，并据此对应配置在适合的资产类别上。</td><td>□</td></tr>
</table>

<table>
<tr><th colspan="2">问题4</th><th>客户</th><th>指导</th></tr>
<tr><td colspan="4">资产的重要风险点是否进行了有效防范①：历史上看，资产贬值最大的风险是货币超发引发的通胀风险，您的资产是否有效安排以抵抗高通胀风险？请根据您的实际情况进行选择和说明。</td></tr>
<tr><td>a</td><td>我的资产长期主要以现金形式存在。</td><td>☐</td><td rowspan="5">需了解通胀风险对资产的影响和目前是否有效应对了该风险。请在此描述您的具体情况：</td></tr>
<tr><td>b</td><td>我知道通胀会让我的资产购买力下降，但我认为银行理财比较可靠，所以基本只买银行理财产品。</td><td>☐</td></tr>
<tr><td>c</td><td>我的资产主要配置在某类抗通胀的资产类型上。</td><td>☐</td></tr>
<tr><td>d</td><td>我的资产配置在不同种类的抗通胀资产类型上。</td><td>☐</td></tr>
<tr><td>e</td><td>我充分了解通胀风险的隐匿性和风险性，因此有专业机构协助我规划资产结构，战胜了通货膨胀的影响。</td><td>☐</td></tr>
</table>

<table>
<tr><th colspan="2">问题5</th><th>客户</th><th>指导</th></tr>
<tr><td colspan="4">资产的重要风险点是否进行了防范②：从全球范围看，资产保值最大的风险之一是汇率风险，您的资产是否做了有效安排以避免汇率波动带来的资产减值风险？请根据您的实际情况进行选择和说明。</td></tr>
<tr><td>a</td><td>我的资产全部是人民币计价的境内资产。</td><td>☐</td><td rowspan="5">不同币种、不同地区的资产让汇率风险大幅降低。请在此描述您的具体情况：</td></tr>
<tr><td>b</td><td>80%以上的资产是人民币资产，也有部分钱在境外，主要投资了中概股等。</td><td>☐</td></tr>
<tr><td>c</td><td>小于15%的资产是外币资产，如保险、房产、外币存款等。</td><td>☐</td></tr>
<tr><td>d</td><td>15%~25%的资产是强势外币资产，且已经配置在境外资产上。</td><td>☐</td></tr>
<tr><td>e</td><td>25%~35%的资产是强势外币资产，涉及多个国家或地区、资产类别和币种，也有汇率管理工具支持。</td><td>☐</td></tr>
</table>

3.财富管理过程中的风险管理

问题1：道德风险		客户	指导
a	服务我的是一些第三方财富机构和私人银行，我和他们不太熟悉，也没有长期的私人关系，他们的初衷和利益我都不太了解。	□	请在此描述您的具体情况：
b	服务我的机构是我经过长期合作筛选出来的私人银行或财富机构，他们的服务人员经常换，他们的推销让我比较担心。	□	
c	服务机构和人员我都认识很多年了，人品和专业我都认可，但有时也不是很靠谱，他们好像为了完成机构任务而推销某个产品给我。	□	
d	服务我的机构是我仔细筛选出的几家资产管理机构，我委托他们管理资产有段时间了，投资业绩符合预期。	□	
e	服务我的机构是一家独立的咨询团队，或者我是财富机构的重要股东，我为他们的服务付费，他们的收入完全与服务品质和业绩相关联，而且这个团队和我已经合作很多年了，彼此非常熟悉和了解，他们过往的服务也是非常棒的。	□	

问题2：信息不对称		客户	指导
a	财富机构只给我看投资机会的简单推广信息，就要求我做决策。	□	请在此描述您的具体情况：
b	与服务我的理财师或私人银行理财师沟通，可以获得他们推荐的投资机会的更多信息，但感觉总是不太完整和深入。	□	
c	我基本无法拿到尽调报告这样的资料。	□	
d	对于投资机会，我都是通过自己的行业人脉去打听，一般能够获得较完整、有深度的内部信息。	□	
e	我会付费聘请全职的专业团队对我关注的投资机会进行尽调，以获取完整、有深度的信息。	□	

问题3：认知不对称		客户	指导
a	不懂专业性，投资判断主要看品牌、关系、过往业绩等。	□	请在此描述您的具体情况：
b	服务机构都是给我积极的意见，听着都有道理，但现在已经出现了问题产品。	□	
c	对各个领域的资产不是都有认知能力，有些我可以判断，有些没有把握，且找不到专业人员交流。	□	
d	我不仅自己有分析逻辑和分析框架，还有很多这个领域的专业人士帮助我分析和判断。	□	
e	我聘请了专业团队，能够对投资机会进行专业的分析和判断。	□	

问题4：人性的弱点		客户	指导
a	自己觉得好就投，相信自己的直觉，出现了很多次追涨杀跌的情况。	□	请在此描述您的具体情况：
b	会和家人、朋友或理财师讨论一下，获得意见后最终由个人决策。	□	
c	经常会联系专家朋友面对面进行沟通咨询，我最后来做决定。	□	
d	我有个投资决策小组，不定期开会讨论决策。	□	
e	聘请了专业决策团队，制定了明确的投资决策流程，并按照这个机制有效执行着。	□	

4.财富用途的规划管理

问题1		客户	指导
您是否已经为您自己、家人或您关心的人在健康管理方面做好了相应的财富支持计划？请根据您的实际情况进行选择和说明。			
a	没有定期进行相关健康管理的活动。	□	请在此描述您的具体情况：
b	有定期的家庭健康体检。	□	
c	不定期参加高端的全面健康检查。	□	
d	在防病、治病、健康、美颜方面的投资每年都不少，但没有纪律性的规划和管理。	□	
e	聘请专业的资产管理团队对资产进行专项管理，保障对家族全体成员的健康管理持续进行。	□	

问题2		客户	指导
您是否已经为您自己、家人及您关心的人的持续成长做好了相应的财富支持计划，无论您的事业及社会地位如何变化，他们都可以在未来持续获得良好的教育资源支持，并持续成长？请根据您的实际情况进行选择和说明。			
a	投入不多，主要是对孩子的教育。	□	请在此描述您的具体情况：
b	对孩子的教育比较重视，但对成人的学习投入不多。	□	
c	对孩子的教育投入大，成人也不定期地、随机参加一些培训班。	□	
d	在全家人的持续教育方面的投资每年都不少，但没有纪律性的规划和管理。	□	
e	聘请专业的资产管理团队对资产进行专项管理，对家族全体成员持续的教育成长和学习进行规划和保障。	□	

问题3		客户	指导
您是否设立了相应的财富管理计划以支持您自己、家人及您关心的人在未来可以保证获得持续的高品质生活？请根据您的实际情况进行选择和说明。			
a	没有具体的安排，需要多少花多少。	□	请在此描述您的具体情况：
b	在全家人的品质生活方面的花费每年都不少，但没有纪律性的规划和管理。	□	
c	聘请专业的资产管理团队对资产进行专项管理，保障家族全体成员无论发生什么情况都有良好的生活状态。	□	

问题4		客户	指导
您是否考虑或已经做好慈善方面的财富管理计划？请根据您的实际情况进行选择和说明。			
a	投入还不多。	□	请在此描述您的具体情况：
b	有人推动也愿意投入，但没有主动安排。	□	
c	想通过慈善实现特定的扶贫计划，同时也提升企业或者家族的影响力。	□	
d	有定期的规划发起或参与慈善项目，每年都有不少捐赠，但没有设立慈善基金。	□	
e	聘请专业的资产管理团队对资产进行专项管理，保障慈善捐赠可以持续进行，有明确的主题，家族成员也定期参与。	□	

问题5		客户	指导
孩子的成长和发展需要家人的支持和护佑，您是否已经安排了相应的创业基金？请根据您的实际情况进行选择和说明。			
a	没有考虑。	□	请在此描述您的具体情况：
b	有考虑，家族有足够的资金，需要时可以提供，但没有有效规划。	□	
c	有这方面的打算，考虑专门准备一笔资金，但还没有做出具体规划，考虑近期落实。	□	
d	有计划，已经在落实。	□	
e	聘请专业的资产管理团队对资产进行专项管理，保障孩子需要的时候可以获得财务支持发展个人事业。	□	

5.财富管理的现状及方法

问题1		客户	指导
您的各类资产（与生活无关的各类资产总和，包括企业、地产、房产、金融资产等）大约有多少？（单位：万元）			
a	国内企业资产（企业价值）		请填写大概的金额。
b	国内房地产类资产（房产、地产）		
c	国内股权投资类资产（直投、股权投资基金等）		
d	国内证券投资类资产（现金、股票、基金、保险、信托非标债权资产等）		
e	国内非标固收类资产（信托、资管计划等）		
f	海外金融类资产（现金、股票、基金、保险、信托资产、房地产基金等）		
g	海外非金融类资产（企业资产价值等）		

<table>
<tr><th colspan="2">问题2</th><th>客户</th><th>指导</th></tr>
<tr><td colspan="4">您的各类资产过去5年的平均年化收益率情况如何？（单位：%）</td></tr>
<tr><td>a</td><td>国内企业资产</td><td></td><td rowspan="7">请填写大概的平均年化收益率。</td></tr>
<tr><td>b</td><td>国内房地产类资产</td><td></td></tr>
<tr><td>c</td><td>国内股权投资类资产</td><td></td></tr>
<tr><td>d</td><td>国内证券投资类资产</td><td></td></tr>
<tr><td>e</td><td>国内非标固收类资产</td><td></td></tr>
<tr><td>f</td><td>海外金融类资产</td><td></td></tr>
<tr><td>g</td><td>海外非金融类资产</td><td></td></tr>
</table>

<table>
<tr><th colspan="2">问题3</th><th>客户</th><th>指导</th></tr>
<tr><td colspan="4">您的金融资产（现金、股票、基金、保险、信托资产、房地产基金等）金额大体在什么范围？（单位：元）</td></tr>
<tr><td>a</td><td>1000万以下</td><td>□</td><td rowspan="5">投资金额的大小对投资方式有很大的影响，了解这一点对于客户的个性化配置有很大的帮助。</td></tr>
<tr><td>b</td><td>1000万~3000万</td><td>□</td></tr>
<tr><td>c</td><td>3000万~5000万</td><td>□</td></tr>
<tr><td>d</td><td>5000万~1亿</td><td>□</td></tr>
<tr><td>e</td><td>1亿以上</td><td>□</td></tr>
</table>

<table>
<tr><th colspan="2">问题4</th><th>客户</th><th>指导</th></tr>
<tr><td colspan="4">您过去主要的投资机会的信息获得渠道是什么？</td></tr>
<tr><td>a</td><td>银行</td><td>□</td><td rowspan="5">信息获取的渠道不同，对客户在投资领域认知程度的提升帮助不同。</td></tr>
<tr><td>b</td><td>私人银行</td><td>□</td></tr>
<tr><td>c</td><td>私人银行、财富机构</td><td>□</td></tr>
<tr><td>d</td><td>私人银行、财富机构、基金公司</td><td>□</td></tr>
<tr><td>e</td><td>有自己的专业服务团队和专户管理</td><td>□</td></tr>
</table>

问题5		客户	指导
您开始进行金融资产的投资配置（信托、私募投资、股权投资、房地产投资基金等）多久了？			
a	3年以内	☐	投资时间结合可承受的波动，是决定投资策略的重要因素。
b	3~5年	☐	
c	5~10年	☐	
d	10~15年	☐	
e	15年以上	☐	

问题6		客户	指导
在过去3年里，您的资金主要投资了哪些类型的产品？			
a	银行理财产品、股票	☐	请具体说明选择不同类别资产的原因：
b	信托产品、公募基金	☐	
c	私募基金、房地产基金	☐	
d	股权投资基金、直接股权投资	☐	
e	海外各类投资资产、期权、商品期货等	☐	

问题7		客户	指导
您在投资方面的知识、能力、资源和人脉是怎样的？			
a	我对财富管理这个领域不熟悉，也没有什么专业知识。	☐	没有有效的资源，是不可能做好投资的。
b	我有初步的认知，也有一些私人银行或财富机构的业务人员会服务我。	☐	
c	我对有些投资领域认识比较深入，但也有很多领域不了解。	☐	
d	有许多熟识的职业经理人或专家朋友，可以获得一定的资源和专业判断支持。	☐	
e	我有专业的团队，他们是这个行业里经验丰富且有众多资源的，能给我全面的建议。	☐	

<table>
<tr><th colspan="2">问题8</th><th>客户</th><th>指导</th></tr>
<tr><td colspan="4">在过往投资中最让您担心的是什么？</td></tr>
<tr><td>a</td><td>资产配置的方向不对。</td><td>□</td><td rowspan="5">请具体说明一下产生这些担心的原因：</td></tr>
<tr><td>b</td><td>项目认知能力不够，选择可能错误。</td><td>□</td></tr>
<tr><td>c</td><td>投资机会的信息不够完整。</td><td>□</td></tr>
<tr><td>d</td><td>可能被人误导，购买了不适合的产品。</td><td>□</td></tr>
<tr><td>e</td><td>遇到什么投资什么，没有自己明确的投资逻辑，不清楚整体投资的状况。</td><td>□</td></tr>
</table>

问题9
在您投资过的投资产品中，您对哪些投资比较满意，哪些不满意，原因是什么？
（A）满意产品：
（B）不满意产品：

问题10
在过往投资中，您觉得很挫败的一次经历是什么，损失情况如何？您觉得是什么原因导致了这次挫败？

06 家族资产管理：保值与增值

管理家族资产不是买几个投资产品的问题，而是一项长期、系统的专业工作：以家族幸福为目标，运用各种金融法律工具，以流动性为切入点，以风险管理为核心，追求最佳的风险收益比，实现家族资产长期有效的保值、增值和传承。

从专业角度看，资产管理能力始终是家族办公室的核心竞争力和立身之本，也是家族办公室诸多业务中的重中之重。资产管理能力主要体现在资管体系“选”“配”“管”的组织能力建设上。从市场角度看，家族资产管理人相较一般资产管理人，最大的差异在于，家族资产管理人是“连接”投资结果与客户的专业资产管理人。

家族办公室对家族资产管理的治理结构各不相同，其中“外包型首席投资官+投资顾问委员会”模式一般对应服务外包型家族办公室，可以解决这类办公室高端专业人才匮乏和成本高企的问题，实现成本与规模比例的平衡。其中，由该模式衍生而来的“家族办公室+家族资产管理专业支持平台”模式，与目前中国家族办公室的发展最为契合。

如何设计一个高品质家族资产管理解决方案

家族资产管理的目的是实现家族资产的有效保值增值，但这不是指纯粹的资产本身保值增值，而是以满足家族需求为基础的。家族资产管理的核心任务是识别、理解和翻译家族需求，形成资产管理方案、方案有效执行和服务反馈的闭环业务模式，各个步骤都创造价值且环环相扣。这和国内各种形态的财富机构开发FOF类产品的业务模式大有不同。

家族办公室在识别、理解和翻译家族需求的基础之上构建全资产的配置，从而真正实现以客户为核心，匹配客户需求与市场可投资产品，立场客观，并采用后端收费方式，将家族办公室的利益与客户利益捆绑在一起。其核心能力不只是投资能力，更重要的是帮助客户正确认知和理解需求是什么，应该回避什么风险，有哪些情况没有想到，应该期待什么，不要遗憾什么，最后能得到什么……家族资产管理的目标是帮助客户及其家族实现长期的需求。

投资的本质是与时间做朋友。从客户的角度出发，制定适合其资产管理目标的配置，从而实现资产的保值增值，是高品质家族资产管理解决方案的核心，也是家族办公室的核心竞争力和立身之本。因此，家族资产管理解决方案相比一般的FOF产品有更高的要求：

- 个性化，量身定制，在管理架构和管理流程上符合规范且满足客户的期望，能解决客户的问题。
- 管理目标完整、清晰、可度量，有清晰的判断标准。
- 管理流程严谨规范，每个工作环节规章明晰，可溯源，各方责权利明确。
- 作业决策专业、透明，家族客户不仅可以了解结果，更可以看清整个管理过程，事先充分沟通。

- 组合策略、子基金筛选及动态管理符合家族客户的需求和偏好。

家族资产管理方案设计的5个关键步骤

第一，制定资产管理的架构和流程，针对每个客户提供管理资产架构设计解决方案并呈现价值。

资产管理通常包括代客管理、投资顾问、委托管理等。对于家族办公室这类买方定位机构来说，管理家族资产的方案设计一般采用以专户管理为代表的委托管理模式。这种海外习以为常的管理模式拥有诸多优点，如能够最大限度地规避人性弱点和法律风险，家族办公室和家族客户的责权利明确且公开透明，彼此的利益一致性强，客户资金安全，工作成果清晰且易于评价等。

但目前想要在中国市场实践专户管理，还有不少现实的挑战：

- 客户似乎完全失去了对钱的掌控力（钱被“委托”了），这对于第一代财富人士而言非常忐忑。
- 客户对资产管理模式认知不多，对资金安全等有诸多担心。
- 客户对家族办公室信心不足，担心委托之后一旦发现问题，不能及时喊停，给自己的财富带来风险。
- 客户往往不愿意被约束，比如必须按照合同规定的范围和程序进行投资，他们更喜欢有灵活性和自由度的选择。

虽然专户管理目前在中国面临挑战，家族办公室还是应该和客户深入沟通，毕竟海内外的实践经验已经表明，该方式是家族资产管理方案的首选。从我的经验出发，面对客户的担心，家族办公室可以在管理流程和规则上进行个性化设定，以打消客户疑虑：

- 清晰地介绍资产管理的全过程，让客户理解现代金融服务体系下规范的法律金融制度对客户利益的保护，争取得到客户的认同。
- 邀请客户参与资产管理过程。透明的过程不仅能让客户更加放心专业团队的工作，还能检测工作质量是否符合客户的期望。
- 让客户参与投资决策会，根据客户状态，设定旁听、投票、一票否决权等，让客户感受到其可以在必要情况下对资产进行有效掌控。当然，对由此产生的管理结果，客户也要承担相应责任。

第二，从客户管理家族资产面临的问题角度，设计资产管理方案，展现方案的现实利益。

家族办公室需要理解客户在资产管理中面临的具体问题及这些问题产生的影响，从而设计相关的方案来解决问题，如是否由于健康、时间、精力、专业认知、人性挑战、资源视野等问题，遭遇家族资产管理方面的挑战，如配置不当、时机选择不佳、标的选择错误、投资决策偏差、投后缺乏管理等。当问题和挑战明确，解决问题的策略设计清楚，方案执行后也就可以展现成效了。

美国领航集团（Vanguard）就买方模式对客户的价值贡献做过一个分析，发现真正的买方投顾可以为投资人每年多贡献3%左右的收益率：在这个价值贡献中，最重要的是纠正投资人的行为偏差，贡献约1.5%的收益率；进行有效的税务规划（如选择低税率注册地投资）可以最高节约0.75%的成本；依照客户的资金支出顺序，做出有序退出安排（如提前安排好流动性，避免资产贱卖），可以最高提升1.1%的年化收益率。此外，资产选择的贡献占比约0.75%，节省交易成本和费用约占0.4%，再平衡调整占0.35%。①

根据优脉联盟各家族办公室的实践，家族办公室为客户创造的价值更大：从财务收益看，能在客户原有收益基础上每年提升5%~16%；在管理成本上，更是大幅降低了客户的不良情绪成本和时间精力成本。优脉各家族办公室的实践方式如下：

- 整体财富规划，让资产合理配置到成长性行业和领域，平均提升每年0.5%~2%的收益率；
- 科学的管理架构搭建及税务优化，降低投资资产20%~70%的税务成本，平均每年增加0.5%~2%的收益率；
- 利用优脉资源获取更好的投资机会，增加每年0.5%~2%的收益率；
- 专业的资产筛选，规避投资陷阱，避开“爆雷”产品，增加每年2%~5%的收益率；
- 科学投资决策，避免人性弱点和决策盲区，提升每年1%~3%的收益率；
- 持续进行投后管理，降低已投资产风险，提升后期决策品质，提升每年0.5%~2%的收益率。

① 杨文斌 . 资产配置的逻辑 [M]. 杭州：浙江大学出版社，2021.

第三，完整和规范地个性化定义客户的资产管理目标。

没有清晰的目标，何来有效地达成策略？当下大多数中国家族在管理资产时面临的挑战之一，就是不知道（甚至从来没有）清晰完整的管理目标，即使设定了目标，也更像是拍脑袋决定的，缺乏逻辑和完整性。

资产管理的目标不只是收益目标，而应该是包含流动性目标、风险目标和收益目标的综合性目标。

其一，流动性目标。在设定目标的过程中，第一个要确定的不是收益，也不是风险，而是流动性（可投资期限），具体表现为最低可投资期限和资金使用需求。这是目前高净值人士管理资产时最容易出问题的地方。人们更了解金融产品的收益和风险，配置资产时要么以收益为导向，要么以安全为导向。实际上，合理确定可投资期限，可以更好地提升收益、降低风险。比如我有好多客户在过去10年里每年购买几十个信托产品，多年下来，即使没有“爆雷”项目，每年也仅有7%~10%的收益。但如果看10年期权益类投资项目，达到12%的年化收益率并不是特别困难的事情。这一进一出，不考虑产品间的时间衔接、交易费用等因素，每年或损失30%~50%的收益。我也看到一些高净值人士贷款购买股权投资产品，结果贷款先到期，只得到处拆借还款，非常狼狈，甚至有人不得不低价转让品质很好的长期股权资产，损失惨重。

任何目标的设定都需要有严谨的逻辑基础，不能想到哪里算哪里，确定家族资产的流动性目标也是一样。家族成员的支出中，有些需要强流动性资产支持而有些不需要，有些会在未来一次性支出，也有些是持续的支出。在确定流动性时，资产管理人需要确认家族可能的现金流支出，从而推算出不同资金的可投资期限。一般可分为4种基本形态：短期（1年以内）、中短期（1~3年）、中长期（3~5年）和长期（5年以上）。

其二，风险目标，主要以波动性及最大回撤为管理目标。风险承受能力一般会以家族成员的心理承受能力（如是否睡得着觉，家人是否会产生不愉快）为判断标准，毕竟对于已经拥有诸多资产的家族人士而言，没有必要为了一款投资产品而破坏平和快乐的情绪状态。

对于风险管理的重要性，我在《家族资产管理》一书中做过专题讲述。从专业角度看，系统性地认知风险、有效识别风险和管理风险，是实现资产保值的关键。资产管理的风险来自两个方面：一是我们人类自身固有的风险，如情绪化、贪婪、恐惧、幸存者偏差、冒险家天性和时间尺度认知等，这些风险不随人的认知改变而转移；二是外部风险，主要包括资产拥有者的外部风险，管理、使用资产的风险及资产本身存在的风险等。从时间角度看，家族资产管理不仅要看当下的风险、中观的风险，更需要聚焦长周期风险。我们不妨拉长时间尺度，100年前至今，高净值家族资产面临的各类潜在风险主要包括通胀、瘟疫、金融和战争风险，这些都是我们经常会忽略，一旦发生却可能会对资产价值造成巨大损失的风险。

具体到中国的高净值家族近年来遇到的国内外潜在风险，可以看到：2020—2023年美联储一度疯狂“大放水”又突然收紧政策，连带影响全球经济；新冠疫情曾导致全球经济秩序陷入混乱；2020年度美股“史诗级”暴跌，全球股市接连上演“熔断潮”：这些都是金融风险。自第二次世界大战以后，全世界大国之间没有发生过大型战争，但是这不意味着以后就永远不会发生。

家族办公室为客户确定资产管理中的风险管理目标，可以从两个方面进行：

●让客户充分认知风险，并认识到通过有效的措施降低和分散风险，才是资产保值的根本。

●让客户认识到情绪成本。对于高净值人群来说，没有必要因为投资市场的变化影响情绪。家族资产管理的风险性目标会以委托人及其家人的风险承受能力、个人情绪状态、健康状态、家人关系等来确定。

其三，我们要确定资产管理的收益目标。收益目标的确定过程中，最重要的是确定比较基准。比如长期资产的收益目标，可以对标资本市场指数，长期战胜资本市场指数是资产保值、增值的典型体现，对标GDP增长率则是资产是否有效保值的直观体现；中短期收益目标，市场普遍愿意接受的是超越过去大家熟悉的（类）固定收益产品的收益；短期收益，以战胜同期银行理财产品或货币基金为目标。具体而言，指定收益目标之前需要对市场趋势做出分析和判断，对符合可投资期限和风险波动目标的可配置资产的组合进行测算，最后结合市场比较基准，确定收益目标。

这里的资产主要是指客户的金融资产。很多中国家族客户是企业家，他们还会关心一个问题：企业资产和金融资产应该怎样配置？

企业家的财富主要来自企业的成长发展，企业资产是其财富的主要来源。他们倾向将资产配置在自身企业的扩大再生产或者本行业其他可见的投资机会上。对于其他不熟悉的投资领域和行业，他们往往抱有畏惧心理，本着“不熟悉的不投”原则，不会轻易涉足。针对这类情况，家族办公室需要给出相应的建设性意见。

首先，从投资的角度看，“不熟悉的不投”是一个很好的投资原则，但从家族资产管理的角度看，分散配置是资产实现长期保值、增值的基本原则。分散配置一定会涉及家族客户不熟悉的领域和行业，因此需要强调：**家族资产管理（财富管理）和做企业是不一样的，前者是大概率的小成功，后者是小概率的大成功。**前者必须聘请专业团队协助，后者最好亲力亲为。因此在管理财富时，专业团队需要以客户利益为先，客户就不必担心将家族资产配置到自己不熟悉的领域了。

其次，尽管企业资产是企业家创造财富的源泉，但企业资产也存在一些缺陷，如流动性差、不易变现、容易引发法律风险和债务风险等。所以企业家需要明确几个问题：

- 企业所在行业的未来成长性如何？
- 企业的未来利润增长潜力如何？
- 企业经营中是否会面临较大的法律风险或债务风险？这些风险是否有可能让你面临人身自由风险、财务风险或重大声誉风险？
- 企业经营中，你是否会面临较大的精神压力、健康压力或时间、精力上的压力？
- 是否有适合的企业传承方案？这些方案能否让相应资产有效保值、增值？

如果行业衰退，企业难以成长，企业存在较大的法律风险或债务风险，或是企业难以找到适合的接班人，就需要在运作尚佳的时候将企业资产逐步转变为金融资产。

相对企业资产，金融资产法律结构清晰、流动性强、易于调整、品种多、适合多方配置、更容易管理。当然，它也不可能如企业资产般有极高的超额回报。

第四，根据资产管理综合目标制订资产配置方案。

确定了资产管理的架构，定义清楚了客户参与的方式与方案的价值贡献，有了清晰的资产管理目标，家族资产管理方案设计就进入了组合配置与资产选择阶段。关于战略资产配置、战术资产配置等组合构建技术，我们不在这里一一细数，但需要强调家族资产管理方案中资产配置的核心和提升收益的策略。

首先，资产配置的核心是风险的配置。

我们选择每一个风险都是为了获得相应的对价，识别不同资产的风险，对不同风险进行分类，是有效管理资产组合的基础。

资产的投资风险通常分为系统性风险和非系统性风险。

系统性风险是指风险事件的发生会影响所有股票或债券的价格。经济政策的出台、经济景气周期的变化、利率的调整、政治事件等宏观要素，会对所有证券资产产生影响。例如新冠疫情对全球经济和资本市场都造成了影响。

非系统性风险是指某一家企业或某一个行业发生的风险事件，比如国家对教培行业的新政策直接引发教培行业企业的估值变化等。再如由于信贷政策紧缩、经济不景气，现金流不健康的企业无法续借新贷款，导致企业债务违约情况陆续出现，有可能影响到其他财务体系相对不健康的企业股票价格，产生感染效应。如恒大的问题导致其他诸多地产公司出现债务问题，甚至影响到企业海外债务的偿还，投资人的担心增加、“避雷”情绪增强。非系统性风险有可能会传染成为系统性风险。分散化投资能使非系统性风险降低。

其次，家族办公室要对风险溢价（超越国债收益率的投资回报）有清晰的认知。

我们需要明确，哪些风险溢价是可以预测和管理的，哪些是相对确定的；哪些资产发生问题时，我们是能够解决糟糕情况的；哪些风险溢价超出了所有人的管理能力，只有概率才能解释。

我们可以把风险分为可控风险和不可控风险。

不可控风险会造成回报的不确定性。在应对不可控风险时，选择进场时机非常重要。股票、债券这些金融资产的价格每分每秒都在发生波动，这种波动除了反映基本面的变化，更多的是反映市场参与者的心理变化，它超出了我们的控制能力。因此投资这类资产最重要的是控制我们的成本，考虑自己能承受的回撤幅度及进场的时机。

可控风险是我们能够管理并且有非常高的概率会带来回报的风险。对于这类风险，我们要有能力选择适合的资产，以得到对应的风险溢价。家族办公室在资产配置中对风险做选择时，要考虑这个风险产生对应回报的概率，以及万一没有获得预期的结果，我们是否能够全身而退。最好的风险是得到风险溢价的概率高，甚至回报是可以确定的，同时万一出现意外，我们也能够承担或有能力扭转局面，降低损失。

杨文斌先生是我多年的良师益友，他于1983年自芝加哥大学毕业后就开始投资工作，从事了银行贷款、基金公司股票债券投资、私人银行代客理财等工作，又在日本、中国的保险公司做资产管理，同时还在几家大型财富公司担任顾问，专业积累和实践经验都非常丰富。他把投资需要冒的风险分为三大类（见图6–1）。

第一类风险通常会有对应的回报，可以称为绿色风险。比如投资直接贷款基金，这类基金有投资期、回收期，因为是直接与融资方谈判，基金团队有尽职调查，能获取足够的信息从而避免信息不对称的劣势，同时直接的债权融资享有契约还款的优势，万一借债人无力偿还，还可以采用法律手段追回贷款。直接贷款基金通常与借款公司没有对赌协议，所以没有隐性期权风险；直接贷款业务有保证，有抵押品，收益率与资金回收受经济周期的影响也很小，其底层资产是用借款公司的还款能力来估值的，没有市价变动的风险，因此其收益多数对应绿色风险。第二类风险也会产生对应的回报，但在过程中会受到些许其他因素影响，可以称为黄色风险。第三类风险产生回报基本上依赖买入的时机，万一资产出现意外，管理人就无法拯救局面。这类风险溢价的实现呈现概率分布，因此择时最重要，可以称为红色风险，比如股票。股票是公司资本结构中的股东资金，收益率应该最高，股票在交易所交易有连续价格，受到价格波动影响最大，既有系统风险，也有非系统风险。系统风险中，股票价格既受到公司业绩的影响，也受到股票市场整体变化的影响。投资者买入后，如果股票价格下跌，投资者也没有任何举措可以改变价格下跌的趋势。因此股票的收益主要对应红色风险。

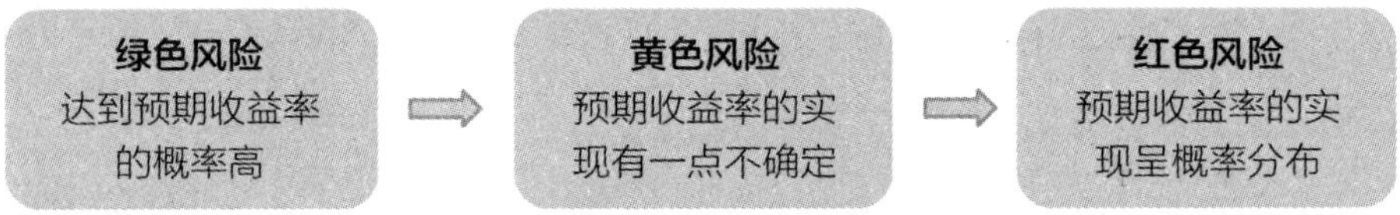

图6-1　三类投资风险

不同投资期限的投资组合需要用不同的风险配置，越短期的资产管理方案越需要匹配支出需求，要确保资产安全和收益稳定，净值波动率要小。达到这类资产的预期收益率的概率要非常高，才能够让我们安稳入睡。因此，短期的资产管理方案需要更多绿色风险的资产作为核心组合。反之，以获取长期资产增值为目的的资产管理解决方案，资产的短期波动对其影响不大，更多红色风险的配置可以助力资产有效增值，因为社会财富主要是由企业创造的。

第五，撰写资产管理解决方案建议书，与客户沟通、修正、达成共识并落地执行。

与家族客户充分沟通后，专业团队还需要认真撰写资产管理解决方案的建议书，有效呈现双方的理解和专业意见，逐条与客户达成共识并落地执行。下一节中我将以优脉的实践案例为代表，说明这部分工作的内容和方法。

在这个阶段，方案的持续沟通和有效执行同样重要。很多家族办公室合伙人会重视后者而忽略前者，持续沟通不是简单告知管理结果，而是遵循方案设计时的流程，在客户期望参与的环节安排好相关工作的协同。即使客户不参与资产管理的过程，家族办公室合伙人也需要定期或不定期地与客户沟通管理过程，告知自己所做的工作，说明对市场的观点等。客户参与越多，彼此交流越深入，理解和信赖感就越强。

家族资产管理解决方案设计的行业实践

家族资产管理解决方案设计的行业实践基本逻辑如下：

- 家族办公室合伙人与客户沟通，了解客户的需求点，完成“客户需求确认书”。
- 团队根据客户需求，提供两个可选择的解决方案及其比较分析，完成“客户资产管理解决方案建议书”。
- 和客户确定具体方案，客户在“客户需求解决方案确认书”上签字并执行。如果客户需定制，交付定金后家族办公室开始方案设计和执行。

“客户需求确认书”的主要内容

- 客户姓名。
- 客户联系方式。
- 客户背景说明。
- 客户需求（对投资本身）：

  A.对该笔资金的流动性需求；

  B.可接受的该笔资金最短投资期限；

  C.该笔资金与客户的生活状态的关系；

  D.如果有一天该笔投资退出，可能会被用于什么用途（生活方面）；

  E.客户觉得这笔投资可以投资的时间是多长；

  F.什么情况下，该笔投资到了客户预期的时间后还会继续保持投资；

  G.在投资期内，该笔投资的波动在怎样的程度，是客户可以接受的；

  H.投资过程中发生什么情况，该笔投资会停止并退出；

  I.对于该笔投资的年化收益，客户期望在什么范围内；

  J.对该笔资金的投资标的，有什么限制性要求。
- 客户需求（对管理过程，在开始阶段可以不问）：

  A.希望参与到什么程度；

  B.参与尽调风控工作，还是在需要时可以获得这些信息就好；

  C.是否需要参与投资决策；

  D.投后定期的跟踪和报告频率是一年还是半年。

“客户资产管理解决方案建议书”的主要内容

●客户需求描述；

●客户需求的理解和解读；

●客户需求的资产管理目标设定；

●解决方案1；

●解决方案2；

●方案比较及建议；

●需要讨论和确定的议题（参照“客户需求解决方案确认书”内容）。

“客户需求解决方案确认书”的主要内容

●客户姓名。

●联系方式。

●客户背景说明。

●客户资产管理需求解读：

A.资产管理目标；

B.资产管理方式需求。

●资产管理架构及客户参与方式确认：

A.资产管理规模和目标；

B.资产管理方案架构与管理流程；

C.资产管理投资策略；

D.资产管理的基础资产选择范围；

E.资产管理项目来源；

F.资产管理项目选择标准；

G.资产管理投资决策方式；

H.资产管理投后管理与服务；

I.资产管理收费标准。

●优脉介绍：

优脉的资源和团队。

●客户确认签字。

探讨：家族办公室如何挖掘客户需求，获得为客户服务的机会

用提问的方式挖掘客户需求，找出客户的痛点所在，可以帮助我们赢得为客户提供服务的机会。针对投资，我们的提问可以从投资成果和投资过程中的痛点出发，询问如下问题：

- 过去几年的投资业绩如何（如果年度回报在10%以上且没有“踩坑”，那么看上去暂时不太需要家族办公室；反之，家族办公室可以帮助客户改善业绩）。
- 过去几年的投资是否出现过较大损失。
- 过去的投资方式及投资项目未来是否还能有效进行。
- 是否想找到更多好的投资机会。
- 是否想深度分析和调查关注的投资机会。
- 是否想有专业团队协助风险识别，提升投资决策水平。
- 已经投资的项目如何把握调仓。
- 管理财富的过程是否很累、很消耗精力，想要调整。

再比如，从希望获得的目标出发，询问如下问题：

- 希望获得怎样的投资收益目标。
- 希望获得怎样的投资机会。
- 希望获得怎样的专业支持。
- 希望获得怎样的生活状态。

如果客户存在投资方面的需求，我们可以和客户沟通：“对您的问题，我可以给您一份解决方案，让您不再为这个问题困扰（或可以帮助您达成目标）。”如果客户认可，我们可以据此填写一份需求确认书，并请客户签字。一个业务机会就此产生。

优脉家族资产管理解决方案介绍

需求确认书获得客户认可后，就进入方案的设计执行阶段，这时家族资产管理工作才刚刚开始。以下是常见的客户资产管理执行方案，供大家参考。

短期流动性资产管理解决方案

通常，家族成员在进行财富管理时，可能会有不定期的、突发的资金需求，这部分资金的管理可以通过短期流动性资产管理解决方案来支持。同时，如果家族企业需要定期的资金投入，或者不确定在何时会有一笔较大的支出（常见于外贸及餐饮企业），这部分资金也可以通过短期流动性资产管理解决方案来支持。

客户需求

客户有3个月以上、12个月以内需要灵活调度的资金，希望在保障安全性和流动性的前提下，获得超越货币基金和银行理财的收益，但同时客户缺乏足够的时间、精力及专业资源去筛选市场上的优质债券基金，以及低波动、更好收益风险比的另类策略基金。

常见的场景是：

- 经营企业的客户有大额流动性资金，如贸易款等，这笔资金使用时间不确定，不适合做1年期以上的投资安排，但购买银行理财的收益率很低。
- 客户股权投资的后续打款。资金打款时间不确定，也很难做1年期以上的投资安排，只能作为银行存款，但收益率太低。
- 客户投资回款，这笔钱还没有确定进一步的投资标的，存在空仓期。

管理目标

- 投资期限要求：很好的流动性，客户提出赎回需求后1周内可以到账（大额赎回需要定义）。
- 安全性管理目标：波动率控制在3%以内，回撤1.5%以内，安全度高。
- 收益性管理目标：年化收益率4%~6%，比银行理财期限灵活且收益率更高。

风控与收益

风险控制：

- 通过充分的资产分散来保持整体资产的安全性。
- 通过选择专业的资产管理人来保障资产安全的可持续性。
- 通过对底层资产的趋势分析来规避风险，提升资产安全性。

收益获取：

- 通过对趋势的分析，选择配置收益高的大类资产以提升收益风险比。
- 通过策略组合的动态调整，提升资产的收益风险比。
- 通过对优秀管理人的筛选，提升收益风险比。

设计逻辑

- 选择低波动、低回撤且具有稳健回报预期的各种投资策略，进行战略性组合。
- 根据每季度市场变化情况，战术性配置各种策略比例，提升投资业绩。
- 量化分析和筛选全市场投资基金和管理人，根据4P原则进行尽调和风控，筛选优秀管理人的优秀基金。
- 运用蒙特卡洛模型做好各基金的有效组合模拟，实现达成管理目标的最优组合比例。
- 持续跟踪市场动态和基金动态，对照管理目标，及时调整基金及组合比例。

组合策略

具体组合策略如表6-1所示（以2021年年底作为资产配置时点，进行演示说明）：

表6-1　短期流动性资产管理解决方案组合策略

策略	占比	影响因素	对未来市场观点
纯债投资	30%~40%	经济增长、通胀、货币政策、资金面、债券供需	2021年下半年经济复苏放缓，叠加通胀预期抬升，呈滞胀格局。在能耗双控导致上游原材料居高不下的背景下，央行总量宽松受限。美联储收紧货币政策与美债收益率的上行，也对国内债市带来一定扰动。未来，保供政策或对上游价格产生抑制，但宽信用政策与地方债的加速发行会对市场带来一定供给压力。短期债券市场偏震荡。但在经济增速放缓与人口增速下行的背景下，长期利率中枢仍是下行格局，调整后即是买入时机。
固收+	40%~60%	市场流动性、公司盈利、经济运行环境等	短期在滞胀格局下，股票市场有一定调整压力。但未来，在经济下行压力加大、央行与财政边际放松、对经济进行一定的跨周期支持的背景下，权益类资产还是具有一定结构性机会与波段机会。目前债券收益率处于低位且未来中枢将进一步下移，权益长期具有一定性价比。固收作为底仓稳健资产，权益用于增强的策略，可以更大限度发挥大类资产配置的功能与不同品种资产的对冲作用。“固收+”类资产虽然短期可能会承担市场波动，但长期还是具有配置价值的优质品种。
高收益债	0~10%	宏观环境，企业的经营能力、盈利能力、流动性、偿债能力等	在经济复苏放缓、央行加强监管、叠加去杠杆的背景下，信用风险加剧。需要控制仓位、分散配置及做好舆情跟踪，关注信用风险变化。
流动性管理	10%~40%	市场资金面、央行货币政策等	在市场风险加大的环境下，加大流动性产品的配置。在市场流动性较好、利率较低的环境下，未来货币基金等现金管理类资产收益将维持在低位。

中短期资产管理解决方案（1~3年期）

家族资产管理的核心目标是资产的保值、增值和传承，投资金融产品是实现这一目标的有效工具。但所有金融产品的实际收益，都会受市场波动、政策、技术等因素影响，与预期收益出现差距。因此，必须对金融产品的配置进行动态管理。优脉家族资产管理解决方案根据客户资产管理的预期目标，动态地、系统化、专业化管理和配置各种金融产品。

本方案的目标是帮助客户的可投资期限在1年期以上的资金，在高安全度的基础上，实现稳健回报。

客户需求

- 既往习惯购买信托类理财产品，但现在信托产品已打破刚性兑付，并频繁出现延期或者“爆雷”事件。客户担心资金安全，需要寻找可替代的固定收益产品的解决方案。
- 客户认同用净值化产品替代非标固收产品。但净值化产品不易理解、难以筛选，且个人客户难以对产品进行专业的判断，构建投资组合并持续管理。
- 客户熟悉二级市场投资，但发现各种策略如量化投资、中性、套利、CTA策略等的赚钱能力变化很快，每种策略都有周期性，难以持续获得稳健的收益。
- 客户不愿意承受资本市场的高波动性，希望找到稳健、可持续的、有较好业绩回报的投资方案，但没有一个产品购买后一直持有就可以实现这个愿望。

管理目标

- 投资期限要求：适合可投资期在1年以上的资金，可持续投资。
- 安全性管理目标：年化波动率在7%以内，最大回撤在5%以内。
- 收益性管理目标：年化收益率在8%~12%。
- 流动性安排（客户赎回）：封闭期6个月，以后每季度可开放赎回。

风控与收益

风险控制：

- 通过充分的资产分散来保持整体资产的安全性。
- 通过选择专业的资产管理人来保障资产安全的可持续性。
- 通过对底层资产的趋势分析来规避风险，提升资产安全性。

收益获取：

- 通过对趋势的分析，选择配置收益高的大类资产以提升收益风险比。
- 通过策略组合的动态调整，提升资产的收益风险比。
- 通过对优秀管理人的筛选，提升收益风险比。

设计逻辑

- 通过战略性及战术性资产配置进行风险分散，获取超额收益。涉及资产类别包括股票、债券、商品期货（贵金属、农产品等）、期权等。
- 选择与市场涨跌无关或相关性低的各种投资策略进行战略性组合，排除市场波动对收益的影响。
- 根据对市场变化情况的预测，每季度对战略性配置进行调整，形成战术性配置比例，提升投资业绩。
- 量化分析和筛选全市场投资基金和管理人，根据4P原则进行现场尽调和风控，筛选优秀管理人的优秀基金。
- 通过选择相关性低的基金，运用蒙特卡洛模型做好各基金的有效组合模拟，实现达成管理目标的最优组合比例。
- 持续跟踪市场动态和基金动态，对照管理目标，及时调整选择的基金及组合比例。

组合策略

具体组合策略如表6–2所示。

表6–2　中短期资产管理解决方案组合策略

策略类型	战略配置	战术配置	策略说明
套利策略	40%	40%	某资产在同一市场或不同市场拥有两个价格，或者若干关联资产相对价格出现明显偏差，则以较低的价格买进，较高的价格卖出，从而获取收益。
管理期货	30%	41%	对商品等投资标的走势做出预判，通过期货、期权等衍生品在投资中进行做多、做空或多空双向的投资操作，为投资者获取来自传统股票、债券等资产类别之外的投资回报。
股票中性	30%	19%	同时构建多头和空头头寸以对冲市场风险，在波动市场环境下获得稳定收益。

注：以上配置比例为示例，战略、战术配置比例会根据市场环境不定期调整；战术配置中有时会剩余少许比例作为现金管理。

中长期资产管理解决方案（3~5年期）

大类资产配置是家族资产管理中分散风险，实现资产保值、增值的有效手段。对可接受中长期配置的资金，可以通过组合投资配置，精选股票类、商品期货类等权益型投资产品获得战胜市场的收益，同时可规避短期资本市场涨跌带来的风险。

本方案的目标是帮助客户的可投资期限在3年以上的资金，在中高风险度的基础上，实现中高回报。

客户需求

●希望获取资本市场的较高收益，但既往买卖基金或股票成效不佳。

●愿意承担一定的市场波动风险，希望获得二级市场持续回报，但因为需要管理家族企业、个人时间精力不足、专业知识及能力不够等原因，希望获得专业的方案。

●熟悉二级市场投资，但发现股票市场环境变化很快（类似过山车式），单一管理人及其策略难以持续战胜市场，且二级市场投资对情绪影响很大。

管理目标

●投资期限要求：适合可投资期在3年及以上的资金。

●安全性管理目标：波动率在沪深300指数的75%以内。

●收益性管理目标：年化收益率在沪深300指数收益率的基础上，每年超越8%。

●流动性安排（客户赎回）：封闭期6个月，以后每季度可开放赎回。

风控与收益

风险控制：

●通过充分的资产分散来保持整体资产的安全性。

●通过选择专业的资产管理人来保障资产安全的可持续性。

●通过对底层资产的趋势分析来规避风险，提升资产安全性。

收益获取：

●通过对趋势的分析，选择配置收益高的大类资产以提升收益风险比。

●通过策略组合的动态调整，提升资产的收益风险比。

●通过对优秀管理人的筛选，提升收益风险比。

设计逻辑

●选择不同特性的股票多头策略及与股市低相关性策略（CTA策略+债券基金+市场中性）进行战略性组合。

●根据对市场变化情况的预测，每季度对战略性配置进行调整，形成战术性配置比例，提升投资业绩。

●量化分析和筛选全市场投资基金和管理人，根据4P原则进行现场尽调和风控，筛选优秀管理人的优秀基金。

●通过选择相关性低的基金，运用蒙特卡洛模型做好各基金的有效组合模拟，实现达成管理目标的最优组合比例。

●持续跟踪市场动态和基金动态，对照管理目标，及时调整选择的基金及组合比例。

组合策略

具体组合策略如表6-3所示。

表6-3　中长期资产管理解决方案组合策略

策略类型	战略配置	战术配置	策略说明
股票多头	60%~100%	85%	通过对宏观、行业、公司、量价等影响股价波动的因素进行分析，判断未来股价走势，在预期股票价格上涨时买入，下跌时卖出，以获得回报。
与股市低相关性策略	0~40%	15%	中性策略：同时构建多头和空头头寸以对冲市场风险，在波动市场环境中获得稳定收益。 管理期货：对商品等投资标的走势做出预判，通过期货、期权等衍生品在投资中进行做多、做空或多空双向的投资操作，为投资者获取来自传统股票、债券等资产类别之外的投资回报。 债券策略：通过对利率等宏观环境和发债公司还款能力等方面的研究，选择合适的时机对合适的标的进行配置，获取票息、价格波动等收益的策略。

注：以上配置比例为示例，战略、战术配置比例会根据市场环境不定期调整；战术配置中有时会剩余少许比例作为现金管理。

长期资产管理解决方案（5年期以上）

针对可接受较长投资期限的资金，通过组合投资管理的方式，精选新兴行业和国家支柱行业的股权投资机会，尤其是选择可以分散风险的一级市场股权投资基金来实现保值和增值。

客户需求

- 希望获取股权投资市场的较高收益，但自己投资股权项目容易判断失误，难免“踩坑”。
- 希望与市场顶尖的资产管理人建立联系，通过参与投资，对市场上前瞻性的行业机会有所把握和理解。
- 希望参与门槛较高的优秀股权投资基金或希望小规模分散投资。
- 希望可以在专业团队的帮助下，持续参与投资优秀的股权投资项目。

管理目标

- 投资期限要求：适合可投资期在5年以上的资金。
- 安全性管理目标：不要“踩坑”，避免出现重大的本金损失。
- 收益性管理目标：年化收益率在15%~25%。
- 流动性安排：形成“持续投资—回款”的良性循环。

设计逻辑

- 投资领域或行业，通过宏观趋势分析，精选最具增长潜力、代表未来趋势的行业类别。
- 根据4P原则进行充分的尽调分析，精选市场头部管理人管理的核心基金。
- 行业专家团队和顶级圈层的风险甄别及投资机会获取，包括直投、S份额等。
- 以专项基金、定制基金、组合基金等多种方式参与投资。
- 持续跟踪市场动态和基金动态，对照管理目标，及时优化基金筛选与项目获取。

家族办公室资产管理体系、能力和资源建设

让资产在未来几十年甚至更长的时间里保值、增值和传承，并按照财富拥有者的心意有效使用，需要克服政治、经济、技术、瘟疫、通胀、文化、人性、专业等各方面的挑战和压力，这也要求财富拥有者清晰定义自我在财富管理中的角色定位，在专业团队的支持下厘清工作目标、确定管理理念、制定资产管理原则，并由专业团队负责具体的财富规划、资产配置、项目筛选、风控尽调、投资决策、存续管理、传承规划等落地实施。这就是系统性思考、整体性规划、专业化分工。

本节着重说明如何建设可以实现家族资产管理方案的资产管理体系，以及构建和执行体系所需的资源和能力。

“选、配、管+底层平台”资管体系概览

每个家族办公室都有自己独特的资产管理方式和策略，然而整个家族办公室行业的资产管理仍有一些具有共性的关键要素，理解家族办公室的资产管理功能并为其构建一个合适的框架，非常重要。以下是优脉在过往实践中形成的“选、配、管+底层平台”资管体系。如图6-2所示。

选

筛选收益水平在市场前40%、波动率水平在市场前60%的投资管理人。

配

除了分散投资，还要根据各大类宏观配置模型做战略资产配置和战术资产的日常动态调整，根据各类中观（行业或产业群）配置模型，及时实现子基金风格和市场最新风格的动态匹配，并能应对极少数极端情况下的尾部系统性风险，从而不断提高对大类资产的科学化配置能力，精准把握资产风口，规避系统性风险，实现更高的收益。

管

静态的投而不管是不行的，投后管理至关重要。从最开始的组合创建到组合运行过程中的异常处理，再到组合投后评估等各个方面，都要建立一系列的组合动态再平衡原则体系，并实现体系的数字化、模型化，从而客观、理性、快速、高效地解决投后管理中的各种问题。

底层平台

建设数字化、原则化、系统化的底层平台，帮助选、配、管体系落地：每种大类资产由专人负责，深度下沉研究；基金经理不断迭代操作手册，持续优化选、配、管原则；研究员不断丰富操作手册，细化数据和研究支持体系；外部报告和数据提供持续投研新鲜动力；系统全方面覆盖，项目化、数字化、报表化；建立主动进取和追求卓越的投研文化。

家族办公室建立起“选、配、管+底层平台”资管体系。该体系具备高效的数字化反应速度，提高问题解决的执行效率，并不断内生和增长专业能力。

图6–2　“选、配、管+底层平台”资管体系

资产管理组织能力的建设

本节以优脉家族资产管理团队作业为例，详细介绍资管体系中选、配、管三方面专业能力的建设。

“选”的能力

“选”的具体流程如图6–3所示，大致包括数据清洗、基金筛选、基金评价、立项审批、尽职调查、风控审批、投资决策这几个步骤。要建立“选”的能力，就需要培养以下能力：

第一，初筛：数据清洗、筛选算法、业内推荐。

基金业协会数据显示，截至2021年6月末，存续私募证券投资基金64579只，公募开放式基金共计7207只，封闭式基金数量为1113只，公募、私募、证券基金产品数合计达7.28万只。

要想从这7万多只基金产品中挑选几十只优选基金，显然不能只依赖人工挑选，而是要用量化初筛的方法。要用这种方法，产品数据库建设、量化分析模式建设和团队分析能力建设是基础。

首先是数据清洗。将从私募数据库获得的海量私募数据，按照成立时间、规模、数据质量等标准，进行数据清洗。

其次，根据各种量化指标，形成量化筛选算法。自上而下地对同策略所有基金进行打分、筛选和排名，符合策略标准且综合排名位于前列的，纳入初筛池。对这里的筛选算法有两点要注意：一是初筛的结果一定要能评估，要持续评估初筛效果，倒推筛选算法持续改进；二是筛选算法最好是多个维度、可历史回测的，通过多个可回测的算法体系，持续提升初筛质量。

最后，广泛利用合作伙伴、业内资源、外部平台等，提供自下而上的定性推荐名单。量化筛选算法能提供最广泛的、有一定深度的初筛结果，但难免挂一漏万。自下而上的定性推荐则能在深度上对初筛结果有很好的补充，也可以验证量化初筛结果。这样做也有利于加深与同业的交流，持续建设选基的外部资源平台。

综上所述，通过自上而下的量化筛选算法体系及自下而上的定性推荐，就可以形成初筛名单。

第二，初评和立项。

针对初筛名单，首先要进行深入的定量分析，然后获取初筛名单中的投资管理人的资料，与其建立联系，并进行远程评估。评估同样根据4P原则进行定性分析，评估方法注重前瞻性，目的是筛选出“明日之星”而非“当红炸子鸡”。了解投资管理人的投资能力和合作意愿后，确定不立项和可立项的投资管理人。

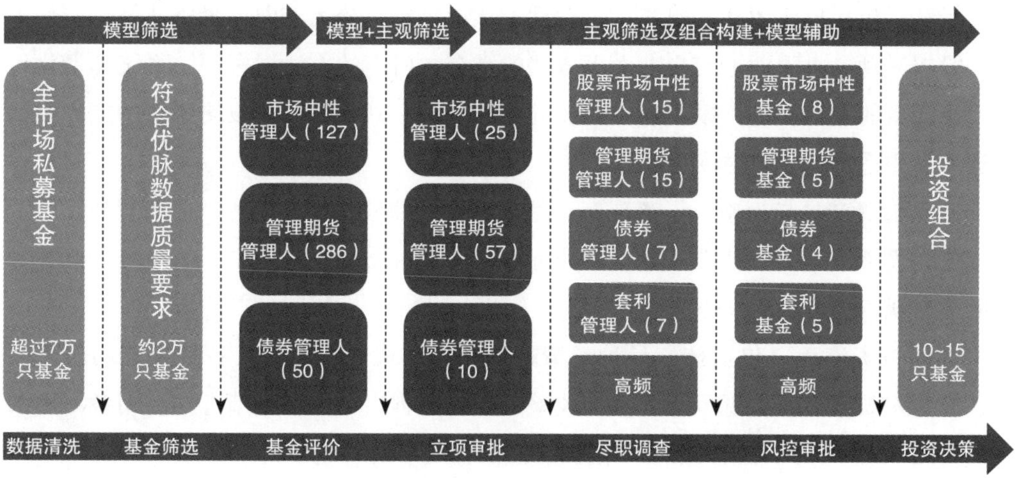

图6-3 量化筛选算法体系及投资流程

对不立项的投资管理人，需在“投资管理人未立项说明”中记录不立项的原因和沟通的相关内容；对可立项的投资管理人，需填写“私募管理人尽调立项表”和“私募管理人4P评分表”，并在风控会上提交，以获得审核通过。

对立项和不立项的各类投资管理人，都需将立项或不立项的原因及时统计在“私募管理人数据库覆盖进展总览表”里。

第三，现场尽调。

立项通过之后，家族办公室可以尽快展开现场尽调。但在此之前，需要做好5项准备工作：对尽调对象做好全面的量化分析，搜集尽调对象的最新动态和舆情信息，汇总同业机构对尽调对象的尽调报告或创始人访谈，准备好让尽调对象填写的尽调材料，列出现场尽调的问题清单。

在随后的现场尽调中，家族办公室的目标是通过尽调对象对问题清单的回答，深度了解其投资能力和合作意愿，形成翔实的尽调报告及报告附件。

现场尽调主要包括5个方向：

一是公司层面。充分了解公司的股权、组织、规模、客户、公司股东结构和组织结构。包括实际控制人详细的投资经历、兴趣爱好、性格特质、管理风格等；公司过去3年的业务规模和人力规模的增长，包括投研人数的增加情况；公司现有资金来源和客户构成等。其中，对实际控制人的了解是尽调的核心工作。

二是投研团队与体系。对公司的投资体系、投资文化、愿景、投资体系的进化有深入了解，包括投研团队的规模、流动性、从业经历、分工方向、投资业绩、擅长策略、股权激励、自下而上与自上而下方法的结合、研究的方法、资源、系统和量化工具、研究员的考核机制，以及新研究员的培养机制。其中，了解投研团队的能力圈和投资体系的进化是尽调的核心工作。

三是投资产品与策略。了解现有产品线特色及细分规模，了解公司的产品发行节奏、公司投资策略的独特性、策略细分标签和短期策略观点。其中，策略细分标签和短期策略观点是尽调的核心工作。

四是投资流程。包括核心品种或策略的出入库或开发流程，各种投资的研究流程，应对宏观风险、中观风险和微观风险的风控流程。从流程细节考察公司各方面的真正实力。其中，投研流程细节和刚性风控流程是尽调的核心工作。

五是业绩分析。包括调查基金经理代表产品的不同历史场景的业绩表现及背后原因，判断基金经理的超额收益来源的稳定性、一致性，分析该基金经理所有产品业绩的一致性，分析可认购产品的各种要素等。其中，核心工作是对基金经理代表产品全场景的解构及能力圈判定。

除了上述5方面的内容，我们还要突出尽调对象的风险因素。将这些内容汇总后，最终形成尽调报告。

第四，过会和入库。

将尽调报告再次提交风控会，讨论审核通过后，该尽调对象的特定策略和产品进入对应策略的白名单，至此完成入库流程。

“配”的能力

“配”的第一层内涵是战略资产配置和战术资产配置。基于中长期的市场观点和判断，进行战略资产配置，配置过程中的策略比例都是中长期的，再围绕这个中长期配置比例，进行短期的、常规的调整，就是战术资产配置。

战略资产配置和战术资产配置往往是自上而下的第一步，所以业内常说“配、选、管”。但是为了突出“选”是最基础也是最重要的环节，所以本书按照“选、配、管”的顺序来阐述。

“配”的第二层内涵，是指选的子基金风格要与市场风格相匹配，通过匹配才能获得最佳的投资结果。就像不同环境的跑道，我们要选择最擅长此类环境的赛马去跑。

“配”的第三层内涵，是应对小概率的极端尾部风险发生。这就要求我们在宏观大盘方面，为投资组合设定风控原则。一旦尾部风险发生，立即采取特殊的配置策略来应对。

在战略资产配置和战术资产配置的决策上，传统的做法是根据定性的市场观点来做判断，包括股票、商品、债券、套利、中性等各个市场的定性观点。但是最新的趋势是在定性的市场观点的基础上，加入更多的量化算法模型来辅助决策。在不同的市场部署大量不同的宏观、大盘算法模型，能够更有效、更快速地跟踪各个市场的变化，提升战术资产配置调整速度，获得最佳投资结果。

在子基金与市场风格匹配方面，目前的趋势也是在不同市场部署大量不同的中观、产业群或行业风口算法模型，比如股市的消费、科技、周期三大产业群，商品市场的黑色、能化、有色、农产品、贵金属五大产业群。根据这些产业群大的、低频的风格切换，对组合的子基金进行更换，以更好地适应市场风格。

以股票多头为例，我们首先需要建立股票多头三级标签体系框架（见图6–4）。

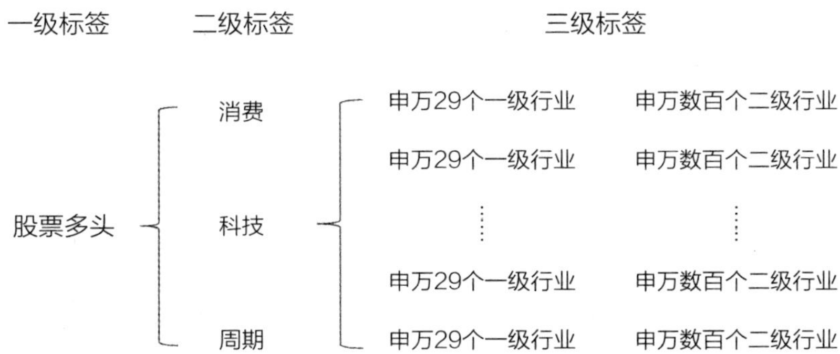

图6–4 股票多头三级标签体系框架

对股票多头白名单中的子基金，优脉的投研团队会为其贴上对应其投资能力圈的标签，如消费、科技、周期、金融等，然后追踪单位净值、近1个月收益率、近3个月收益率、近6个月收益率、近1年收益率、近2年收益率、今年以来收益率、近1年波动率、2020年收益率、2019年收益率、2018年收益率、2017年收益率等数据指标。

同时，投研团队会通过中观量化模型及主观判断来确定当前的市场风格（见图6–5），比如“科技+周期”。然后在股票多头白名单中，筛选出综合标签带有“科技”和“周期”的子基金，就能实现子基金能力圈和当前市场风格的匹配了。

配置部分的核心是研究宏观趋势及中观策略，思考未来如何有效组合配置，创造价值。这个部分的能力建设核心是团队的宏观视野、经验、分析框架和信息获取能力，如果有保险公司、社保基金这样的大资金管理经验的资深专家引领，有年富力强高学历高素质的人才组合，是比较好的选择。

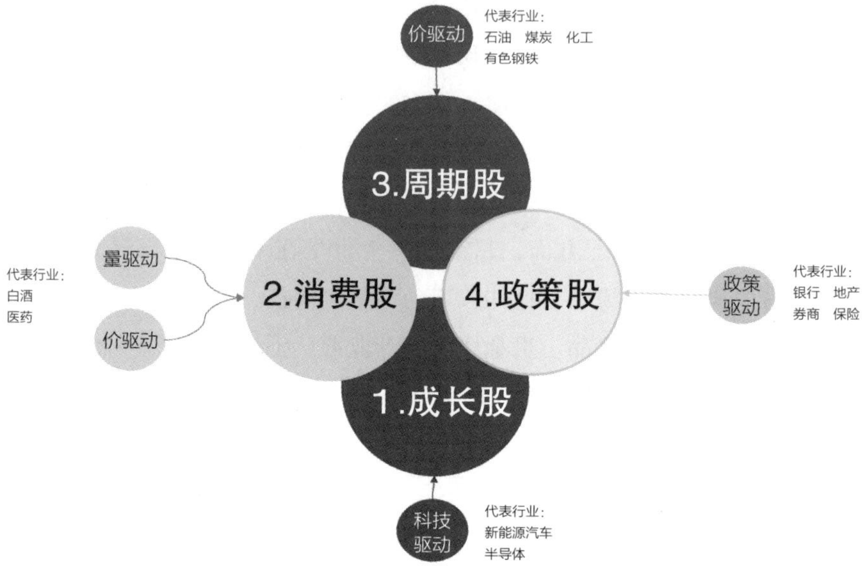

图6-5 中观产业群风格划分

“管”的能力

“管”即投后管理和动态再平衡。我们将“管”的能力定义为一种执行力，一种在投资组合层面、投后管理时期，以组合具体操作细则为主的、快速解决问题的执行力。

从“选”到“配”，再到“管”，各个环节都需要数字化，以提高反馈问题和解决问题的效率。图6-6中的第15、16、17项是“管”环节的数字化报告。

针对业绩追踪和分析报表，我们要密切追踪各子基金的收益、风险、收益风险比等各种指标，盯紧组合收益进度和组合标准进度，并与各种指数、各种对标产品进行比较，这样才能对投资结果做出客观、全面的评估。

风控临时报告主要由风控政策、近期异常指标、风控建议等几个部分组成。其中，风控政策根据基金合同相关条款、投资方案中的组合管理目标、日常监测指标这3部分来制定。

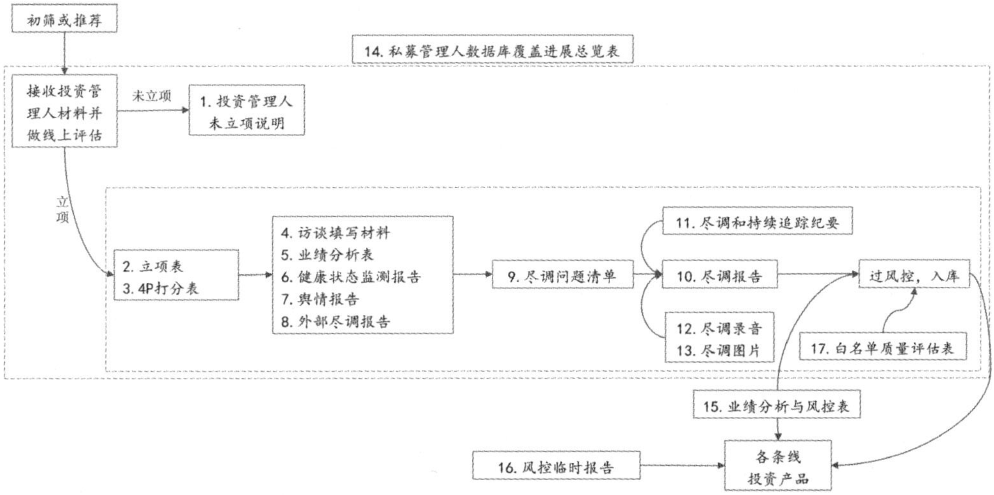

图6-6　各环节的数字化（从初筛到入库的全流程）

家族办公室资产管理的原则、标准和建立资管体系的行动计划

了解了上述内容后，我们需要再问自己几个问题：

家族资产管理是不是自上而下选好基金就可以了？是不是买入心仪基金的数量越多越好？是不是买入心仪的基金后一直持有就可以了？长期持有是否就不用考虑风控原则？基金短期业绩异常，该走还是该留？还有哪些投资组合的具体操作规则？

以上6个问题是家族办公室管理资产时的普遍问题。我们可以通过建立以下6个原则来解决。

一是双线运行原则，即自下而上选基和自上而下配置双线原则，选好基金经理的同时做好资产配置，“选、配、管”3个环节都要做好。

二是组合数量原则。不同的组合管理规模，一定对应一个组合子基金最佳个数区间，太多的子基金数量必然导致收益过于贴近指数而失去超额回报，太少的子基金数量则导致组合波动过大。

三是投资闭环原则。买入并一直持有是一种理想情况。更多时候，组合买入子基金时就应该设置好未来卖出的各种场景及各种对应原则，从而形成投资“买入—卖出”的闭环。

四是刚性风控原则。当子基金出现违反风控政策和原则的情况时，不要优柔寡断，应该坚决执行经过深思熟虑建立的理性原则。

五是短期业绩异常原则。当子基金出现短期业绩异常，我们需要重新审视该投资管理人的投资逻辑和市场适应性，区分短期业绩正常波动和投资逻辑重大偏离。若是后者，需及时、坚决处理。

六是末位淘汰原则。定期处理表现最差的子基金，加仓表现最好的子基金。奖惩分明，是最基本的管理原则和投资组合规则。

此外，要让“选、配、管”工作更高效地展开，还需要建立清晰的标准，主要体现在风控标准、作业流程标准和子基金管理标准3个方面。

风控标准主要包含3项。

- 基础风控标准，包括基金合同相关条款所规定的风控标准，比如预警线和止损线。也包括投资方案的组合管理目标，比如年化收益率、年化波动率、最大回撤等。
- 流程风控标准，包括投资者适当性准入风控、投资品种准入风控、投资日常监控、投资运作规范风控、投资信息披露风控、投资客户回访风控等。
- 个性化风控标准，包括配置层面的宏观风控，组合管理层面的子基金刚性风控、短期业绩异常风控、末位淘汰风控等。

在优脉，作业流程标准主要包含以下内容：

- 《二级市场证券投资基金组合投资管理办法》（总则）。
- 《二级市场证券投资基金量化分析规范流程》（投前量化分析）。
- 《二级市场证券投资基金尽调规范流程》（投前尽调）。
- 《二级市场证券投资基金战略和战术资产配置规范流程》（投前资产配置）。
- 《二级市场证券投资基金股票池管理办法》（投前子基金管理）。
- 《二级市场证券投资基金投资建议书规范流程》（投前方案生成）。
- 《二级市场证券投资基金风控管理办法》（投中风控）。
- 《二级市场证券投资基金组合管理办法》（投后组合动态再平衡）。
- 《二级市场证券投资基金业绩分析和报告规范流程》（投后业绩分析和报告）。

子基金管理标准主要包含以下几项：

- 子基金初筛算法及标准。
- 子基金入库标准。
- 子基金配置标准。

●子基金风控标准。

●子基金动态再平衡标准。

综上，我们可以得出家族办公室建立资管体系的行动计划。建议在构建资管体系时对照各自家族办公室的能力圈，思考自己的家族办公室是否拥有以下能力，以及资管体系如何落地。

第一，尽调各类投资管理人的能力。包括完善尽调报告框架和要求，强化调前资料收集，进行量化分析，针对性地列出尽调管理人的负面问题清单等。

第二，“选”的能力。能选出收益水平在市场前40%分位、波动率水平在市场前60%分位的各类投资管理人。

第三，“配”的能力。能根据各大类资产的宏观模型，进行战略资产配置和战术资产配置。能根据各类资产的中观（行业或产业群）的模型或算法体系，判断当前各类市场的风格，并使得组合内子基金的风格与市场风格匹配。

第四，“管”的能力。能根据组合创建、组合运行过程中的异常处理、组合投后评估等，建立起一系列动态再平衡原则。

第五，数据能力。能建立投资管理人的投后日常监测体系，强化基金数据分析，形成闭环，加快反应速度，快速解决问题。

第六，综合能力。能深入研究七大类底层资产，人员岗位更有针对性，分类更详细，数据更及时。

第七，产品能力。能基于客户的不同定制需求，打造更全的产品线。

家族办公室资管资源的需求和建设

要想保质保量地建成上述资产管理体系，离不开优质的合作资源，这主要包括组织资源、人力资源和外部专业资源这3个方面。

首先来看组织资源和人力资源。

家族资产管理是全资产配置，每一类资产配置的落地都离不开对应领域专业人士的分工、协作和对方案的有效执行。

以证券市场为例，各类底层资产对基金经理的能力要求如表6-4所示。

表6–4　各类底层资产对基金经理的能力要求

底层资产（工具）	优势	劣势	考察核心能力
股票中性	回撤和波动率均相对较低； 绝大部分时候收益率高于固收。	收益率竞争力不够； 股票市场持续低迷或者宽基指数过于强势时，阿尔法股票消失； 市场容量有上限； 顶尖的策略限购。	持续寻找阿尔法股票的能力； 量化对冲的能力； 多种绝对收益方法的能力。
股票多头	向上弹性较大； 覆盖范围广（A股、港股、美股）； 长期投资胜率高； 市场容量最大。	熊市时回撤和波动率太大； 个股做空受限，因此只是单边产品，难以穿越牛熊市。	把握行业风口（消费、科技、周期）的能力； 把握阿尔法股票的能力； 股灾避险的能力。
大宗商品	可多可空，是牛熊市均可实现正收益的投资品种； 与股票相关性低，收益率相对较高，是股票低迷时的主力替代品种。	高杠杆决定的胜率相对较低； 市场容量有限。	可多可空的均衡投资能力； 在不同产业群切换的能力； 短线交易能力。
债券（可转债）	债券回撤和波动率均相对较低； 可兼具股性和债性，收益率比债券高，接近正股，但回撤比正股低。	债券收益率也相对较低； 可转债回撤和波动性仍相对较大。	把握宏观利率趋势的能力； 可转债侧重把握正股的能力。
套利	风险低，回撤小。	受市场容量和波动率影响。	阿尔法股票、股票打新、股票事件驱动、CTA套利、期货套利、期权套利。
股权早期投资	可通过组合投资方式进行早期项目的分散化投资目标； 项目估值较低，潜在回报较高； 可早期布局一些未来有潜在爆发力的新兴行业。	高风险，投资于单个标的，本金损失和失败的可能性极大； 周期一般较长，需要8~10年组合基金才可全部退出，回款速度较慢； 组合基金项目的死亡率较高； 出于期限原因，行业变动风险更大。	策略实施的合理性和行业属性是否匹配； 基金分散度； 基金管理团队对核心赛道的划分； 团队投资研究的深度； 团队早期投资中对人的判断准确度； 项目来源； 项目续轮融资情况； 项目死亡率； 项目过往业绩。

续表

底层资产（工具）	优势	劣势	考察核心能力
私募股权投资	风险相对较小，项目确定性更高； 重点领域如智能制造、硬科技、生物医药等赛道受益于注册制，退出利好； 有更多的保障性条款如对赌及回购协议； 时间较短，一般3~5年退出，回款更快。	重点赛道、头部项目往往估值过高，导致一、二级市场倒挂； 单纯的套利行为并不适用于当前的注册制； 如果项目不能上市或者并购，退出同样存在难度。	重点关注组合所投资的领域，考虑赛道搭配是否合理，项目来源是否可信，项目估值是否过高； 合理可控的退出计划和安排； 保障性条款约束。

所以，家族办公室通常情况下需要7~13名的人力投入。包括5~7位基金经理，分别负责股票多头、商品、市场中性/套利、债券策略及股权投资基金；2~4位量化研究员，以建立基本的股权及证券市场资产配置与筛选团队；如果考虑到绝对收益、衍生品等更加专业和细分领域的配置，至少需要各增加1名专业人士（见表6-5）。随着家族资产管理规模和需求的不断增加，在组合管理团队方面的人力投入或继续增加。

表6-5　家族办公专业人士需求

工作方向	专业人员数
宏观、策略（二级市场债券类基金经理）	至少1人
二级市场股票多头基金经理	至少1人
二级市场CTA基金经理	至少1人
二级市场中性/套利基金经理	至少1人
一级市场各大类产业群的基金经理	至少2人
量化研究员（筛选、配置、风控、评估）	至少2人
尽调研究员（二级、一级）	至少2人
绝对收益	至少1人
衍生品	至少1人
合计	至少12人

再来看外部专业资源建设。

外部专业资源主要包括数据、托管、评价机构、券商资讯等。认知这些机构各自的特点并合理运用，可以大幅提升管理资产的能力和效率。

数据供应商资源方面，清科、投中、融中、私募排排网、朝阳永续、万得、通联等是目前中国最主要的证券投资数据供应商。对于这些数据供应商，优脉均已广泛接触、做出评估，并与一些供应商建立合作。

银行、券商的托管资源方面，具备托管资格、市场份额居前列的银行和券商，承担着绝大部分私募基金的托管服务，因此拥有得天独厚的数据优势，会定期筛选和推荐一些优质的私募，这是非常优质的合作资源。此外，券商的卖方资源还可以提供FOF领域的数据和报告服务。

第三方基金评价机构方面，有的机构侧重匹配客户偏好的产品设计与定制方案构建能力，以及FOF全流程的IT解决方案，以公司为单位，收费数百万元。有的机构则侧重综合投研服务，以及成为投前、投中、投后资产管理平台，更贴近实战，以账号为单位，收费数十万元。

家族办公室资产管理能力建设的策略与路径选择

家族办公室在家族资产管理的治理结构上各不相同。从全球成熟的家族办公室运作情况看，主要包括投资委员会的管理模式、“首席投资官（CIO）+投资顾问委员会”模式，以及“外包型CIO+投资顾问委员会”模式（平台型模式）3种。在中国主要有两种形式：一是自建资产管理或投资公司模式，二是平台型模式（家族办公室+家族资产管理平台）。

以下是对家族办公室资产管理几种模式的说明。

自建，即投资委员会的管理模式

成熟的家族办公室往往采用投资委员会模式，由投资委员寻找最优投资组合并进行管理。投资委员会成员一般包括家族办公室的CIO、CEO、风险控制负责人和行业专家，这些角色都由家族办公室董事会任命。该投资管理模式一般适用于机构服务型家族办公室。目前，绝大多数资产管理规模超过10亿美元的家族办公室，都设立了投资委员会。

在实践中，投资委员会一般由家族成员和非家族成员混合组成。投资委员会成员的任期是有限的，因此要设计健全的投资委员会纲领，保证委员会正常运行。纲领可以确保成员的顺利更替，吸引新的优秀人才，为委员会提供更多好的想法。

纲领应该按如下条款来建立：委员会的规模、成员的任期、委员会成员的组成，以及会议目标。关于委员会的规模，小的委员会比大的更有效，实践中一般最少3人，最多11人，人数应该是奇数。委员会至少每季度开一次会，提前确定会议日期，以便成员有充足的时间审视最近的基金表现。每次会议上，委员会都应回顾基金组合相对于基准的绩效表现，并检测每个投资管理人相对于为其建立的基准的绩效表现。委员会也应该检验资产管理达成目标的程度，至少每年一次检验组合的配置策略，并判断策略的变化是否合理。只有当家族资产管理收益目标、风险容忍度或其他重要因素发生变化，委员会才会调整组合的资产配置策略。

合作，即“CIO+投资顾问委员会”模式

家族办公室内部一般设置有CIO或类似职位，由专业人士或CEO本人担任。小型的家族办公室一般不设置投资委员会，因为投资委员会的组成人员一般是全职的雇员，成本过高。所以“CIO+投资顾问委员会”的投资管理模式，是很多海外小型家族办公室的最优选择，一般对应运营模式中的全能型家族办公室。

CIO向家族办公室的董事会（或承担相应职能的家族领袖）、CEO等汇报工作，并直接负责投资顾问委员会的工作。在一些没有设置投资委员会的家族办公室，CIO按照投资政策直接做出投资决定，并向家族或董事会汇报。但绝大多数情况下，CIO向家族领袖或董事会做出投资的推荐，由家族领袖或董事会做出最终决定。因为CIO的主要职责是现有家族财富的保值、增值，所以他一般在特定的指南或标准下进行投资活动。而这些指南和标准的制定，是基于对风险控制和投资类型的假设，以及对家族成员独特的生活方式、资产流动性及税务限制的清晰理解。

CIO有一些固定的职能。

第一，CIO负责评估家族现有资产，并在考量现有投资组合的法律、税务、风险控制及流动性限制或流动性要求的前提下，进行投资及投资管理。CIO也会将家族办公室投资目标及投资哲学转化成纪律性强、结果定向的投资策略。CIO必须深刻理解家族的愿景、价值观及使命，而且必须有能力将其转化成使家族财富保值、增值的投资策略。在家族的第一代健在时，这些任务可能并不难。但在50年乃至100年之后，这种能力往往是家族办公室区别于其他金融机构的标志之一。

第二，在投资界，家族办公室的CIO对外代表着家族办公室。

第三，CIO负责组织、开展并监督投资工作。

第四，CIO是投资界和家族之间的联系人，要有能力组织市场上专业的投资经理为家族办公室服务。

第五，CIO有责任降低家族办公室的投资风险。

CIO无疑是家族办公室中最关键的职位之一，但如果把投资及管理的职能完全赋予CIO，并不符合家族办公室的治理结构及金融逻辑。所以即使是在小型家族办公室，也要建立投资顾问委员会协助CIO工作。

家族办公室的投资顾问委员会由家族成员和非家族成员共同组成，或全部由非家族成员组成。委员往往是相关行业的精英（如知名投资机构的CEO等），以兼职为主。委员没有投票权，他们对家族办公室的投资方法、资产配置提供建议和监督。

家族办公室的投资顾问委员会配合CIO开展工作，对家族办公室的董事会或CEO负责，并向董事会或CEO汇报工作。并不是每个家族办公室都会设置投资顾问委员会，有的家族办公室倾向简单的结构，便于直接得到内部所有人及外部财富管理专家的反馈。但对于没有设立投资委员会的小型家族办公室，设立成本更低的投资顾问委员会协助CIO的工作，可以帮助它们获得外部建议和外部渠道，做好投资风险管理，无疑是一个不错的选择。

设立投资顾问委员会有一些注意事项。比如，委员会应当设立委员筛选标准，如根据经验、知识、学历等，并给予委员一定的自由裁量权。另外，投资顾问委员会必须履行职责，使家族办公室的投资策略能够实现，把握住短期的投资机会，或在风险出现时及时退出投资。

外包，即“外包型CIO+投资顾问委员会”模式

如前所述，传统家族办公室自行在其内部推动投资进程，包括尽职调查、投资经理选择及投资决策。但是考虑到成本，有些家族办公室从设立时就把CIO的功能外包，也有一些家族办公室在运行一段时间后才外包其CIO功能。另外一些家族办公室则相反，外包CIO功能一段时间后又在其内部设立CIO职位，并聘用合适的人才担任。“外包型CIO+投资顾问委员会”模式一般适用于运营模式中的服务外包型家族办公室。

在国外，CIO提供的核心服务有3种外包形式。第一，CIO可能担任投资咨询师，为家族办公室提供投资政策制定、资产配置、投资组合结构、经理人筛选、业绩报告和分析方面的咨询；第二，CIO主要承担资管经理或母基金经理的职能，管理独立账户，或者管理集合投资工具；第三，CIO负责投资规划、流动性和债务的管理。

外包CIO模式将变成家族办公室业务运营的“扩展型支柱”，其中的第一个驱动

因素是人才成本。家族办公室行业的CIO职位缺少高端人才，这些人才一般在投资资源更为丰富、薪酬方案更为详尽的大型投资机构。因此，规模较小的家族办公室聘任和雇用外包式CIO，将比内设该职能的成本更低。第二个驱动因素是成本与规模比例的合理性。大多数家族至少需要5亿美元的资产规模，才有必要在其家族办公室内部建立一个综合的投资平台。随着家族财富逐代分割，家族基础财富因通货膨胀、税收和日益上升的生活成本而缩减，越来越多的家族办公室开始考虑将家族资产管理的职能外包。

在中国，单一家族办公室一般会建立CIO机制，但大多数还没有建立投资顾问委员会。有些联合家族办公室创始人也自建了资产管理机构，申请了股权及证券投资管理牌照，但由于市场处于初级阶段，资管团队建设和CIO机制建设成本都比较高，大多数完全自建资管能力的联合家族办公室在经营上面临较长的财务困顿期。

另外一个模式是“家族办公室+资产管理专业平台”模式，这也是优脉在引领和坚持发展的模式，8年来成果斐然。这种模式下，家族办公室在创设阶段将资产管理团队的建设外包给资产管理专业平台公司（优脉），并与之建立持续的合作关系，将自身的固定成本转变为变动成本，有效提升办公室创设初期的工作效率。而资产管理专业平台（优脉）由于与众多家族办公室合作，接受的客户委托多，资管团队和资源能力建设更加完整，效率也明显提升。考虑到中国市场家族资产管理人才和资源的稀缺，这种模式对于由百亿元以下资产的家族、资深金融专业人士设立的家族办公室而言更适合，毕竟在家族办公室创立初期就花费巨资创建和管理一支综合资管团队，是非常有挑战和高成本、高风险的事情，选择与成熟的平台合作，可以降低经营风险，让自己的精力集中在对客户的服务和业务发展上。

最后留一个问题供大家思考：如果你正准备筹备一家（联合）家族办公室，对家族资产管理能力的建设，你会做出何种选择？

07 传承首次大考：中国的家族办公室如何破局

继承与死亡相联系，而大部分国人对与死亡相关的话题颇为忌讳。《论语》中有一句孔子的名言："未知生，焉知死？"生存的事情都没有搞清楚，哪里管得了死亡的事情？因此，部分家族会选择不做继承安排。中国的财富传承市场还处在缺失"一份合法有效的遗嘱"的萌芽期。

信托并不是一个标准化的金融产品，"信托计划"或"信托产品"也不是十分规范的概念。一般人常说的购买"信托"，指的是集合资金信托，是把信托当成了一种理财工具，这种信托与传承相关的家族信托是完全不同的。在现阶段的中国，保险金信托解决方案成为传承的入门级方案。

家族传承是一项个性化的综合专业服务。在使用信托设计传承规划时，也要考虑法律环境、身份状态、税务规划、生活方式和个人意愿等。所以建设传承服务能力、获取基础资源、找到核心合作伙伴，将是中国家族办公室应对传承大考的关键。

在中国市场提供传承服务面临的挑战

我曾在《家族资产管理》一书中分析过，在国内，人们更关注家族精神、家族文化的传承，对家族资产传承，我们的成功经验并不多，需更多地借鉴西方的经验：在意识上，要打破对死亡的忌讳，事先做好规划和安排；在方法上，要多认识和采用现代社会的法律和金融工具。这也是对自己和对家庭、社会更负责任的做法。

从财富传承供给端看，与传承相关的金融和法律领域高质量专业人员严重不足，相关专业机构提升空间巨大。下面，我们从市场、客户认知和实操3个方面，分析在中国市场提供传承服务面临的挑战。

市场处在"没有遗嘱的遗嘱"的萌芽阶段

法定继承和遗嘱继承这两种继承方式较为常见，它们也是我国《民法典》规定的继承方式。法定继承指的是依照我国法律规定的继承人的范围、继承人继承的顺序、继承人继承遗产的份额及遗产分配原则对遗产进行继承的一种继承方式。法定继承人的继承份额，根据全体法定继承人的情况和抚养情况确定，一般同一顺序继承人继承遗产的份额应当均等。

遗嘱继承是被继承人于生前做出对其财产的死后处分，并于被继承人死亡后发生法律效力的法律行为。遗嘱继承又称指定继承，与法定继承相对，是指继承人依照被继承人生前设立的合法有效的遗嘱，继承被继承人遗产的一种继承制度。遗嘱继承直接体现被继承人的意愿，在遗嘱继承中，不仅继承人，甚至继承人继承的顺序、继承人继承的遗产份额或者具体的遗产，都是由被继承人在遗嘱中指定的。按照遗嘱进行继承，充分尊重了被继承人对自己财产处分的自由。

高净值人士的遗产分配可能会面临的几方面问题

相较法定继承，遗嘱继承更体现被继承人的主观意识，但是实际执行中，大部分高净值人士的遗产分配可能会面临遗产、配偶、监护、父母、子女和税收方面的种种问题。具体如下：

第一，关于遗产。

- 在“我”去世后，“我”名下的婚前个人财产及婚后共同财产的一半属于遗产。但“我”的继承人需要寻找相应的记录证明哪些属于“我”的财产或者遗产，并最终由法院裁决。有些财产很难取证，例如：“我”的部分资产被代持，“我”购买了一些金融资产（比如基金等）但没有完整记录。
- 在“我”去世后，有部分不易分割的财产（例如房产、收藏），如果没有安排好继承方案，则可能导致继承人（配偶和子女、父母）通过诉讼途径，按照法院的最终裁决对这些财产进行变现分割。
- 在“我”去世后，如果没有安排好合适的遗产管理人，对如何处理遗产，“我”的继承人可能产生不利于遗产保值的想法，或者继承人各有各的想法，最终导致遗产价值减少或者无法分配。
- 对那些法院和继承人都不知道的资产，这些资产的管理人在得知“我”去世的信息后，不会积极主动地与“我”的继承人联系。该部分资产或就此“消失”，而已经去世的“我”和不知情的继承人，只能被动接受这些资产最终按管理人的意愿被处置。

第二，关于配偶。

如果“我”不幸突然离世，“我”的配偶可能会再婚，而他/她的第二任配偶可能会拥有“我”的全部财产。

第三，关于监护。

如果“我”去世时，配偶早于“我”去世，或者与“我”同时去世，法院会为“我”的未成年子女指定监护人。这个监护人可能是“我”不熟悉或不信任的人。

第四，关于父母。

在“我”去世后，“我”希望每一个在世的父母都与“我”的孩子有同等的继承权。但在“我”的父母去世后，按法定继承的规定，他们继承的“我”的财产却会被分配给“我”的兄弟姐妹（逆继承）。

第五，关于子女。

- 对于未成年子女，如果“我”没有提前做好安排，遗产中属于他们的部分将由“我”的配偶或其他监护人代为管理，但以上人士可能不会完全从有利于子女成长的角度来支配和管理相关财产。
- 一旦子女年满18周岁，剩余未处置遗产将会一次性、全部移交给他们，之后他们可以依照本人的意愿来处置这些财产。而他们并不懂得如何规划财富，可能会出现挥霍、受骗、管理不当等情况。
- 子女继承的“我”的遗产，会成为子女婚姻内的共同财产，子女的配偶将有50%的权益。一旦他们的婚姻发生变故，子女的配偶将分得其中的一半。

第六，关于税收。

“我”的子女在高福利、高税收国家生活，他们直接继承“我”在当地的财产时，需要承担相应的税收负担，或者必须寻求其他解决方案来进行合理的税务规划。

立遗嘱可能遇到的问题及原因

立遗嘱可以解决上面提到的大部分与遗产分配相关的问题，但是即便立了遗嘱，还是可能遇到一些问题：

- 易遭诉讼。涉及继承问题，所有继承人都有立场发起诉讼。
- 缺乏私密性。遭遇诉讼是遗嘱信息被公开的最主要原因。
- 难以平衡和兼顾各方利益，继承人已经继承的财产不受控制。
- 继承人自身风险。继承人自身的债务风险、诉讼风险、婚姻风险、税务风险可能侵蚀家族财富。

从实际判例分析，导致遗嘱失效的最大原因如下：

第一，遗嘱人不享有财产处分权。例如，已婚人士订立遗嘱处理不属于自己遗产的夫妻共同财产，或者配偶一方去世时没有完成继承程序，在世一方订立遗嘱处置去世一方的遗产。

第二，不符合法定要件。例如，遗嘱人未签字，无见证人，见证人未签字，或者见证人有利益冲突。

第三，遗嘱人意思表示不明。例如，遗嘱人无订立遗嘱的民事行为能力，或者遗嘱内容不明确，不能表达真实意图。

遗嘱是一个家庭乃至家族实现财富传承的最基础工具之一。所以，遗嘱失效现象背后折射了一个现实：中国的财富传承市场还处在缺失“一份合法有效的遗嘱”的萌芽阶段。

生前赠与

除了遗嘱，生前赠与也是一种有效的传承方式，它可以充分体现被继承人的主观意志。生前赠与是生前转移财富最常见也是最简单的做法，财富拥有者本人将自己的现金通过转账的方式、将房产或其他财产通过过户的方式赠与子女或他人。赠与的缺点也很明显，在赠与行为完成后，财产的所有权发生了变化，控制权发生了转移，如果原财产所有人想放弃赠与行为，收回财产，一般来说是相当困难的。比如，父母在子女结婚之前赠与子女婚房，如果没有赠与协议，直接将房子登记在子女个人名下，子女就有完全的处分权。在赠与财产时，如果还想在未来保留一些控制权，就需要在赠与协议中增加附加条件。

中国目前还没有全面的赠与税制度，而在一些发达国家和地区，如美国，为了弥补遗产税的漏洞，在1924年专门设立了赠与税，限定了赠与资产的免税限额。未来，中国可能也会像境外一些国家和地区一样，逐渐设立遗产税、赠与税，届时，生前赠与对于高净值人士而言就不太够用了。

客户陷入对“家族信托可用性”的认知困境

从专业角度看，家族信托是最佳的家族资产传承规划工具，但目前内地使用家族信托的人还是很少。在内地，传播家族信托概念的第一批人是来自中国香港、新加坡等地的信托业者和保险业人士。但目前，国内高净值客户包括部分家族办公室负责人对家族信托的理解，仍然存在以下误区。

误区1：设立信托必须放弃控制权，不放弃控制权的信托是“虚假信托”，所以国内信托全都是“虚假信托”。

实际情况：放弃控制权的主要目的是隔离委托人自身风险，并非设立信托所必需。如果只是为了传承安全和防范受益人风险，完全可以保留对信托的一部分控制权。美国最流行的信托类型，就是委托人生前设立的、保留控制权的信托（可撤销生前信托）。

误区2：信托设立的门槛极高。

实际情况：这是市场上大量使用超级富豪和明星设立信托的案例进行宣传带来的“负面”认知效果。实际上，一张保单、一套房产，都可以用来设立一份信托。

误区3：将家族信托与营业信托（集合类信托产品融资）混为一谈。

实际情况：在家族信托中，主要的服务者有3种：起草合同的律师、进行投资管理的投资顾问，以及进行信托资产事务管理的受托人。在国内，过去通常是由信托公司同时扮演这3个角色，但目前越来越多的信托公司愿意将投资顾问的角色分离出来，交给客户信任的机构来担任，这就降低了信托公司自身投资风险对家族信托的影响。

信托并不是一个标准化的金融产品，“信托计划”或“信托产品”也不是十分规范的概念。这些概念在我国被广泛使用，主要原因是，自新中国成立第一家信托公司以来，信托总是和金融产品联系在一起，并以投融资功能为主，发挥着资金融通、资产管理和财富管理的功能。

由于信托公司是唯一能够跨越资本市场、货币市场和实业投资领域的非银行金融机构，运作机制灵活，投资范围广泛，长期以来，很多人把信托仅仅当成“受人之托，代人理财”的财富管理机构或投资理财渠道。一般人常说的购买“信托”，就是把信托当成了一种理财工具。

向客户讲明白家族信托，首先要区分人们常常提到的集合类信托产品融资与家族信托的差异。

集合信托是基于信托公司对融资项目的专业风控和对募集资金的管理能力的一种理财产品，其运作模式是信托公司负责“募、投、管、退”。具体来说就是信托公司募集多位委托人（投资人）的资金，集合在一起投向某个融资项目，项目经过管理运作，回款后，按合同金约定，向委托人分配本金和收益，实现项目退出。集合信托的委托人和受益人必须是同一人，因此是自益信托，不具有资产隔离功能，可以把它看成一种理财产品。

家族信托的主要功能是家族财富的保全、传承和管理。家族信托的委托人只能是一个人，受益人一般为委托人的家族成员。因此，家族信托一般属于个人信托、单一信托、他益信托。关于信托的具体分类、划分标准和含义，如表7-1所示。

表7-1　信托产品分类

划分标准	分类	含义
委托人的数量	单一信托	委托人只有一个的信托，是单一信托，比如家族信托、保险金信托。
	集合信托	有多个委托人的信托是集合信托。集合资金信托就是一种典型的集合信托，我们常说的“买信托”，针对的往往就是这类信托。
委托人是否为法人	个人信托	委托人为自然人（个人）的信托，是个人信托，也称私人信托，比如家族信托。个人信托包括生前信托和遗嘱信托。
	法人信托	委托人为法人的信托是法人信托，又称机构信托、公司信托、团体信托。
	个人和法人混合信托	委托人既有自然人也有法人，即个人和法人混合信托。很多公益信托就属于这一类。
信托受益是否归属于委托人	自益信托	信托受益归属于委托人本人的信托，是自益信托。根据《信托公司集合资金信托计划管理办法》第五条的规定，信托公司设立信托计划时，“参与信托计划的委托人为唯一受益人”。因此，我国最常见的集合资金信托为自益信托。
	他益信托	信托受益归属于委托人之外的第三人的信托，是他益信托。家族信托大多属于他益信托。

误区4：信托合同缺乏灵活性。

实际情况：对委托人保留控制权的信托，委托人随时有权修改信托条款。即使是委托人放弃控制权的信托，在经保护人同意后，同样可以修改信托条款。

供应主体被困“小马拉大车”的实操难题

随着越来越多的家族和家族办公室认同家族信托这种传承工具，低门槛、标准化信托大量出现（私人银行标准化信托、保险金信托业务等）。这种情况下，一方面，家族信托业务得以普及，另一方面，出现了规模发展与个性需求不匹配的“小马拉大车”现象，即一些机构为了快速推广传承规划业务，将本应个性化的家族信托规划变成了标准化“产品”来销售，导致传承效果大打折扣。

这种现象背后有很多深层次的原因。第一个原因是传统金融服务机构要快速发展业务，如银行或保险公司为了让更多人可以快速购买家族信托产品或保险产品，会尽可能标准化产品和沟通话术。第二个原因是传承资产装入家族信托的相关配套制度不完善。与财产装入家族信托配套的登记制度、非交易过户制度、税收制度等还未明确，直接影响和阻碍了家族将各类资产如不动产、股权等装入家族信托，结合国内的制度情况分析如下。

第一，信托财产登记制度缺失。

我国《信托法》第十条规定："设立信托，对于信托财产，有关法律、行政法规规定应当办理登记手续的，应当依法办理信托登记。未依照前款规定办理信托登记的，应当补办登记手续；不补办的，该信托不产生效力。"《信托法》规定了信托财产应当办理登记手续，但并没有明确具体由谁办理、如何办理等。相关配套制度应当以其他法律或行政法规、部门规章的形式予以规定，使信托登记活动具有可操作性。

由于缺乏配套制度，实践中就无章可循。在家族信托业务中，需要办理登记手续的财产面临无法办理转移（过户）手续的问题，这将影响信托的效力，对家族信托活动的开展，影响很大。

我国信托登记遵循的是"登记生效主义"原则，信托财产需要办理登记手续，只有依法办理登记的信托，才能产生效力。信托配套登记制度的缺失，对委托人设立家族信托的积极性产生重大影响，甚至可能会引发客户的不安。

第二，税收优势未得到体现。

从信托业的发展历程来看，信托产生之初就带着强烈的避税动机（主要指遗产税）。我国目前没有出台遗产税，所以高净值人士暂时没有规避遗产税的需求，信托活动本身的合理筹划税收和节税功能也就没有得到有效体现。

在税务实践中，对信托财产所有权的转移，税务机关采取的是"视同交易"的原则，而不是"形式转移不课税"的原则。

以房产类信托为例，将房产转入家族信托，虽然是委托人将房产无偿赠与受托人，但是这种行为仍被视为交易，不能享受近亲属成员之间赠与时的税收优惠政策。委托人和受托人需要按照不动产转让交易缴纳各种税费，包括所得税、土地增值税、增值税、契税、印花税等。在信托终止环节，如果将信托房产转让或赠与受益人，仍然被视同交易，受托人和受益人需要就房产增值部分缴纳增值税和个人所得税等。

第三，受托资产确权仍有局限。

目前已经推出的家族信托业务中，受托资产主要是存款，而金银珠宝、字画、古玩等作为受托资产仍很难确权。

再者，信托财产的私有权是否具有独立性，仍不明确。比如委托人涉及刑事犯罪后，其信托财产是否不受追偿，这在当前法律环境下仍难确认。

第四，股权资产很难装入信托。

境外家族信托的一个重要功能，是通过托管家族企业股权实现传承。我国家族信托的信托财产主要为金融资产，其金融投资、财富保值增值的属性更重。由于我国《信托法》并未就股权资产管理做出明确规定，如果采用家族信托持股的架构，则无法对企业所有权、管理权及分红权的清晰划分提供法律依据。尤其是在发生委托人死亡事件时，该如何确定企业的管理者，成为亟待解决的问题。这也为高净值人士的股权类资产装入家族信托带来了障碍。

尽管目前我国信托制度还不完善，但信托结构是一个高度自洽、设计灵活的结构，在法律框架内，可以通过设计各种家族信托结构，同时配合其他法律工具和金融工具，解决实务中的问题。同时，我们也要用发展的眼光看问题，相信中国信托配套制度一定会越来越完善。

探讨：保险在中国的价值与挑战

中国的保险业在金融服务行业中起步相对较晚，发展速度很快，市场化程度最高，但人员素质、专业服务品质有待提升。对于保险在家族资产传承方面的宣传，我们要学会区分哪些功能是真正有价值的，哪些属于营销话术。

例如，很多保险业务人员会告诉客户，购买保险就可以隔离投保人的债务风险，避免遗产税，有资产保值增值等传承方面的功能。但事实真的如此吗？我们来看一个案例。

钱先生跟钱太太有一个女儿，他们给女儿买了年交保费200万元、5年交共计1000万元的大额年金保险。

第一种情况

他的女儿已婚。钱先生为投保人，女儿为被保险人，生存受益人写女儿，死亡受益金回流家族的内部。具体分析如下：

第一，父母的债务隔离。

父母的债务基本是不能被隔离的，因为钱先生是这张保单的投保人，**根据《中华人民共和国保险法》的规定，保单退保后的现金价值属于投保人的个人财产**。从国内的判例来看，保单的现金价值一定会作为投保人的个人财产，被用来偿还债务。

第二，遗产税规避。

当投保人去世的时候，被保险人还生存，这张保单会变成被保险人获得的遗产。**假定这笔钱的数额达到交遗产税的标准，是一定要缴纳遗产税的**。即便提前变更投保人，赠与税也会随之产生。

第三，婚姻资产隔离。

只要投保人在，保单的掌控权就在投保人手中。这时候如果女儿和女婿离婚，因为保单持有人是钱先生，并不是女儿的个人财产，所以这张保单不会被分割。

如果父母去世了，保单是不是能实现婚姻资产的隔离？父母去世以后，女儿会继承这张保单。而根据《中华人民共和国民法典》的规定，通过法定继承获得的财产属于夫妻共同财产。（注：法定继承得来的遗产属于夫妻共同财产；基于遗嘱继承得来的遗产，如果遗嘱中明确表示该遗产只由夫妻中的一方继承的，则属于个人财产。）

这些情况是很多人根本想不到的。对于这种投保人、被保险人不是同一个人的大额保单，要提前变更投保人，用赠与协议单独赠与女儿，或者在遗嘱中写明保单价值全部归女儿所有，与女婿无关，否则一旦父母去世，以前所做的隔离就都白费了。

第四，女儿的债务隔离。

父母都在的时候，女儿领到的生存收益金已经是她的财产了，所以债务肯定不能隔离。但因为保单本身不是女儿的，所以别人是没有办法追偿的。

一旦父母去世或者父母把投保人变更成女儿，女儿拥有了这张保单的现金价值，债务肯定就隔离不了。所以我们会发现，财产权在谁的手里，就隔离不了谁的债务。

如果在这个案子当中女儿去世，那么女儿的债务能被隔离，因为这张保单的死亡受益人是父母，死亡受益金会直接给父母，不属于女儿的遗产。

第五，防挥霍问题。

如果父母在，保单肯定能防挥霍，因为这张保单由父母做主。如果父母去世，女儿变成投保人，那么这张保单就不能防挥霍了。

保单也不能预防争产的风险。因为如果投保人去世的时候被保险人还在，那么投保人的所有者权益就变成了遗产，其他继承人都是有继承权的。

所以对这一类型的保单，签的时候一定要配合遗嘱，而且最好是通过公证，对投保人的权益进行处分。

第二种情况

如果投保人和被保险人是同一人，即投保人和被保险人都是钱先生的时候呢？具体分析如下：

第一，父母的债务隔离。

钱先生在世时如果欠债，那这张保单的现金价值用于偿债的可能性是很大的。但是如果是钱先生去世之后才被发现有债务，而这张保单的受益人是女儿的话，就能通过保单避债了。

根据我国《保险法》的规定，指定了受益人的保险赔偿金，不属于被保险人个人的遗产，也不计入遗产偿债范围，所以这种情况下，女儿不用偿债。

根据我国《继承法》的规定，当父母的遗产还有剩余时，子女可以继承，如果父母的遗产资不抵债，继承遗产后要偿还更多债务的话，可以选择限定继承。也就是说，这部分债务是不用偿还的。而保险赔偿金是由保险公司直接付给钱先生的女儿的，不属于遗产，所以这部分保险赔偿金就很好地保全了。

第二，遗产税的规避。

如果投保人和被保险人是同一个人，将来中国就算有遗产税，根据《保险法》和《继承法》的规定，保险死亡赔偿金如果指定受益人的话，就不属于被继承人的遗产，所以不用征遗产税。

第三，婚姻资产隔离。

关于婚姻资产隔离，我们要探讨受益人获得的死亡受益金是属于夫妻共同财产，还是属于婚内个人财产。

尽管根据最高人民法院的《民事审判指导与参考》（最高人民法院吴晓芳法官观点），死亡受益金被认为属于这对夫妻一方的个人财产。但是保单一旦变成现金，是最容易混同的。一旦混同就说不清楚了，自然就变成夫妻共同财产了。

第四，女儿的债务隔离。

在投保人和被保险人还在的情况下，这保单压根就不是女儿的。但是**一旦投保人和被保险人去世，债务隔离的可能性就比较小**。就算保险公司把它转化为年金，还是无法隔离债务。

第五，防挥霍问题。

在投保人和被保险人没有去世的情况下，这份保单是投保人的，生存受益人也是投保人，女儿当然没法挥霍。但是一旦女儿获得保险赔偿金，就无法避免防挥霍了。

第六，争产的问题。

假设受益人有多个兄弟姐妹，或者是投保人和被保险人还有其他继承人，在指定受益人的情况下，会不会有争产的风险？

《最高人民法院关于适用〈中华人民共和国保险法〉若干问题的解释（三）》第十条规定：投保人或者被保险人变更受益人，当事人主张变更行为自变更意思表示发出时生效的，人民法院应予支持。

也就是说，假设钱先生除了这个女儿还有一个儿子。钱先生去世之前将受益人变更成儿子，或者写了一份保单受益人为他儿子的遗嘱，最后这份遗嘱还被判定有效的话，就会出现争产风波。

其实这条《保险法》司法解释加大了保险传承的不确定性。原来的法律下，保单确定受益人以后，除非更改受益人，否则传承是一定的，保险公司根据保险合同直接给付保险金就可以了。但这条解释造成了诸多方面的挑战，遗嘱或其他一些文件都有可能变成与保单具有同等法律效果的文件，争产的风险就会加大。

案例：国内的家族信托，能真正起到作用吗？

下面我们以“民事信托第一案”［上海市第二中级人民法院（2019）沪02民终1307号］为例，分析国内家族信托是否能在家族资产传承中起到真正的作用。

死者李某，1980年结婚并有一女A，李某2006年与钦某生有一女B。2012年李某与前妻协议离婚，2013年与钦某结婚。李某于2015年8月1日写下自书遗嘱，8月11日去世，遗产价值约2000万元。

李某遗嘱规定，去世后，用其遗产购买总价650万元的房产，钦某与A、B均有**居住权**，但无处置权。其他房产变现后，与金融资产一起设立“李氏家族基金会”，指定钦某和李某的3个兄弟担任“基金会管理人”。钦某和女儿B是基金会受益人，每人每月获得受益金1万元。

李某去世后，钦某表示不愿担任“基金会管理人”，并以个人不允许成立基金会，且其他基金会管理人缺乏管理能力为由，主张遗嘱因无法执行而失效。

2019年，上海市人民法院终审判决：遗嘱部分无法执行，但并不妨碍根据遗嘱**真实意图**执行遗产。根据李某遗嘱意愿，**依法设立信托**。钦某放弃信托受托人身份，李某3个兄弟担任信托受托人；李某的3个兄弟是否具有专业投资能力，不影响其成为信托受托人；判决生效后，要求钦某将死者遗产交付给受托人。

2021年《中华人民共和国民法典》规定，**自然人可以依法设立遗嘱信托。**

在《民法典》尚未正式生效时，法院经过法律解释，推定了遗嘱人的真实意图，并设立了信托；当受托人和受益人的监护人试图废除信托时，法院保护了遗嘱人的真实意愿得以实现。不拘泥于成文法的局限，而是根据案件的实际情况，根据公平和正义的原则做出裁决，正是衡平法[①]的基础，而信托本身就是衡平法的产物。信托目的合法，信托合同的设计清晰、严谨、执行规范，是确保信托有效，最终实现传承目的的最重要因素。

在这个案例中，我们可以感受到国内的法律体系正越来越成熟，对委托人的真实意图的保护日益完善，国内家族信托可以起到相应的传承效用。很多想做国内家族信托的人会担心，国内的法律制度无法实现真正的资产隔离保护功能。实际上，国内家族信托的资产隔离保护功能在《信托法》中已有明确规定，不存在任何争议。**只要信托当事人适格、意**

① 衡平法是源自英国14世纪末的适用于民事案件的一种法律，它和普通法一样，主要是根据法官判例形成的调整商品经济下财产关系的规范。但是衡平法的形式更加灵活，在审判中更加注重实际，而不固守僵化的形式。

思表示真实、信托财产合法且确定、信托目的合法，信托就合法有效。在信托合法设立、信托财产有效交付并可确认的情形下，信托财产的独立性和隔离保护效力受法律保护，毋庸置疑。

2019年7月，最高人民法院在哈尔滨市召开了全国法院民商事审判工作会议，同年11月8日，《全国法院民商事审判工作会议纪要》正式发布。该纪要对由信托公司担任受托人的家族信托的风险隔离功能做出了明确规定。根据该纪要第95条的规定，信托财产的独立性再次得到确认："信托财产在信托存续期间独立于委托人、受托人、受益人各自的固有财产……当事人因其与委托人、受托人或者受益人之间的纠纷申请对存管银行或者信托公司专门账户中的信托资金采取保全措施的，除符合《信托法》第17条规定的情形外，人民法院不应当准许。"

我认为，随着国内传承需求的持续升温，与家族传承相关的法律法规会不断完善。当然，离岸家族信托已有上百年的历史，它的运作更加成熟，配套的法律法规也更加完善。因此，国内家族传承从业人员可以通过多学习离岸信托的经验，更好地服务客户。

中国的家族办公室如何建设传承服务能力

家族办公室要做好客户的传承服务工作，需要从两个方面建立核心能力：一是客户需求诊断和方案设计能力，二是市场专业服务商的甄选和商业合作能力。客户需求诊断能力的建设也可以分两个部分，一是需求诊断，二是方案设计。方案设计需要家族办公室对各类传承工具的特点非常熟悉，同时必须考虑到在中国实际的可执行情况。这就需要第二个核心能力——全市场甄选适合的专业服务商。毕竟信托合同不是家族办公室写的，保险公司也不是家族办公室开的，但信托公司的合同内容是否真正体现客户的真实意图，保险产品的选择是否能够以最佳成本风险比实现客户的目标，选择的保值增值方案能否真正带来价值，都是家族办公室的工作职责。因此，家族办公室传承服务的第二个能力建设，就是以筛选信托公司及其信托合约、保险公司及其保险产品、资产管理公司及其投资产品，并与这些机构建立商业合作关系为核心。

在海外，家族信托被公认是优于遗嘱的财富传承工具。家族信托的设置非常普遍，几乎每个小康家庭都有自己的家族信托，只是名门望族的信托设置更为复杂。在我国，用家族信托实现家族财富传承刚刚起步，国内的制度建设亦在不断加强。

《信托法》第八条

设立信托，应当采取书面形式。

书面形式包括信托合同、遗嘱或者法律、行政法规规定的其他书面文件等。

采取信托合同形式设立信托的，信托合同签订时，信托成立。采取其他书面形式设立信托的，受托人承诺信托时，信托成立。

《民法典》第一千一百三十三条

自然人可以依照本法规定立遗嘱处分个人财产，并可以指定遗嘱执行人。

自然人可以立遗嘱将个人财产指定由法定继承人中的一人或者数人继承。

自然人可以立遗嘱将个人财产赠与国家、集体或者法定继承人以外的组织、个人。

自然人可以依法设立遗嘱信托。

对于不熟悉信托的中国客户而言，生前设立遗嘱已经顾虑重重，经由遗嘱设立信托似乎更加不可见、不可控，为了消除这些顾虑，家族办公室可以建议客户以生前信托加倾覆式遗嘱（Pour Over Will）来实现去世后的传承安排：委托人在生前先设立信托，并在遗嘱中规定若干财产经由遗产管理人处置后也装入该信托。该方案的优势是，相比遗嘱信托，委托人的信托在生前已经设立，运行和修正过较长时间，相对完善和成熟，委托人更加敢于通过遗嘱将其他财产装入信托。

设计问卷，诊断客户的传承风险与需求

传承规划要防范的不是现在已经出现的风险和问题，而是未来可能或必然出现的风险。在诊断传承风险时，家族办公室要做的第一件事情就是明确客户可能面临的重大风险有哪些，希望落实的个人愿望是什么。可以看到，如果客户不做规划，直接将资产继承给下一代，风险体现为3个阶段：首先是财富一代持有资产时面对的各类风险，其次是在传承过程中的风险，最后是将资产传承给下一代后，下一代面对的风险（见图7–1）。

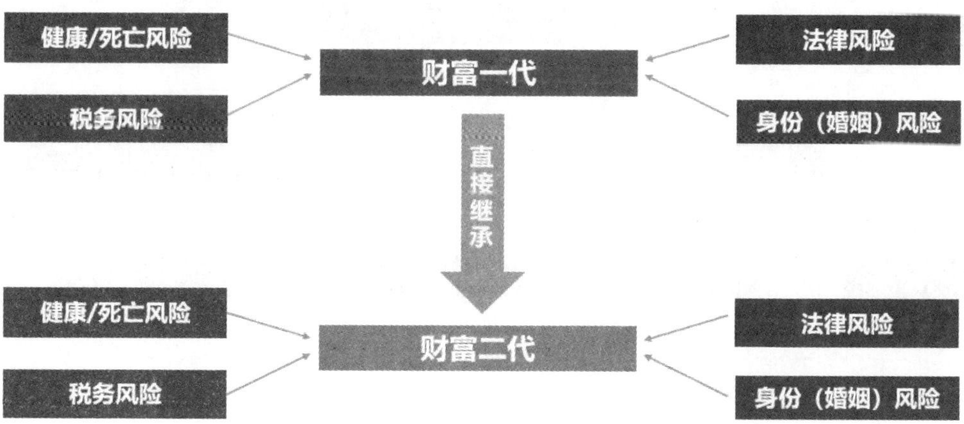

图7–1　创富者面对的所有问题，继承财富者有可能都要再经历一遍

从风险类别看，客户面临的风险分为4个方面，分别是健康、法律、税务和婚姻风险。

首先是人的健康风险。生老病死，人之常情，没有人能够回避。

其次是法律风险。中国的高净值人士大多是企业家，在企业经营过程中会承担比较大的法律风险，无论哪一种法律风险出现，都可能失去私人财产。

再次是税务风险。仅以个人所得税为例，目前很多高净值人士有境外身份，而很多境外国家和地区全球征税，并且拥有成熟的税收征管体系，不仅税率很高，逃税还会有非常严重的后果。

最后是婚姻风险。这是与个人及家人行为能力、状态相关的风险，中国高净值人士的婚姻状态复杂度远高于一般人，再婚、跨国婚姻、非婚生子女的情况较多，牵涉继承人，如果婚姻变化，可能导致家族资产被分割。

我们来看一个体现婚姻风险的案例。某家族办公室所在城市的一位60多岁的企业家，有一天突然造访该办公室。此前，该市另外一位企业家去世，6位子女围绕财产展开争夺，一时间成为当地的热点新闻。这位企业家引以为鉴，就自己家庭的传承问题进行了咨询。该企业家再婚时，女儿C已成年，现任配偶B与C没有抚养关系，再婚后有一儿子D，企业家与配偶的父母均已过世。

基于这一婚姻情况，我们可以看到按照法定继承（不做任何传承规划）的传承情况。

如果企业家先去世，女儿C只能继承家产的1/6，因为分给妻子的遗产部分，女儿没有继承权（见图7–2）。

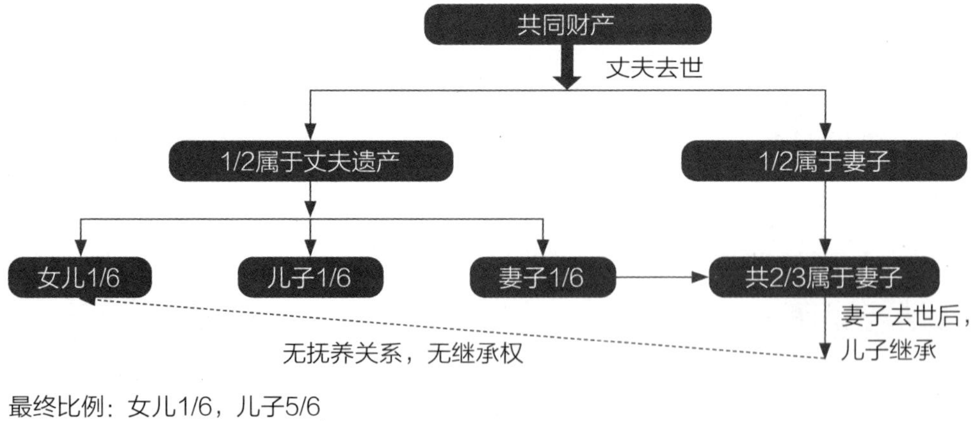

图7–2　企业家先去世的传承情况

如果企业家现任配偶先离世，那么传承情况如图7–3所示。

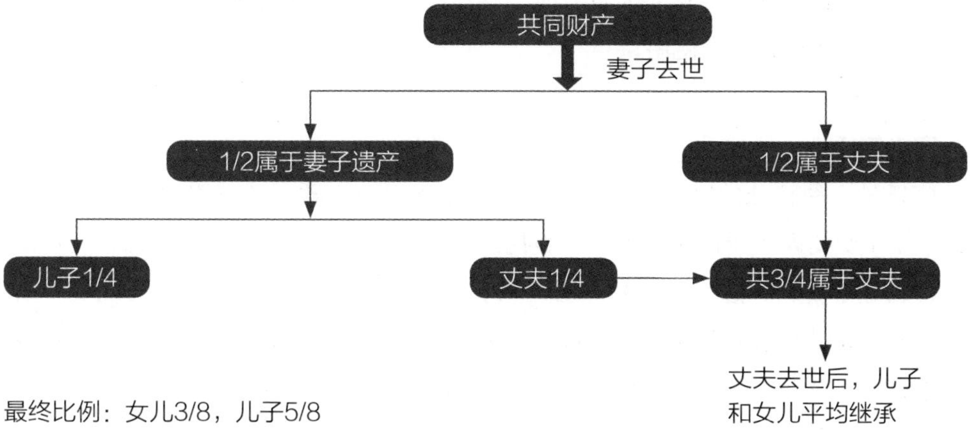

图7–3 企业家现任配偶先去世的传承情况

上述传承情况如果不是企业家所希望的，那就可以确定，这个直接传承的可能结果是家族办公室需要帮他解决的问题。

关于咨询问卷的使用方式和咨询技巧，读者可以参考第五章的相关内容。

熟悉各类传承工具特点，掌握家族传承的基本功

家族办公室需要熟悉各类传承工具的特点，以更好地提供与家族传承相关的服务。常见的传承工具包括法定继承、遗嘱、生前赠与、保险和家族信托。除了上文介绍过的法定继承、遗嘱、生前赠与，下面我们对保险和家族信托做具体的介绍。

保险

购买人寿保险，特别是大额终身寿险，通过指定受益人进行财富的传承，可以避免法定继承和遗嘱继承过程中的诸多烦琐程序。使用保险，可以在被保险人身故时，传承给保险合同指定的人一笔金额确定的钱。

人寿保险在财富传承上的优势非常明显，也越来越被高净值人士认同：通过保障杠杆可以增加财富；人寿保险身故保险金免缴个人所得税；保单具有一定债务隔离功能；可以规划子女婚姻财产；与合同无关的继承人无从知晓合同内容，私密性较好。

当然，人寿保险在财富传承上的不足也非常明显，比如只能传承现金；增值功能

较弱，通常是一次性传承；指定受益人受限，很难按照投保人、被保险人的意愿进行灵活分配；投保人先于被保险人身故时，存在财产分割的风险。因此在传承方面，保险一般会与家族信托结合使用。

家族信托

信托是一种特殊的财产管理制度，信托财产独立于委托人未装入信托的其他资产，独立于受托人和受益人的资产。委托人将自己的资产委托给信托公司，资产的所有权就发生了转移，这是信托资产独立性的法律基础。基于此，可以实现资产所有权、管理权和受益权的分离，起到资产隔离和保护的作用。而信托内的资产，可以委托专业的团队提供投资顾问服务，大概率实现信托财产的保值、增值。

家族信托和人们过去在银行或信托公司买的“信托产品”是有非常大的差别的，人们买的信托其实是“集合类信托产品融资”这种理财属性的金融产品，而家族信托一般都需要个性定制，利用法律赋予信托的财产独立功能，实现风险隔离的目的，满足委托人财富保护和个性化传承等要求。所以家族信托是一个法律架构，是一种财产管理和转移的制度安排。

家族信托的不足主要是起点较高、设计复杂、运作成本也比较高。国内常见的家族信托往往由银行主导，起点金额在1000万~3000万元以上，并且目前信托财产以现金为主，不动产和公司股权如要装入信托，相关交易税费成本较高、估值困难、流程烦琐，给信托公司带来管理上的困难，因此在实践中信托公司很少操作。

下面，我们从财产范围、生前控制力、私密性等维度，对法定继承外的几种常见财富传承方法和工具进行具体比较（见表7–2）。

表7–2　常见财富传承工具比较

维度	生前赠与	遗嘱	保险	家族信托
财产范围	全部财产类型	全部财产类型	现金	境内目前以现金、金融资产为主
生前控制力	无	好	好	好
私密性	一般	可以保密，但办理继承手续时需要公开	对保险合同当事人以外的保密性很好	信托合同内容高度保密

续表

维度	生前赠与	遗嘱	保险	家族信托
防止挥霍	不能	不能	可通过保险金延期领取或年金的方式实现类似信托的功能，在一定程度上防止子女挥霍	很好。可通过信托条款约定，更好地实现防止子女挥霍
资产隔离	可以	不能隔离债务	指定受益人取得的身故保险金可规避投保人及被保险人的债务，但无法规避受益人本人的债务	具备很好的资产隔离作用
保值增值	/	/	有保底收益（但不确定是否能抵御通货膨胀）；一些人寿保险有较高的保障杠杆	家族信托作为法律架构，不具备保值增值职能，通过委托专业机构管理，传承资产保值增值效果好
流动性支持	/	/	可以在保单现金价值范围内按一定比例融资（保单借款），流程简单，但融资成本也不低	流动性支持强，信托资产的组合管理可以充分考虑流动性需求
设立便捷性	方便	较方便，但有效性常受质疑	很方便，但会有年龄限制和身体健康的要求	设立流程较为复杂
执行便捷性	方便	较方便，但执行情况常有争议	由保险人直接给付至受益人账户，很方便	由受托人直接按合同约定，分配至受益人账户，很方便

以上几种常见的财富传承的方法和工具，其实都是在解决传承问题，各有特点。生前赠与和遗嘱最简单，保险的杠杆效应最佳，家族信托的风险隔离和权益分配能力最强。没有最完美的工具，综合使用，发挥不同工具的长处解决问题，就能形成一个好的资产传承方案。此外，境外一些高净值家族也会使用基金会进行财富管理和传承，同时还能实现慈善功能，但由于目前内地使用得还非常少，不在此赘述。

对于高净值人士来说，一个好的财富传承的规划应该这样进行：

- 梳理个人资产，明确需求。在买方顾问（家族办公室）的帮助下完成需求分析、方案设计及实施。
- 对于资产结构和家庭情况复杂，且资产规模很大的客户，除了买方定位的传承顾问，还需要寻找合适的法律专家、会计师、税务师等专业人士参与分析需求，共同设计方案。

- 可以提前立下一份合理又有效的遗嘱，对各类资产做出安排，并定期更新。同时，可以考虑将一部分非金融资产货币化，用金融工具来进行规划。
- 大额终身人寿保险必不可少，它可以通过杠杆作用，增加传承资产对抗家族成员的责任风险（由于家族成员离世造成的人力资本损失或预期收入减损）的能力，并且可以和家族信托有效结合，形成最基础的传承规划方案。
- 建立以家族信托为核心的综合方案是传承的最佳选择。家族办公室帮助客户提前建立一份合理又有效的家族信托，先将部分现金及保险资产装入并逐渐增加资产，选择适合的大类资产配置，有效保值、增值。同时，从家族精神与文化视角考虑受益人及其受益权分配规则，尝试通过规划传承制度，引导家族后代的成长与发展。

信托公司的筛选逻辑和尽职调查

国内的信托公司过去主要以发展房地产非标债权的集合信托业务为主，以理财产品为核心收入来源。随着房地产市场的变化，现在很多信托公司面临自身管理资产的风险挑战，高管和股东变动也比较多，且不是所有信托公司都能够有效开展家族信托业务。基于当下实际情况，在国内做家族信托还是需要认真甄选信托公司，毕竟一份家族信托是一个长久的委托，受托人的工作品质、稳定性、持久性非常重要。

下面我们以优脉的实践为例，具体讨论如何选择信托公司。

首先要确定信托公司是否有家族信托业务。这个甄选比较简单，只要和信托公司联系，就能够了解。

对于已经开展家族信托业务的公司，需要从3个方面调查和判断：一是业务政策，二是团队能力和支持体系情况，三是公司的稳定性和可信赖度（见表7–3）。

从业务政策看信托公司，主要是看信托公司的开放性。家族信托不只是一个架构合同，更涉及装入的资产如何长期有效保值、增值。在海外，信托公司一般不涉及管理信托资产的保值、增值。但在国内，由于历史的沿革，诸多信托公司要求信托资产的管理必须交由信托公司本身进行，这就给家族资产的管理带来了挑战。我们更建议客户和家族办公室选择允许外部机构参与投资管理的信托公司，并且风控标准不要过于苛刻，以免无法配置一些好的资产；客户和家族办公室还需要了解信托公司是否会对其家族信托客户进行再开发，从而判断其是否存在过度营销，以及家族办公室本身的权益是否能够得到有效维护；信托公司收费是否合理、受托资产的管理是否具有灵活性、受托人角色是否清晰，也是选择的重要考虑因素。

目前国内家族信托刚刚起步，人员比较新，信托公司团队的专业能力和经验体现了信托公司管理层对业务的重视程度。另外，信托公司内部的支持体系如风控、合规和组织建设的完善度，也会影响其专业服务品质。因此，根据家族信托业务团队能力和信托公司服务特性进行筛选，也显得尤为重要。

信托公司股东和管理团队的稳定性是公司政策可持续性的有效保障，我们在选择信托公司时要参考监管机构和业内专业人士对信托公司的评价。通过信托公司年报的财务数据、股东及管理团队信息，也可以分析信托公司的稳定性。

表7–3　信托公司筛选标准概览

筛选标准	主要考察内容
业务政策	合同订立
	受托人角色
	受托资产
	外部合作
	风控标准
	客户再开发
团队能力和服务	专业能力
	业务能力
	内部沟通能力
	内部体系化建设的完善度
	配合和服务能力
	过往案例

续表

筛选标准	主要考察内容
公司可信赖度	监管评级
	股东结构
	管理层稳定性
	主要财务数据
	市场口碑

在对信托公司进行尽调分析的过程中，家族办公室可以根据信托公司筛选标准，通过全网调查、现场尽职调查（见附件）和访谈（面谈或者电话访谈），对信托公司的综合服务能力进行评估，并将服务能力与收费标准进行比较，最后确认是否合作；家族办公室也可以根据信托公司可提供的服务，对其进行分级。

- A类：有能力为高净值跨境家族提供长期传承规划和复杂税务安排，并具备必要的灵活性的综合服务商。
- B类：提供相对标准化解决方案，如保险金信托、资金信托、股权信托和商业物业信托的服务商。
- C类：仅担任受指令受托人，提供最基本资金信托的事务性服务的服务商。

以上分类无优劣之分，家族办公室最终应根据客户需求选择相应的服务机构。如符合条件，同一个机构可以同时作为A类、B类和C类服务商。

建议家族办公室在为客户提供家族信托服务时，对信托公司的选择保留一定的灵活性。如在信托合同中保留委托人/保护人更换信托公司（受托人）的权利。另外，建议客户指定继任受托人（一般为客户亲属、子女，甚至受益人本人）。如有必要，委托人/保护人可行使合同赋予的权利，撤销信托公司的受托人身份，而由继任受托人接任，当找到合适的新信托公司（受托人）后，原继任受托人可以辞任，或者继续担任共同受托人。

举例1：××信托综合评价中等，较适合作为B类受托人。

总结：××信托作为中型信托公司，其中央和地方国资股东背景是加分项。最近3年业务质量有所下降，但总体尚可，无重大和持续的违约压力。公司对家族信托业务有一定投入，设立了4个相互独立的家族信托业务团队。公司愿意承接保险金信托业务，家族信托事务管理费用在信托公司中居于中等。但根据过去与××信托有合作的机构反映，其各条业务线并未完全准备到位，仍处于逐步摸索的阶段；内部风控、法律、合规配合一线开展业务的能力，需要在实际业务中逐步提高。

分级定位：××信托综合评价中等，较适合作为B类受托人，即中型规模的综合家族信托的信托受托人。其合作签约的保险公司较多，可以作为以保险金信托为基础的综合传承计划受托人。如果纯作为C类受托人，即受指令受托人，则费用偏高。

举例2：××信托可同时担任A类、B类和C类受托人。

总结：××信托属于国内信托业第一梯队，业务规模较大，质量良好。最为重要的是，××信托的家族信托业务团队负责人对业务有极强的能力和意识，并且能够协调内部资源完成工作。××信托也是极为少见的、愿意担任自由裁量权信托受托人的机构，并为此建立了专门的受托人委员会。但相应地，××信托的业务门槛和收费在同业内属于较高者。对于的确有复杂业务需求、有外籍受益人且愿意承担费用的客户来说，××信托是较为理想的选择。另外，由于业务战略，公司不承接保险金信托业务。

分级定位：可同时担任A类、B类和C类受托人，但由于部门定位问题，不承接保险金信托业务，作为C类也无费率优势。作为A类受托人，可作为客户的优选服务商。

附件：信托公司尽职调查问卷

调查人：

尽调期间：　　　年　月　日 ——　　　年　月　日

信托公司名称：

信托公司对接人：

对接人职位：

一、排除类问题清单

1．信托公司没有独立的家族信托部门和业务团队。

2．信托公司不接受外部机构作为信托资产的投资顾问。

3．信托公司不接受非本公司产品作为信托资产的投资标的。

4．信托公司允许公司内部员工对信托客户进行相关业务的二次开发。

5．信托公司不允许信托合同中规定受托人可被撤换。

6．信托公司有频繁“爆雷”、重大风险事件或重大负面舆情。

以上有任何一条符合者，基本排除合作可能。如调查人员认为仍然可以继续调查，请说明原因。

二、信托公司业务政策

7．信托公司的收费标准是什么？

项目	设立费	年度管理费率	年度托管费率	信托合同修订费用	其他费用
费用					

8．家族信托的标准合同是否完善（请调查人员将标准合同模板转交家办支持部寻求意见）？

9．信托公司能否接纳外部律师提出的修改意见？

10．信托公司是否愿意扮演受指令受托人角色？

11．信托公司是否接受作为标准分配条款受托人？

12．信托公司是否愿意根据实际情况，灵活行使受托人权利？

13. 信托公司是否接受公司股权作为受托资产？

14. 信托公司是否接受商业不动产作为受托资产？

15. 信托公司是否愿意担任保险金信托的受托人？

16. 信托公司接受外部机构作为信托投资顾问的标准是什么？

17. 信托公司是否接受外部机构或个人作为信托保护人？

18. 信托公司是否接受外部个人作为信托共同受托人？

19. 信托公司投资产品白名单标准是否合理（请调查人员将白名单转交家办支持部寻求意见）？

20. 信托公司内部风控标准和流程能否保证信托业务的安全性（请被调查人举例说明）？

21. 信托公司内部风控标准是否有灵活性（请被调查人举例说明）？

22. 信托公司内部风控标准是否能够根据不同业务的性质相应调整（请被调查人举例说明）？

三、信托公司的团队和服务

23. 信托业务负责人的专业能力和背景

<table>
<tr><td>姓名</td><td></td><td>出生年月</td><td></td><td>学历</td><td></td></tr>
<tr><td>职责</td><td></td><td>职务</td><td></td><td>从业年限</td><td></td></tr>
<tr><td rowspan="4">教育背景</td><td>时间</td><td colspan="2">学校</td><td>学位</td><td>专业</td></tr>
<tr><td></td><td colspan="2"></td><td></td><td></td></tr>
<tr><td></td><td colspan="2"></td><td></td><td></td></tr>
<tr><td></td><td colspan="2"></td><td></td><td></td></tr>
<tr><td rowspan="5">工作经历</td><td>时间</td><td colspan="3">工作单位</td><td>职务</td></tr>
<tr><td></td><td colspan="3"></td><td></td></tr>
<tr><td></td><td colspan="3"></td><td></td></tr>
<tr><td></td><td colspan="3"></td><td></td></tr>
<tr><td></td><td colspan="3"></td><td></td></tr>
</table>

<table>
<tr><td>项目案例</td><td></td></tr>
</table>

24．服务团队的专业能力和背景

<table>
<tr><td>姓名</td><td></td><td>出生年月</td><td></td><td>学历</td><td></td></tr>
<tr><td>职责</td><td></td><td>职务</td><td></td><td>从业年限</td><td></td></tr>
<tr><td rowspan="3">教育背景</td><td>时间</td><td colspan="2">学校</td><td>学位</td><td>专业</td></tr>
<tr><td></td><td colspan="2"></td><td></td><td></td></tr>
<tr><td></td><td colspan="2"></td><td></td><td></td></tr>
<tr><td rowspan="4">工作经历</td><td>时间</td><td colspan="3">工作单位</td><td>职务</td></tr>
<tr><td></td><td colspan="3"></td><td></td></tr>
<tr><td></td><td colspan="3"></td><td></td></tr>
<tr><td></td><td colspan="3"></td><td></td></tr>
<tr><td>项目案例</td><td colspan="5"></td></tr>
</table>

25．业务团队与内部团队沟通能力（案例说明）。

26．内部对家族信托的体系化建设程度（案例说明）。

27．配合与服务能力（案例说明）。

28．过往案例（包括已签约单件，件均资产规模）。

29．设立信托种类。

30．监管评级。

31．股东结构。

32．管理层稳定性。

33．最新财务数据。

34．其他市场信息。

尽职调查的目的是出具尽调报告，并对信托公司进行分级，专业服务机构一般会在上述34条细项信息的基础上给出综合评价。

保险公司及保险产品的选择标准

国内人寿保险公司经过几十年发展，已经超过百家，开发的产品琳琅满目。如何选择保险产品和保险公司？家族办公室对此应有清晰的标准和规则。

在保险公司的选择上，雄厚的实力、良好的口碑和业务稳定性，是选择的要点。传承资产是一个长期的计划，需要服务机构的稳定性足够好。很多国内的高净值人士喜欢中国人寿这样的国企大公司或者友邦这样的外资公司，大都是因为看重其历史悠久、良好声誉和经营稳定。而作为家族办公室，筛选保险公司时还需要遵循严格的专业流程和规则。表7–4是优脉在实际工作中用于对保险公司进行分析的评价表，供参考。

表7–4　保险公司分析评价表（优脉筛选标准）

一级标准	二级标准	数据源	具体要求	险种				
				终身/定期寿险	万能寿险	储蓄分红险	重疾险	普通医疗险
保险公司资质	公司声誉	保险业监管局	无负面评价且为银保监会记录在册的合格机构	√	√	√	√	√
	资产规模	保险公司年报	公司每年平稳增长，没有大起大落的情况发生	√	√	√	√	√
	盈利能力	保险公司年报	保费收入年化增长率大于8%	√	√	√	√	√
	投资能力	保险公司年报	投资组合合理，过往公布的收益率在合理、令人满意的区间	√	√	√	√	√
	偿付能力充足率	保险公司年报	大于300%	√	√	√	√	√
杠杆比例/性价比	身故赔偿/保费	产品具体说明	终身/定期寿险杠杆长期在4以上，万能寿险与储蓄分红险杠杆大于1.3	√	√	√	√	

续表

一级标准	二级标准	数据源	具体要求	险种				
				终身/定期寿险	万能寿险	储蓄分红险	重疾险	普通医疗险
收益率	保证收益率	产品具体说明/建议书	保证收益率大于2%	√	√	√		
	过往实际分红情况	各保险公司具体披露	实际分红能够跑赢通胀水平	√	√	√		
保单地区稳定性	政策稳定性	各保单落地地区政策披露情况	不因政治及其他原因影响保单有效性			√		
	利率稳定性	各保单落地地区经济波动情况	不因宏观经济情况影响保证利率与分红的实现			√		
理赔服务	底层医疗机构清单	各保险公司官网	医疗机构网络覆盖合理且包含海外医院				√	√
	医疗理赔与时长	各保险公司官网	含有直付服务，赔付所需提供的文件数量少				√	√
投保服务的便捷度	投保与签约流程	保险代理披露的投保流程	总时长在5周以内	√	√	√	√	√

在保险产品的选择上，有助于高净值客户传承安排的保险品种是大额终身寿险产品，包括中产阶层在内的人群所需的保险产品种类如表7–5所示。

表7–5　保险产品种类

保险种类	保障内容	特点	用途
定期/终身寿险	被保险人身故后全额赔付	·保险金不算作偿债资产，可以有效隔离债务风险 ·具有较高的身故杠杆 ·减少应税财产，合理避税	财富保值 财富传承
万能寿险	获得保证收益，被保险人身故后全额赔付	·具有固定的保证收益利率，在此基础上具有身故赔付，但身故赔付的杠杆比例较低 ·减少应税财产，合理避税	财富保值 财富传承

续表

保险种类	保障内容	特点	用途
长期分红/储蓄险	通过分红长期积累账户价值，为远期的教育、养老等需求准备资金	·通过以不同货币的储蓄产品作为投资工具，进一步分散货币风险 ·通过分红的长期积累，实现资产增值 ·减少应税财产，合理避税	财富保值 财富传承
重疾险	确诊相关疾病时全额赔付	·确诊赔付 ·多次赔付 ·身故赔偿功能	风险补偿 财富传承
普通医疗险	住院、手术等费用，实报实销	·普通门诊及简单手术的部分赔付 ·常作为以上险种的附加险	风险补偿

注：以通胀率指标作为财富增值衡量标准的话，保证回报率只能确保资产在一定条件下的保值。

选择终身寿险主要是因为其杠杆效应比较高，可以有效扩大传承资产的规模。因此在设计终身寿险时，可以考虑帮助提升杠杆率的几个选项，如在产品形态上选择定额终身寿险，尽量在年轻时就参与投保，缴费期限上尽可能延长等，从而提升传承资产的杠杆增值效应。另外，可以利用家族信托风险隔离和受益权自由分配的特性，将家族所有成员购买的终身寿险一并装入家族信托，实现家族每一位成员对其他成员的关爱。

适合中国市场的家族传承方案

传承工具既定，家族办公室又要如何建设相应落地能力，如何储备基础资源与核心合作伙伴，如何为客户制订切实可行的传承解决方案？

我们首先要明白传承解决方案的基本研发逻辑：不论是财富管理还是财富传承，始终秉持“以客户需求为导向”。

根据优脉的观察，表7–6为目前中国家族客户需求最高的7类解决方案。后文集中介绍排名前三的代持风险解决方案、保险金信托解决方案和家族幸福生活解决方案。

表7–6　中国家族客户传承解决方案需求排序

排序	方案
1	代持风险解决方案
2	保险金信托解决方案
3	家族幸福生活解决方案
4	移民前税务规划方案A（针对英国、美国等）
5	移民前税务规划方案B（针对加拿大、澳大利亚、新西兰等）
6	家族基本财务安全方案
7	家族激励解决方案

家族资产管理及综合传承解决方案

上一章对传承资产的管理已有详细说明，这里我们先详细讨论充分运用家族信托架构、保险和资产管理工具的综合传承解决方案。该方案充分利用各种金融工具的特点（见图7–4），并且工具之间相互支持，互补短板，是目前国内资产传承实践中比较有效的解决方案（见图7–5）。

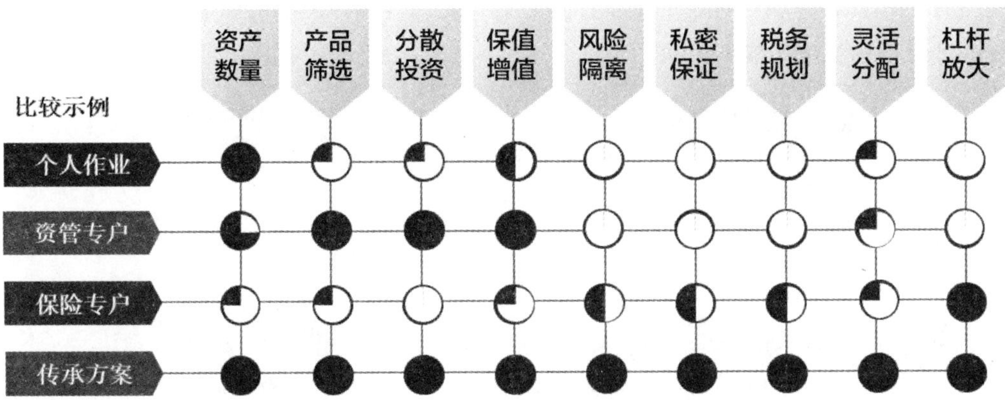

图7–4　各类金融工具功能特点比较

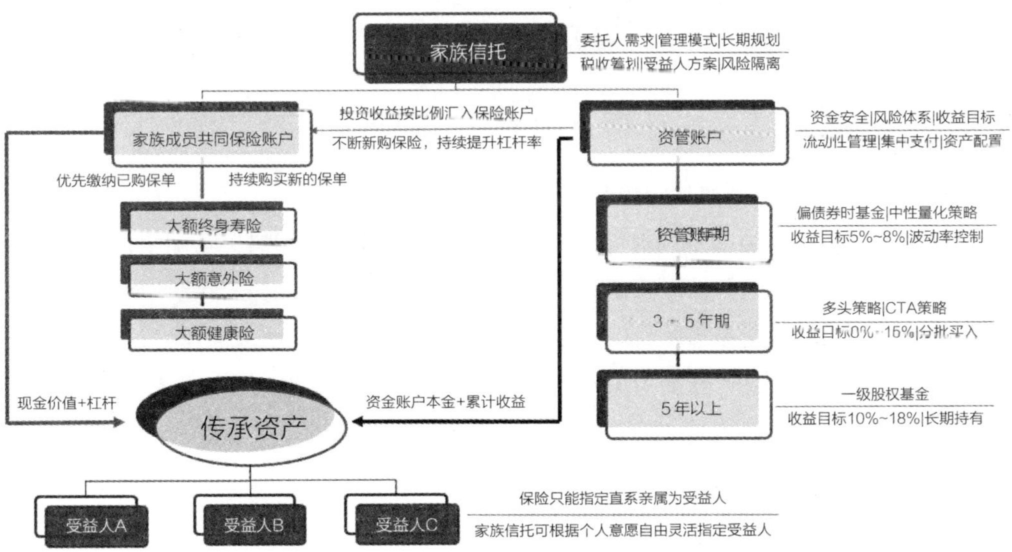

图7–5　综合传承方案架构拓扑图

该方案具有以下特点：

●架构完整、易于实施，可以先从最简单的保险金信托或家族资产管理信托计划出发，组建传承内容和架构，并逐步增加内容。

●可以根据家族情况的变化及时调整，如增加受益人或调整受益条款，增加传承资产等。

●让客户逐渐熟悉和了解传承架构，并可根据市场和法律环境变化将更多类型资产装入家族信托。

家族信托作为综合传承的主要工具之一，是以全面风险隔离和受益人权益分配为核心的家族信托架构设计。

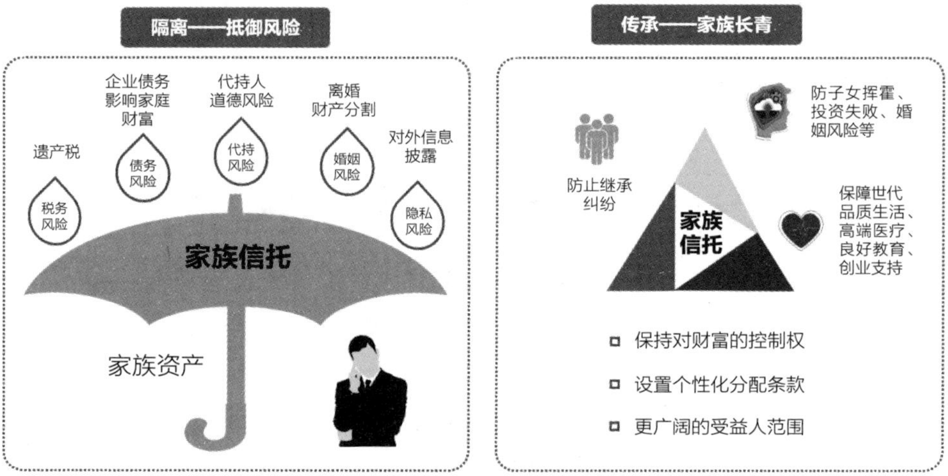

图7-6　家族信托的核心作用

如图7-6所示，家族信托的核心作用包括：

●充分利用其灵活的架构设计能力，为家族资产传承架构奠定基础架构，同时保留对未来变化的灵活性安排。

●充分利用其对受益人的自由设定权，充分实现委托人的意愿。

●可以将保险受益人转变为家族信托，使受益资产全部进入家族并有效分配。

●可以将保险投保人转变为家族信托，利用信托的风险隔离功能，更好地隔离个人风险，提升传承资产的安全度。

●可以将资产管理计划装入信托，规避资产所有人风险，持续扩大传承资产规模。

保险作为综合传承的主要工具之一，是以增加传承资产和帮助有效分配为目的的保险计划。其核心作用如下：

- 为每个受益人购买保障类保险，包括身故、意外及医疗健康保险，对家族成员人身风险提供保障。
- 可以将购买的保险产品装入家族信托，增加保障的杠杆效应和家族成员彼此的支持。
- 以信托为投保人持续缴费和购买新保单，增强保险保障与投资保障的再平衡。
- 整体综合考虑保险需求，保费支付管理更加有效率。

资产管理计划作为综合传承的主要工具之一，其核心目的是以家族需求为目标的资产保值增值：

- 以家族成员品质生活及成长为目标，设定资产综合管理计划，充分考虑流动性、风险性和收益性目标。
- 根据家族信托受益人的用途设定，从信托资产中专款支付家族成员的相应资金。
- 将保险赔付金在家族信托内统一管理，纳入整体传承资产管理计划，匹配资产增值和支付需求。
- 根据家族成员变化情况及资产管理状态增加保险保障，保持传承资产的有序增长。

资产代持风险如何管理

代持现象在中国市场十分普遍。代持资产原因很多，有的企业家面对债务担保时选择将部分资产持有在他人名下；有些科技“新富”减持前公司股权后，会选择由父母代持，自己开始下一次创业；有些经历离婚财产分割之痛的高净值人士在下一次婚姻前，选择将部分财产持有在他人名下；还有些准备移民到高税务辖区的高净值人士，选择将主要财产持有在父母或配偶名下，以规避财产申报和税收义务；也有人不希望暴露自己的财富规模，通过代持来减少曝光的机会或者隐藏公司或实体的实际控制权；当然也存在不少个人身份敏感，资产只能由其他人代持的情况。

如何规范代持行为

随着代持人年龄的增长及环境的变化，代持的风险会越来越大，因此需要规范代持行为以避免代持失效或引发矛盾。

中国证监会对名义持有人的定义是受他人委托并代表他人持有证券（信托财产）的机构。名义持有人依法享有作为证券持有人的相关权利，同时应当对其名下证券权益拥有人承担相应的义务，证券权益拥有人通过名义持有人实现其相关权利。资本市场中典型的代持行为有证券投资基金、QFII（合格境外机构投资者）等，在欧洲被称为单位信托或投资信托。

根据最高人民法院《关于适用〈中华人民共和国公司法〉若干问题的规定（三）》，代持行为受法律认可，前提条件是代持行为不得出于非法目的。

《信托法》第二条规定："本法所称信托，是指委托人基于对受托人的信任，将其财产权委托给受托人，由受托人按委托人的意愿以自己的名义，为受益人的利益或者特定目的，进行管理或者处分的行为。"

第二十四条规定："受托人应当是具有完全民事行为能力的自然人、法人。法律、行政法规对受托人的条件另有规定的，从其规定。"

第四十三条规定："受益人是在信托中享有信托受益权的人。受益人可以是自然人、法人或者依法成立的其他组织。委托人可以是受益人，也可以是同一信托的唯一受益人。受托人可以是受益人，但不得是同一信托的唯一受益人。"

由此可见，代持其实源自资产所有人规避风险的需求，而信托由代持需求发展而来，并且是对代持行为的规范。我国的《信托法》也是以此为基础定义信托的，委托人把财产信托给受托人，受托人为了委托人指定的受益人利益，运用专业知识和技能以自己的名义管理、运用、处分财产，受益人享有财产收益，受托人受信托义务约束。解决代持问题最佳的策略就是通过信托（包括民事信托和金融信托）来规范和完善，以降低代持风险。

信托关系由委托人、受托人和受益人3方面的权利和义务构成，这些权利和义务关系围绕着信托财产的转移、信托财产的管理和信托利益的分配而展开（见图7–7）。

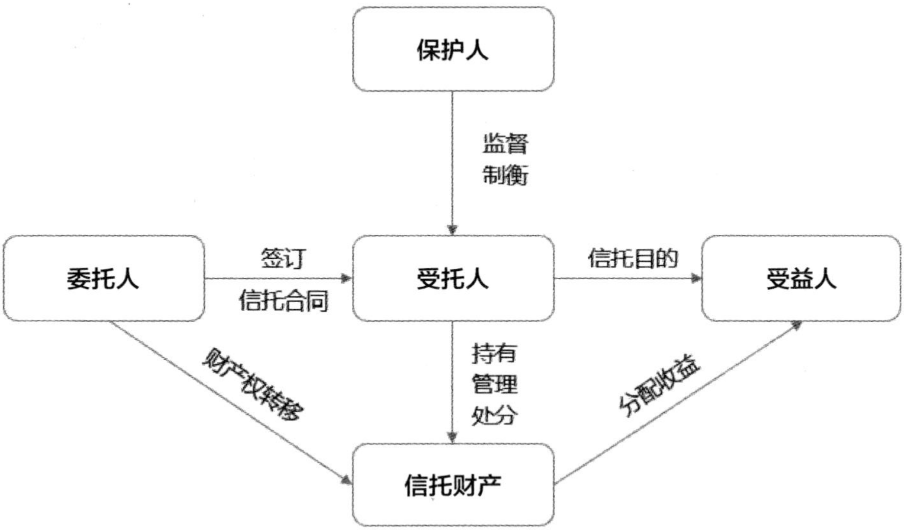

图7-7　信托关系结构

换言之，一个完整的**信托由5个要件组成**：本人A（**委托人**），将现金1000万元（**信托财产**）委托给B（**受托人**）进行管理，并将本金和收益用于支持C（**受益人**）的合理生活开支（**信托目的**）。

如何规范代持协议

再来看代持协议，常见的代持协议会明确委托人、信托财产和受托人，但没有说明受益人及代持目的，而要件不全将导致纠纷。所以信托相比一般代持协议，对受益人和信托目的做了更为明确的规范，从而强化了对代持财产的保护。

不规范的代持协议还会带来其他风险。

比如备受关注的代持人道德风险。理论上，资产所有人一定会选择一位信得过的人来为自己代持，看起来发生代持人道德风险的可能性很小，但是人性是非常复杂的，彼时忠诚不代表将来忠诚，一旦代持人的环境或者大环境发生变化，他也可能会侵占资产所有人的利益。

另外，由于在工商部门的登记信息中，名义股东是公司合法股东。名义股东与实际出资人之间的股权代持协议因为合同相对性原则，不能对抗合同外的第三人。所以如果名义股东未经隐名股东许可，擅自将代持股权对外质押或转让，则第三人基于工商登记信息与名义股东之间发生交易的，实际出资人不能以股权代持协议来对抗第三人，也就是不能请求名义股东与第三人之间的法律行为无效。

除了道德风险，代持还存在代持人婚姻风险、债务风险和人身风险等（见图7–8）。

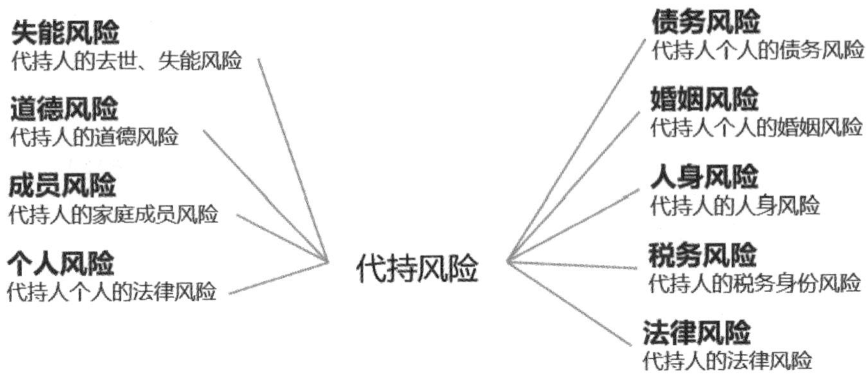

图7–8　代持风险

可以说，代持一旦暴露风险，就会给资产实际所有人带来很大的麻烦，甚至造成资产的旁落。

我们可以从以下几个方面来判断代持合同的规范性。

第一，代持为口头协议。

如果代持协议仅为口头协议，则有极大概率被判定为构成不可撤销赠与。如代持人发生道德风险、个人债务、婚姻问题，或因代持人死亡发生继承纠纷，资产所有人就会面对部分或全部失去代持资产的风险，因此必须将口头协议修正为规范的书面协议文本。

第二，书面协议的代持。

如果代持协议是书面的，那么需要确认资产所有人的继承人是否知道该协议的存在，以及能够在需要时找到该协议。如果有代持协议而继承人不知道协议或找不到协议，可能会导致代持资产永久性成为代持人个人资产。

第三，书面协议内容。

代持人是否根据代持协议的规定，按照资产所有人本人的直接或间接指示管理资产？如果代持协议显示代持人按照资产所有人意见，对代持资产进行管理、转移或分配，则一旦需要用代持协议维护资产所有人权利，裁决机构很可能会认为代持资产一直在其控制中，未发生实质性转移，可以被资产所有人的债权人、配偶追索并纳入其财产或遗产，且须承担代持资产的纳税义务，甚至有可能被认定为隐匿、非法转移资产或者逃税，导致资产所有人面临罚款或刑事责任。

即使代持协议未明确规定代持人是否须按照资产所有人的指示进行资产管理和分配，而实际操作中仍然体现出代持人完全按照资产所有人的指示来管理和处置资产，那么仍然会被法院认为资产实际在本人名下。

第四，失能后的资产处置。

代持协议中，对于代持人去世、失能或辞任后资产的处置有无规定？如无明确安排，则代持人去世的结果很可能是代持协议终止，资产回到资产所有人本人名下。如希望确保代持资产的独立性，则需制定好代持人去世或失能、辞职后的继任代持人或信托受托人。

案例分享

针对代持规范成信托需要考虑的细节问题，在此分享一个实例。

某客户于2017年申请“EB-5”（美国基于就业的移民类别第五类）投资移民，计划未来成为美国居民，申请后，他将名下主要资产代持在母亲名下。

我们与客户确认了以下几点：

●该资产转移动作距离客户成为美国税务居民的时间。

●客户母亲目前的民事行为能力和身体状况。

●与美国会计师事务所确认美国人担任非美国信托受托人的税务问题。

我们出具的方案是由受益人控制信托。方案效果如下：

●资产回到客户名下，但从美国法律的角度，客户仅为信托受托人。

●客户对信托资产拥有完全的控制权。

●信托目前的受益人为客户的母亲。

●信托未分配收益不涉及向美国政府申报税收。

●客户母亲去世后，客户本人作为信托受益人。

●信托资产不被视为客户资产，不涉及遗产税、赠与税、隔代赠与税。

●信托资产与客户个人风险相隔离。

入门级传承方案：保险金信托

家族信托传承功能优势明显（见图7-9），家族财富的收益可以通过信托分配，顺利传导至受益人，家族成员的个人风险却可以被阻挡在信托之外，从而无法损害信托持有人的财产。但由于人们对家族信托存在认知上的局限，且家族信托设立有一定门槛，家族办公室的第一项重要工作就是让客户快速了解和认知家族信托。

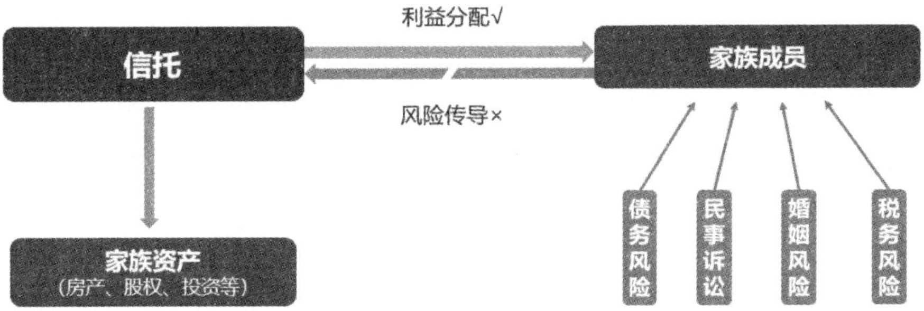

图7-9　家族信托传承的基本原理和功能优势

在家族传承工具的选择上，保险金信托因门槛低、成本低和推动者众多，成为家族传承的入门级方案，可以让人们快速品尝到“梨子的滋味”。

保险金信托是以保险受益权为信托资产的一种家族信托（见图7-10）。投保人在

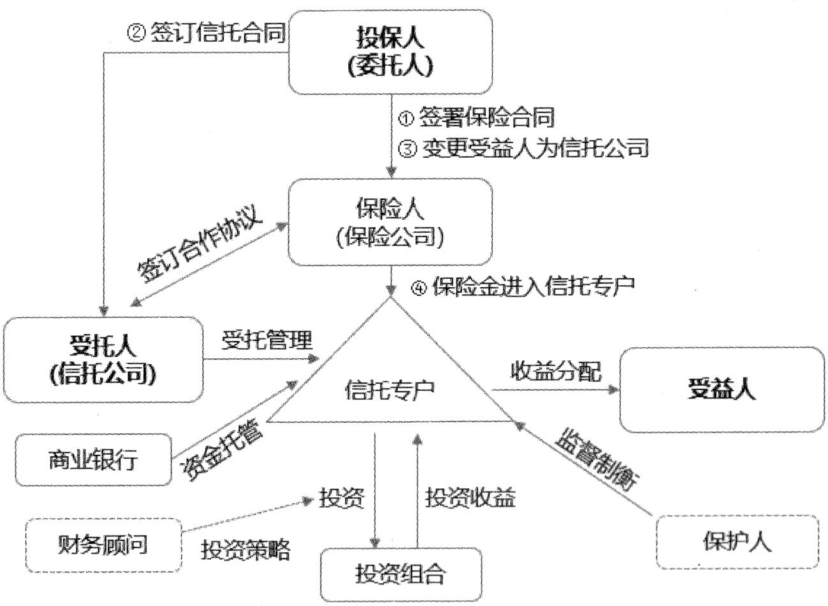

注：在保险金信托实务中，②和③的顺序可能对调。

图7-10　保险金信托结构

和保险公司签订合同后，再与保险公司合作的信托公司签订信托合同，约定未来的保险金成为信托资产，由信托机构进行管理和运作，并将信托资产及收益按合同约定，分配给信托受益人。总的来说，保险金信托的作用和优点体现在以下几个方面：

第一，保险金信托是对保险金的再管理。保险金信托在保单有效期内是一份保险计划，在保险事故发生、保险金进入信托账户后，保险合同终止，信托资产才开始真正运作，因此可以把保险金信托看作是对保险金再管理的工具。

第二，保险金信托是迷你化的家族信托。与起点动辄1000万~3000万元的家族信托相比，保险金信托门槛要低得多，不用一次性锁定大额资金，极大地降低了业务门槛。从保额来看，一般达到500万元就可以设立；从保费来看，年交30万~50万元，累计保费达300万元左右即可设立。

第三，保险金信托设立流程比家族信托简便。指定受益人的保险金不涉及婚姻财产混同问题，可以规避被保险人的生前债务，且是免税的资产。保险金是争议最小的财产，而单独以某笔资金设立家族信托，需要先针对资金来源、完税证明、反洗钱等进行一系列的尽职调查。因此，保险金信托设立流程比纯资金家族信托简便得多。

第四，保险金信托是先锋化的家族信托。用保险搭建保险金信托架构，完成后，就相当于家族信托的架构也基本搭建完成，这就为未来规划打下了基础，比如可以随时追加信托资产，这给未来留下较大的财富保护和管理的筹划空间。有的时候资格比金钱更重要，就像买房有政府限购政策一样，现在可以进行的操作，不代表未来某个时机还可以。在安全的时候做好规划，信托的财产保护功能才最强。

目前在中国市场，保险金信托方案主要包括以下3种模式：

- 保险金信托1.0模式。保险单受益人不是自然人而是信托，信托的受益人和受益原则根据客户需求决定。
- 保险金信托2.0模式，即“不可撤销人寿保险信托”，保单的持有人和受益人都是信托。如信托设置为不可撤销，则既可防范子女风险，也可防范父母自身风险。
- 保险金信托2.0升级模式。在保险金信托2.0模式的基础上，投保人签署附言，声明所有可能减少受益人利益的变更，不经受益人同意不得生效，从而使受益人成为不可撤销受益人。

下面我们来看两个对应的案例。

其一，保险金信托1.0模式的典型案例。

背景：A先生40岁，女儿B10岁，A先生即将再婚。

解决方案：A先生购买人寿保险单，本人为被保险人，受益人为信托。

核心条款如下：

- A先生在世时，本人负责照顾女儿的生活。
- A先生过世时，保单获得理赔，保险金进入信托。
- 信托在B在世时，每年将信托资产按信托合同的约定金额分配给B。B过世后，信托剩余资金分配给B的后代继承人。

其二，保险金信托2.0及其升级模式案例。

背景：年轻夫妻离婚，妻子获得子女抚养权。

在海外，常见的做法是设立专门信托用于未成年子女的抚养和教育，其他部分进行财产分割。而国内，设立信托需要解决门槛、管理成本、安全性、控制权等问题。

解决方案：丈夫为孩子购买分红年金+万能险账户，受益人为信托，信托受益人为孩子。丈夫作为投保人，在保单附言中订立条件：不经信托受益人或其监护人同意，投保人任何有损受益人利益的合同变更均不得生效。如果保险公司保险流程允许投保人变更为信托，则效果更好。

婚姻风险及相关财产问题

婚姻风险是传承过程中所面临的主要风险之一。如果能合理运用财富工具，对婚前婚后的个人和共同财产做好规划，那么即便婚姻状态发生改变，也能够有效保护自身和家庭成员的财富，降低财产分割对夫妻双方的影响。

欧美国家，夫妻双方在订立婚约之初便明确将来一旦离婚财产如何分割，这是一件常见的事情，但目前我国文化环境下很少有人会这样做。司法审判实践中，发生纠纷时往往面临婚前或婚内财产的争议，即使有协议，也可能有协议效力问题的争议。2011年8月《最高人民法院关于适用〈中华人民共和国婚姻法〉若干问题的解释（三）》公布实施以来，我国婚姻和家庭契约化的趋势加剧，随着人们思想观念的变化，今后只要是夫妻双方认真思考后表达真实意愿的协议，就应被认可，婚前或婚内协议对于明确离婚时财产的归属具有重要的帮助作用。

所以，家族办公室提供方案的目的，是基于现有的法律框架和传承工具，为家族成员的幸福生活提供支持。

婚姻关系的财富分配原则

在涉及婚姻关系的财富分配问题上，家族办公室无法完全替代家事律师的职能，但家族办公室从业人员了解《民法典》中婚姻和继承相关的基本知识，有助于为客户做出合理规划，在一定程度上规避婚姻风险造成的财富损失。

重要原则1：夫妻一体原则。

原则上，婚后所有的收入（劳动、经营、投资所得）都属于夫妻共同财产。

除外：婚前个人财产、婚前个人财产的自然增值、婚后指定仅赠与一方或仅由一方继承所得的财产。

提问：婚前一方持有的股权在婚姻存续期间的增值，属于什么财产？

重要原则2：一般继承原则。

夫妻中一方先去世，在世一方先分得婚内共同财产的一半（不属于继承，只是共同财产分割而已）。

去世一方的遗产为其婚前个人财产的全部，以及夫妻共同财产的一半。

如无遗嘱，去世一方遗产由直系亲属（父母、配偶、子女）平均继承。

提问：逆继承问题如何提前规避？

婚姻不同阶段可能出现的问题

在婚姻的不同阶段和不同状态下，法定继承可能会导致一些当事人不希望看到的情况。家族办公室需要提前对这些常见问题做通盘考虑。

情况一：结婚／再婚之前。

是否需要考虑婚前个人财产及婚后个人财产增值部分，不成为共同财产？

如何兼顾配偶的生活保障？

是否要设定配偶的继承权？

如何平衡配偶对本人的人身法定监护权和财产控制权？

情况二：婚姻存续较长时间的家庭。

一般来说，婚姻存续时间较长的家庭有大量的夫妻共同财产，如何明确一方先过世后的继承原则？

如何照顾去世一方父母的基本生活？

如果在世一方再婚，如何防范再婚带来的财产流失风险？

如何平衡在世一方的养老和子女的顺利继承？

情况三：混合家庭。

混合家庭是指夫妻一方中有不同阶段婚姻和子女的家庭。如何化解“看谁死得早”的尴尬？

一方失能时，为保障其权益，是否需要限制另外一方作为法定监护人对失能者财产的控制权？如何限制？

如何确保在世配偶的未来生活？

如何防范在世配偶再婚带来的继承风险？

如何确保财产按照双方都能接受的方式，给到不同阶段婚姻的子女？

情况四：离婚之前。

如何确保未成年子女未来的抚养、教育？

如何最大限度地保护共同子女未来的继承权？

不同婚姻情况下的信托解决方案

信托是规避婚姻风险、实现有效传承的理想工具。

婚姻财产问题可能贯穿婚前、婚姻存续期、失能期间、去世后和财产传承之后等不同阶段。信托是签署后即生效的契约，其法律效力可以有效涵盖这些阶段。根据信托设立者对传承的不同需求，信托可以量身定制，以确保这些个性化传承意愿顺利实施。保证家庭幸福和睦的关键在于平衡，而信托可以将财产分解为不同的权利，并在不同阶段将这些权利授予不同的人，以此平衡核心家庭成员之间的利益。

下面，我们结合案例来分析不同婚姻状况下如何定制信托解决方案。

婚姻状况一：结婚或再婚前的信托解决方案。

《中华人民共和国民法典》第一千零六十二条

夫妻在婚姻关系存续期间所得的下列财产，为夫妻的共同财产，归夫妻共同所有：

（一）工资、奖金、劳务报酬；

（二）生产、经营、投资的收益；

（三）知识产权的收益；

（四）继承或者受赠的财产，但是本法第一千零六十三条第三项规定的除外；

（五）其他应当归共同所有的财产。

夫妻对共同财产，有平等的处理权。

信托方案：财产持有者设立信托，将主要财产装入信托。

信托类型：最好是不可撤销信托。

信托受益人：委托人本人和血亲后代作为信托的受益人，婚后配偶作为有条件受益人。

信托核心条款：信托受益权不可转让，不可继承。

该信托解决方案的作用在于：

第一，确保婚前个人财产的增值不成为共同财产。

在婚前将主要财产转入信托，依靠信托法定的独立性，避免这些财产及其留存的未分配收益成为共同财产。

第二，兼顾配偶的生活保障。

婚姻存续期间，可以由委托人本人承担对配偶的扶养义务。如果婚姻因委托人先去世而结束，可以根据预先设定的条件，包括婚姻存续年限、有无子女、子女多少、是否再婚等，设定不同的分配标准，信托受托人依据这些标准对在世配偶进行分配。

第三，配偶继承权的设定。

原则上信托财产不涉及继承问题。但如果需要，可以在信托中约定：当符合预先设定的标准时，可以授予配偶有限分配权，允许配偶将信托财产分配给自己或其他受益人；该权利可以发生在配偶在世时，也可根据委托人遗嘱，发生在委托人过世后。

第四，平衡配偶对本人的人身法定监护权和财产控制权。

如委托人失能，可以在信托中指定非配偶担任本人的监护人。如果配偶担任本人的人身监护人，则可以规定配偶需优先用信托以外的金融资产支付本人的护理、康复和生活费用。如这些资产无法支付，则向信托财产申请分配。

婚姻状况二：已经存续较长时间的婚姻解决方案。

《中华人民共和国民法典》第一千零六十五条

男女双方可以约定婚姻关系存续期间所得的财产以及婚前财产归各自所有、共同所有或者部分各自所有、部分共同所有。约定应当采用书面形式。没有约定或者约定不明确的，适用本法第一千零六十二条、第一千零六十三条的规定。

夫妻对婚姻关系存续期间所得的财产以及婚前财产的约定，对双方具有法律约束力。

夫妻对婚姻关系存续期间所得的财产约定归各自所有，夫或者妻一方对外所负的债务，相对人知道该约定的，以夫或者妻一方的个人财产清偿。

信托方案：夫妻双方作为共同委托人，以全部共同财产设立信托。对于一方婚前财产，可以考虑单独设立信托，也可考虑一并转入该信托。

信托类型：夫妻双方均在世时，信托为可撤销信托。夫妻一方失能或先去世时，信托为部分可撤销信托。夫妻双方均去世或失能时，信托不可撤销。

信托受益人：根据夫妻双方意愿，在不同阶段制定不同的受益人和受益比例。

信托核心条款：不可改变财产状态，不可转让受益权。

信托效果：信托并不“惩罚”在世配偶的再婚行为，只是确保即使其再婚，共同子女的利益也可得到保护。

该信托解决方案的作用在于：

第一，明确一方先过世后的继承原则。

一般情况下，一方过世后，可以根据信托的约定对部分继承人进行一次性的财产分配，也可以不分配。对信托中过世一方的婚前财产，以及过世一方夫妻共同财产的一半，可以不由任何人直接继承，而是具体规定该部分信托财产的受益人、受益比例及受益条件。

第二，解决去世一方父母的继承权问题，照顾去世一方父母的基本生活。

可撤销信托和不可撤销信托内的财产，都不是死者的可继承遗产，也不涉及父母的继承权问题。但如果需要，可以规定夫妻一方去世后，其在世父母可以成为信托受益人。以过世一方婚前个人财产及夫妻共同财产的一半为上限，按照信托规定的标准向父母提供赡养费。

第三，防范在世一方再婚带来的财产流失风险。

信托可约定，夫妻一方过世后，对信托内的婚前个人财产和婚后共同财产的一半，在世配偶没有撤销权，而是仅对本人的个人财产和共同财产的一半享有撤销权。

第四，平衡在世一方的养老和子女的顺利继承。

对过世一方信托内的婚前个人财产和婚后共同财产，可以约定，在世一方再婚前，享有该部分财产的部分或全部利息分配权和房产居住权，如其再婚，这部分财产的受益权自动丧失。在世一方去世后，这部分财产受益权由双方的共同子女拥有。

婚姻状况三：混合家庭及综合传承解决方案。

对于混合家庭，现阶段婚姻也有可能存在较为复杂的婚姻财产状况，可能涉及没有血缘关系和法定继承关系的子女。夫妻双方谁先过世，可能对子女的最终继承比例产生巨大影响。

以前文提到的再婚家庭为例，我们知道丈夫A再婚时女儿C已成年，现任配偶B与女儿C没有抚养关系。再婚后有一儿子D。再婚后丈夫经营的企业快速成长，准备上市。如果完全按照法定继承，则A与B谁先过世，对C和D的最终继承比例影响巨大。

混合家庭主要的婚姻财产风险涉及双方个人婚前财产和婚后共同财产。由于存在没有法定继承权的继子女，这些财产属性可能对继承结果产生重大影响。建议夫妻双方各自聘请婚姻律师，进行财产权明晰并留档。

信托方案：夫妻双方各自建立信托，将个人名下财产和共同财产的一半装入信托。

信托类型：委托人在世时为可撤销信托。

信托受益人：委托人本人、配偶和本人希望的子女，在特定阶段分别成为信托受益人。

信托核心条款：信托受益权不可转让，不可继承，不可改变财产状态，视同分割条款、特别分配条款。

沿用前例，假设经过双方婚姻法律师的协商，双方就财产归属和信托设立达成以下共识：A名下个人财产为公司30%的股权、1000万元金融资产和目前主要居住的房产1；B名下个人财产为100万元金融资产和房产2，A和B的共同财产为公司50%股权、金融资产2000万元。A与B各自设立信托，并为对方的信托出具配偶同意函。

A设立的信托，财产为公司55%的股权、房产1，以及2000万元金融资产。

B设立的信托，财产为公司25%的股权、房产2，以及1100万元金融资产。

A在世时，其设立的信托受益人为A本人；B在世时，其设立的信托受益人为B本人。

转入信托的共同财产，在转入信托后仍然维持共同财产状态。信托内共同财产的本金或者产生的收益分配给受益人时，也仍然维持共同财产的状态。受益人有义务对这部分财产进行妥善保管，并用于夫妻双方共同的生活，或者用于履行抚养义务。

夫妻一方去世后，其设立的信托变为不可撤销信托，在世一方认可去世一方信托内共同财产及其累积的未分配收益，为去世一方应获得的分割后的财产，并因此成为不可撤销信托内的独立财产。不改变财产状态条款同时失效。

A信托规定：在A去世后B仍然在世时，B和D的生活标准为每年××元。如果B信托产生的年度收益超过该标准，则不进行分配。如果B信托产生的收益低于该标准，则A信托就该年度两者的差值进行分配。

B去世时，如果D仍在世或D有血亲后代在世，则A信托的受托人将A、B信托金融资产余额差值的一半分配给B信托，并将A、B信托持有的公司股权差值的一半分配给B信托。为了避免公司管理权出现纷争，可将A、B信托持有的股权投票权全部委托给独立机构。

08 家族办公室的地基：法律合规、运营与信息系统

如果把创设和运营家族办公室比喻成平地起高楼，那么法律制度、监管要求、合规运营和信息系统等基础设施就是地基。

全球范围内来看，富豪家族对外部法律服务专业机构的依赖度相当高。绝大多数情况下，家族办公室必须和专业律师合作，才能为客户提供全面、可靠的解决方案。

信息管理系统的复杂程度是影响家族办公室运营成本的一个重要因素。在对复杂的系统投入时间、精力、成本之前，家族办公室需要了解其所服务家族的具体信息和需求，以提高家族办公室的工作效率，并为家族提供更高级别的服务。鉴于这些现实情况，家族办公室必须评估其建立和维持一个系统的能力。对于初创阶段的家族办公室，选择外部服务供应商将是解决上述问题的重要抓手。

家族办公室的合规要求和法律监管

家族办公室的业务涉及家族资产的保值、增值、传承、慈善等，是一个规模庞大、复杂的“生态圈”。家族办公室需要掌握主要业务的基本规范及法律原则，以便更好地站在客户角度选择服务供应商。由于篇幅所限，这里仅列举与主要业务及家族资产管理相关的法律规范，希望读者能通过掌握主要法律规则，对家族办公室涉及业务的法律基础有所了解。

家族办公室的合规要求概览

合规经营是有效管理的基础。加强合规机制建设，是家族办公室实现稳健发展的必然选择。

首先，合规就是要求家族办公室每位员工都能按照法律法规和操作规范办理业务，并在各个部门和业务线之间建立起相互衔接、相互制约的有机体系，使法人治理结构的制衡机制得以建立和有效运行。合规经营能有效防范各类操作风险和道德风险，遏制各类案件发生，真正实现企业稳健经营。牢固树立合规理念，逐步完善合规风险管理机制，将合规作为经营发展的一种特殊的、首要的风险因素，以全面风险管理的理念和方法，推进家族办公室内部制度规范的优化和执行，能有效避免违规操作和违规经营问题。

其次，制度规范是实现合规经营的前提。要真正做到合规经营，必须结合业务经营的实际需要，把国家法律法规、行业规则及更广意义上的诚信原则、市场交易管理和职业道德行为准则，转化为科学合理、便于操作的内部操作规范，使这种操作规范成为联系国家法律法规和具体经营管理行为的纽带。具体来说，一是制度规范设计要符合家族办公室整体经营战略，集中体现价值取向和功能定位。要结合流程管理的需要，把各个环节、各个岗位的职责规范化、具体化，并根据国家法律法规的变化及经营战略的调整，适时对各个业务流程和制度规范及时进行修改、完善。二是制度规范设计要追求效率、兼顾公平，有效平衡各方利益关系，在效率与公平的博弈中正确引导员工的行为。三是制度规范设计要科学，符合经营管理的实际需要，有的放矢、对症下药，具有较强的可执行性，切实做到法简律明、科学合理、易于操作，把国家法律法规的精髓提炼归纳为通俗易懂的内部制度规范。四是制度规范要集激励、约束和竞争功能为一体，引导营造有序竞争的良好氛围。要通过制度规范对合规行为的正向激励和对违规行为的约束制裁，实现奖优罚劣、激浊扬清，形成健康向上的企业文化，促进合规理念迅速传播，推动制度规范有效执行，最终实现合规稳健经营。

最后，严格执行制度规范是实现合规经营的保障。制度规范的生命力在于通过执行，使制度规范落实到经营管理的各个环节。具体来说，一是合规要从高层做起，带头执行制度，有效杜绝破坏制度规范的任何借口，消除制度执行中的阻力，使制度规范更加刚性有效，形成人人遵章守纪的风气和习惯。二是合规经营不能单单依靠合规部门，而是要使每一个员工都按制度规范办事，做到制度在心中、制度管行动。三是合规要求各部门密切配合。合规部门的职责在于协调业务部门建立完善的制度，检查督导制度落实，对合规风险进行预警提示；业务部门对合规工作负有直接责任，高管层对合规经营负最终责任。在实践中：业务部门应该主动寻求合规部门的支持和帮助，及时、主动提供合规风险信息，配合合规部门做好风险评估监测；合规部门要主动提供咨询指导和帮助，配合业务部门管理合规风险，为业务发展和产品创新提供合规支持。四是合规要从构建合规文化做起。制度规范只有内化于员工心中，形成员工自觉主动的集体意识，家族办公室才能在员工自觉遵循法律法规的基础上，为社会提供优质、高效的金融服务。

家族办公室的合规作业实操

合规始终贯彻于家族办公室服务的过程中。在家族办公室为客户进行资产配置的过程中，不同的时间节点存在不同的合规重点，具体可分为“前、中、后”三个环节。

资产配置前的合规重点

在资产配置前，首先，家族办公室需要确认客户是否属于合格投资者。以家族办公室为客户进行私募基金资产配置为例，合格投资者须同时符合以下条件：第一，具备相应风险识别能力和风险承担能力；第二，投资于单只私募基金的金额不低于100万元；第三，针对机构，净资产不低于1000万元，针对个人，金融资产不低于300万元或者最近3年个人年均收入不低于50万元。另外，家族办公室的客户目前以自然人身份为主，在具体的合规募集流程中，需要先根据表8-1判断自然人投资者是普通投资者还是专业投资者，不同类别的合格投资者，需要不同的证明文件（见表8-2、表8-3）。

表8-1　普通投资者和专业投资者

自然人普通投资者	自然人专业投资者
·具备相应风险识别能力和风险承担能力； ·投资于单只私募基金的金额不低于100万元； ·符合下列标准的个人（**需提供资产证明**）：最近20个交易日金融资产不低于300万元；或最近3年个人年均收入不低于50万元。	·具有2年以上证券、基金、期货、黄金、外汇等投资经历，或具有2年以上金融产品设计、投资、风险管理及相关工作经历，或属于经有关金融监管部门批准设立的金融机构专业投资者的高级管理人员、获得职业资格认证的从事金融相关业务的注册会计师和律师等（**需提供证明材料**）； ·投资于单只私募基金的金额不低于100万元； ·符合下列标准的个人（**需提供资产证明**）：金融资产不低于500万元；或最近3年个人年均收入不低于50万元。

表8-2　金融资产证明文件

以下证明文件任选，金额累计，夫妻资产可合计，需结婚证复印件、配偶同意认购声明原件	
银行存款证明	境内银行本、外币存单，活期存折，存单，交易流水扫描件或复印件，网银账户查询结果扫描件或复印件
股票资产证明	券商出具的对账单扫描件或复印件，交易系统查询结果扫描件或复印件
债券资产证明	银行或券商出具的国债、企业债、公司债、可转债等证明文件扫描件或复印件
基金资产证明	基金公司出具的基金份额证明文件扫描件或复印件、交易系统查询结果复印件及扫描件
期货资产证明	期货公司出具的交易结算单扫描件或复印件，交易系统查询结果扫描件或复印件
资管资产证明	资管机构出具的份额证明文件扫描件或复印件
信托资产证明	信托公司出具的份额证明文件扫描件或复印件
保险资产证明	保险公司出具的保险单现金价值总金额的证明扫描件或复印件
私募基金资产证明	私募管理人出具的份额持有证明书扫描件或复印件
黄金资产证明	银行或其他机构出具的黄金持有证明扫描件或复印件

表8–3　收入证明文件

以下证明文件任选	
纳税证明	税务部门出具的近3年个人所得税纳税证明原件
工资流水单证明	银行出具的代发工资银行卡近3年入账单原件
收入证明	所在单位出具的近3年收入证明原件

注：●纳税证明获取方式：自行申请，通过电子税务局申请开具本人的个人所得税纳税记录，也可到办税服务厅申请开具；委托他人申请，受托人持委托人及受托人本人身份证件原件及委托人书面授权资料，至办税服务厅代为开具。

●其他可用作证明的非金融资产、投资类不动产、特殊动产（船舶、航空器等）、公司股权（需提供财务报表）等，提交材料较为复杂和烦琐，不推荐。

其次，在完成了合格投资者身份确认的情况下，家族办公室还须对客户进行适当性匹配。适当性匹配要坚守"把合适的产品配置给合适的投资者"原则，做好投资者风险识别能力与风险承受能力评估工作，对投资者提出适当性匹配意见。

在此过程中，家族办公室须利用"基金投资者风险测评问卷"（参看附件1）对客户的风险承受能力进行测评，了解客户的风险承受能力。评分情况、风险承受能力类别及对应可投资风险等级类别，如表8–4所示，C1为保守型客户，C2为谨慎型客户，C3为稳健型客户，C4为积极型客户，C5为激进型客户。

表8–4　基金投资者风险测评结果表

	基金投资者风险测评问卷评分	基金投资者风险承受能力类别	可投资风险等级类别
个人投资者	得分＜15	C1	R1
	15≤得分＜20	C2	R1、R2
	20≤得分＜28	C3	R1、R2、R3
	28≤得分＜35	C4	R1、R2、R3、R4
	35≤得分	C5	R1、R2、R3、R4、R5

最后，家族办公室完成个人适当性匹配后，需要根据风险测评情况为客户选择合适的配置产品。若客户主动要求购买风险等级高于其风险承受能力的产品，家族办公室应履行相应的程序和特别注意义务。投资者风险承受能力等级与产品风险的对应关

系，可参看表8–5。

表8–5 投资者风险承受能力等级与产品风险对照

产品风险等级	产品参考因素	产品类型参考	投资者风险承受能力等级与产品风险的对应关系
R1（低风险）	产品结构简单，容易理解，流动性高，过往业绩及净值的历史波动率低，投资标的不含衍生品，估值政策清晰，本金遭受损失的可能性极低	货币市场基金、短期理财基金	C1保守型→R1 C2谨慎型→R1 R2 C3稳健型→R1 R2 R3 C4积极型→R1 R2 R3 R4 C5激进型→R1 R2 R3 R4 R5
R2（中低风险）	产品结构简单，容易理解，流动性较高，过往业绩及净值的历史波动率较低，投资衍生品以套期保值为目的，估值政策清晰，本金遭受损失的可能性较低	普通债券基金、债券基金分级A份额	
R3（中风险）	产品结构较复杂，流动性较高，过往业绩及净值的历史波动率较高，投资衍生品以对冲为目的，估值政策清晰，本金安全具有一定的不确定性，在特殊情况下可能损失全部本金	股票基金、混合基金、可转债基金	
R4（中高风险）	产品结构复杂，流动性较低，过往业绩及净值的历史波动率高，估值政策较清晰，1倍（不含）以上至3倍（不含）以下杠杆，本金安全面临较大的不确定性，可能损失全部本金	债券基金分级B份额	
R5（高风险）	产品结构复杂，不易理解，不易估值，流动性低，透明度较低，过往业绩及净值的历史波动率很高，3倍（含）以上杠杆，本金安全面临极大的不确定性，甚至损失可能超过本金	可转债基金分级B份额、股票分级基金B份额、大宗商品基金、期货及其他衍生品类基金、私募股权投资基金、创业投资基金	

资产配置中的合规重点

在资产配置中，家族办公室须注意对客户个人金融信息及隐私信息的保护。

家族办公室在开展业务的过程中需要处理大量客户的个人金融信息。对这些信息的保护，一方面要以《民法典》和《个人信息保护法》为代表的基本法律作为保护框架，另一方面也需要考虑金融监管机关提出的特殊监管要求。

根据中国人民银行制定的《个人金融信息保护技术规范》，个人金融信息指的是金融业机构通过提供金融产品和服务或者其他渠道获取、加工和保存的个人信息。账户信息、鉴别信息、金融交易信息、个人身份信息、财产信息、借贷信息和其他反映特定个人金融信息主体某些情况的信息，均属于个人金融信息。

个人金融信息属于个人信息下属的一个分支，可以视作一种特殊的个人信息。近年来，金融监管部门在个人金融信息保护方面下了很大的功夫，制定和发布了很多监管规定和行业标准，例如《中国人民银行金融消费者权益保护实施办法》《中国人民银行关于进一步加强征信信息安全管理的通知》《中国人民银行关于银行业金融机构做好个人金融信息保护工作的通知》以及前述的《个人金融信息保护技术规范》等。金融机构在日常经营中，要对照这些特别的监管规定来履行其保护消费者个人金融信息的义务。

身处监管趋严的行业之中，家族办公室应具有更强烈的合规意识。伴随《个人信息保护法》的实施，家族办公室需要审视内部业务流程，针对信息保护的薄弱环节进行合规整改，包括但不限于制定涵盖信息采集、存储、使用、共享、披露、销毁等全生命周期的用户数据管理机制，并梳理各产品线业务流程，进行合规整改。同时，以密集培训、内控检查等方式强化全员个人信息保护的意识。

对于有境外配置需求的客户，家族办公室还须服从国家外汇管理的相关规定。境内的资本想要合法地向境外流出，可以分为个人和公司两种。个人资金汇出具体可以分为两种途径：一种是使用个人购汇额度。境内个人每人每年都有5万美元的购汇额度，主要用于居民赴境外求学、旅游购物、公务及商务出国、就医、小额投资等，但该额度并不能满足客户境外购买不动产、投资项目等行为的资金要求。如果想获得更高的购汇额度，就要采取其他方式进行申请。另一种则是个人财产转移。境内个人在获得其他国家或地区移民许可的情况下，移民前所取得的财产，可在变现后通过指定银行汇至境外；如果境外居民取得了境内的遗产，也可以使用这种方式一次性汇至境外。

公司资本汇出具体可以分为以下几种方式。一是特殊目的公司（SPV）返程投资。这种资金出境方式比较复杂，对资金来源的真实性和合法性的调查非常严格，对汇出资金需求是否合理、真实，都需要详细说明和证明。这类资金出境，最常见于股权收购和资产收购的投资行为。二是合格境内机构投资者（QDII）。包括基金、证券、保险、信托、商业银行等符合要求的境内投资公司，可以在通过中国证监会的审批后，在境内募集资金，对境外证券投资。这类资金的出境方式对申请人提出了更高的要求，但也为个人资金出境提供了替代方案。三是内保外贷。内保外贷顾名思义，可视为一种跨境担保形式。这类资金出境方式要求贷款人在境内有合格的担保人向境内银行提供担保，境内银行向境外银行（可以是分行或合作银行）提供保函或备用信用证，由境外银行向境内担保人指定的机构发放贷款，境内担保人需要对境外放款机构可能出现的风险负责（例如无法偿还贷款、破产赔偿等）。四是境外直接投资（ODI）。这种资金出境方式要求境内机构直接向有关主管部门申请，经批准（或备案）后，直接以并购、新设等方式取得境外企业（项目）的所有权、经营权、控制权。一般情况下，这类投资方式需要发改委、商务部、金融主管部门的审批，所以申请比较困难，限制也比较多。五是境外放款。其操作模式与个人申请外汇业务非常相似，但作为企业层面的商业行为，必然要制定相应的商业契约，在金额、利率、期限等要素上约定清楚。在合同确定后，由结算银行按照约定的资金金额向境外企业放款，以达到境内资金出境的目的。但是放款额度需要外管局批准，不能超过境内企业净资产的30%。六是跨境双向人民币资金池。主要针对大型跨国公司，主要的操作方式是将成员企业的资金汇到境内成员企业的专门账户，形成相应资金池（也有境外成员企业将资金汇到境外主账户，形成境外资金池，由境外主账户与境内主账户进行资金往来）。

通过上述介绍可以看出，按照合规的方式将资本输出到境外需要复杂的程序。由于国家对境内资本外流的限制越来越严格，对违规资本出境的处罚也越来越重，所以一家专业且有责任感的家族办公室，有必要做好资金合规工作。

资产配置后的合规重点

在资产配置后，首先，家族办公室要对配置完的资产在运作过程中的专业化经营进行合规管控。事实上，私募基金在运作过程中具有专业化经营的要求。因此，家族办公室在为客户提供服务过程中，需要对专业化经营进行合规管控，以确保客户的利益没有受到损害。

随着《私募投资基金监督管理暂行办法》《私募投资基金管理人内部控制指引》和一系列《私募基金登记备案相关问题解答》的出台，以及《私募基金管理人登记须知》的逐步更新，监管机构对基金管理人专业化经营的要求也愈为细致与严格。根据上述规定，家族办公室在对基金管理人专业化经营进行合规风控时，应当注意以下几点：

第一，管理人主营业务清晰，不得兼营与私募基金管理无关或存在利益冲突的其他业务，如民间借贷、民间融资、配资业务、小额理财、小额借贷、众筹、保理、担保、房地产开发、交易平台等。

第二，管理人的名称和经营范围中应包含“基金管理”“投资管理”“资产管理”“股权投资”“创业投资”等字样。

第三，在申请登记时，私募基金管理人应当在“私募证券投资基金管理人”“私募股权、创业投资基金管理人”等机构类型及业务类型中仅选择一类进行登记。同时，私募基金管理人只可备案与本机构已登记业务类型相符的私募基金，不可管理与本机构已登记业务类型不符的私募基金；同一私募基金管理人不可兼营多种类型的私募基金管理业务。

其次，家族办公室要严防配置的资产存在利益冲突和利益输送的情况。基金管理人对客户负有忠实义务。基金管理人处理基金事务时，应优先考虑客户的利益，避免利益冲突发生。利益冲突包括但不限于投资人之间的利益冲突，基金管理人与投资人之间的利益冲突，基金管理人团队的个人交易与基金交易的利益冲突等。基金管理人必须将投资人的利益置于自身利益之上，不得利用基金财产或者职务之便，为本人或者投资人以外的人谋取利益，进行利益输送。如果基金管理人管理了可能导致利益输送或者利益冲突的不同私募基金，家族办公室应当建立防范利益输送和利益冲突的机制。基金管理人有义务向投资人如实、充分、及时披露利益冲突的情况，并根据具体情况和各方意愿，合理公平地处理各项利益冲突。

作为坚守买方定位的家族办公室，应当建立与基金管理人同样严格的防止利益冲突的合规制度。详细可以参考“附件2：某家族办公室利益冲突防范制度”。

附件1：基金投资者风险测评问卷模板（个人版）

投资者姓名：　　　　　　填写日期：

风险提示：基金投资需承担各类风险，本金可能遭受损失。同时，还要考虑市场风险、信用风险、流动风险、操作风险等各类投资风险。您在基金认购过程中应当注意核对自己的风险识别和风险承受能力，选择与自己风险识别能力和风险承受能力相匹配的私募基金。

1．您的主要收入来源是：

A.工资、劳务报酬（2分）

B.生产经营所得（3分）

C.利息、股息、转让等金融性资产收入（5分）

D.出租、出售房地产等非金融性资产收入（4分）

E.无固定收入（1分）

2．您的家庭可支配年收入为（折合人民币）：

A.50万元以下（1分）

B.50万~100万元（2分）

C.100万~500万元（3分）

D.500万~1000万元（4分）

E.1000万元以上（5分）

3．在您每年的家庭可支配收入中，可用于金融投资（储蓄存款除外）的比例为：

A.小于10%（1分）

B.10%~25%（2分）

C.25%~50%（3分）

D.大于50%（4分）

4．您是否有尚未清偿的数额较大的债务，如有，其性质是：

A.没有（4分）

B.有，住房抵押贷款等长期定额债务（3分）

C.有，信用卡欠款、消费信贷等短期信用债务（2分）

D.有，亲戚朋友借款（1分）

5. 您的投资知识可描述为：

A.有限：基本没有金融产品方面的知识（1分）

B.一般：对金融产品及其相关风险具有基本的知识和理解（3分）

C.丰富：对金融产品及其相关风险具有丰富的知识和理解（5分）

6. 您的投资经验可描述为：

A.除银行储蓄外，基本没有其他投资经验（1分）

B.购买过债券、保险等理财产品（2分）

C.参与过股票、基金等产品的交易（3分）

D.参与过权证、期货、期权等产品的交易（4分）

7. 您有多少年投资基金、股票、信托、私募证券或金融衍生产品等风险投资品的经验：

A.没有经验（1分）

B.少于2年（2分）

C.2~5年（3分）

D.5~10年（4分）

E.10年以上（5分）

8. 您计划的投资期限是多久：

A.1年以下（1分）

B.1~3年（2分）

C.3~5年（3分）

D.5年以上（4分）

9．您打算重点投资于哪些种类的投资品种：

A.债券、货币市场基金、债券基金等固定收益类投资品种（1分）

B.股票、混合型基金、股票型基金等权益类投资品种（2分）

C.期货、期权等金融衍生品（3分）

D.其他产品或者服务（4分）

10．以下哪项描述最符合您的投资态度：

A.厌恶风险，不希望本金损失，希望获得稳定回报（1分）

B.保守投资，不希望本金损失，愿意承担一定幅度的收益波动（2分）

C.寻求资金的较高收益和成长性，愿意为此承担有限本金损失（3分）

D.希望赚取高回报，愿意为此承担较大本金损失（4分）

11．假设有两种投资：投资A预期获得10%的收益，可能承担的损失非常小；投资B预期获得30%的收益，但可能承担较大亏损。您会怎么支配您的投资：

A.全部投资于收益较小且风险较小的A（1分）

B.同时投资于A和B，但大部分资金投资于收益较小且风险较小的A（2分）

C.同时投资于A和B，但大部分资金投资于收益较大且风险较大的B（3分）

D.全部投资于收益较大且风险较大的B（4分）

12．您认为自己能承受的最大投资损失是多少：

A.10%以内（1分）

B.10%~30%（2分）

C.30%~50%（3分）

D.超过50%（4分）

本人已如实填写，并了解了自己的风险承受类型和适合购买的产品类型。

投资者签字：

日期：

经办人员签字：

日期：

附件2：某家族办公室利益冲突防范制度

第一章　总则

第一条　为完善××有限公司（以下简称“公司”或“本公司”）内控管理，维护基金持有人及公司的合法权益。根据《中华人民共和国证券投资基金法》《私募投资基金监督管理暂行办法》《私募投资基金管理人内部控制指引》等法律法规、规范性法律文件及相关监管要求，制定本制度。

第二条　本制度所称的利益冲突，指员工的个人利益在任何方面妨碍或可能妨碍公司或投资者整体利益。

第三条　公司××部门负责公司利益冲突识别、防范工作。

第四条　本制度适用于本公司及公司所有的子公司。

第二章　目标、内容与识别程序

第五条　利益冲突防范的目标主要是：

（一）有效防范风险，促进公司诚信、合法、有效经营，保障基金持有人利益；

（二）引导员工主动积极避免任何可能影响其从公司或基金持有人利益出发行事或使其难以客观有效地工作的个人利益。

第六条　识别的利益冲突包括但不限于：商业竞争、商业机会、财务利益、贷款或其他金融交易、在董事会的工作、资产管理等。

第七条　商业竞争：任何员工不允许同时在与本公司存在业务竞争或有损于本公司业务的任何其他公司就职。

第八条　商业机会：任何员工不得以公司资源、信息或个人职权为条件，利用本应属于公司的商机谋取个人利益。如果员工通过利用公司资源、信息或职权在公司业务范围内发现了商机，应首先报告公司。

第九条　财务利益：

（一）员工不能直接拥有、通过配偶或其他家族成员间接拥有其他商业实体的财务利益（包括所有权和其他形式），如果获得该财务利益对员工在本公司履行的职责和义务产生负面影响，或需要占用员工在公司的工作时间。

（二）任何员工不得持有任何其他与公司有竞争关系的非上市企业之所有者权益。

（三）员工在与公司有竞争关系的上市公司中，可以持有不高于5%的所有者权益。如果员工持有的所有者权益超过5%，该员工应当立即向合规负责人报告该权益情况。

（四）如果员工职责包括管理和监督公司与另外一家公司的业务关系，则该员工不得持有对方公司的所有者权益。

第十条　贷款或其他金融交易：员工不得从重要客户、供应商或竞争对手处获得贷款或个人债务担保，也不可以与之进行任何其他个人金融交易。

第十一条　在董事会的工作：任何员工不得在有理由被认为与公司有利益冲突的企业的董事会担任职务，无论该企业为营利性还是非营利性。员工在接受这样的董事会职务之前，要获得本公司执行董事的批准。公司将随时再次审核，以确认员工担任此类职务是否恰当。

第十二条　资产管理：

（一）员工不应同时履行可能导致利益冲突的职责，业务部门工作人员不应在与其业务存在利益冲突的其他部门或子公司兼任职务。

（二）同一高级管理人员同时分管两个或两个以上存在利益冲突的业务的，不应直接或间接参与具体证券品种的投资决策、投资顾问等可能导致利益冲突的业务活动。

（三）对于可能产生利益冲突的业务，公司应进行必要的岗位独立、信息隔离和人员回避等工作安排。

（四）公司已经采取信息隔离等措施，仍难以避免利益冲突的，应当对实际存在的和潜在的利益冲突进行充分披露。信息披露后，仍难以有效处理利益冲突的，应当对存在利益冲突的相关业务活动采取限制措施。

（五）公司在对相关业务进行限制时，应当遵循客户利益优先和公平对待客户的原则，严禁任何形式的利益输送。

（六）法律合规人员在业务合规审核时，应关注防范可能的利益冲突与利益输送以及基金持有人的不公平对待。

第十三条　上述商业竞争、商业机会、财务利益、贷款或其他金融交易、在董事会的工作、资产管理，并非可能产生利益冲突的情况的完整清单，本制度仅提供有限的示例。如果员工面临本制度未曾列举的情形，难以做出决定，可以首先确认以下问题：

（一）所采取的行为是否合法？

（二）是否诚信、公正？

（三）是否代表公司的最大利益？

（四）是否有可能损害基金持有人的利益？

第十四条　员工必须充分披露任何可能引起利益冲突的情况。如果员工不能确定，或其他人有理由怀疑存在利益冲突的情况，员工必须立即向公司××部门报告。

第十五条　员工应当向其上级或公司××部门报告主要家族成员中存在本制度规定的利益冲突的情形。本制度中的“家族成员”包括配偶、兄弟姐妹、夫妻双方父母和子女。

第十六条　利益冲突的豁免情形由公司制度另行规定。经董事会批准认为不存在实际利益冲突情形的，可予以豁免。

第三章　附则

第十七条　本制度由公司××部门负责制定、修订与解释，本制度未尽事宜，按相关法律法规执行。

第十八条　本制度经××审批通过，自发布之日起施行。

家族办公室监管现状、待完善之处和境外监管

整体而言，中国境内的家族办公室行业尚处于婴儿阶段，各种类型的家族办公室还在野蛮生长。在国家现行有效的法律法规中，针对家族办公室的规定较少，家族办公室的发展及管理缺乏相应的制度。主要体现在以下4个方面。

第一，家族办公室作为一个组织或机构，在法律层面属于什么性质，并不清晰。根据《中华人民共和国民法典》的规定，我国的市场主体包括“法人”和“非法人组织”。其中法人分为营利法人、非营利法人、特别法人；非法人组织则包括个人独资企业、合伙企业、不具有法人资格的专业服务机构等。家族办公室的法律属性是独立机构、企业内部组织还是两者均可？若为独立机构，其法律性质属于公司法人还是合伙企业？对家族办公室的法律性质进行准确定位，找出家族办公室适用的法律，进而保障我国家族办公室的设立和发展，是一个亟须解决的问题。

第二，关于家族办公室的设立程序和条件，我国现行的法律法规没有给出专门的规定。家族办公室的法律性质不清晰，导致其设立程序和条件不明确。如果设立一个家族办公室作为企业内部某一部门，那只是公司内部组织架构调整的问题，设立程序仅需通过公司董事会或股东会的批准即可，企业内部可自行决定。而作为独立机构的家族办公室是一种市场主体，设立程序和条件有待进一步明确，例如作为法人主体，应当有自己的名称、组织机构、住所和财产经费，而家族办公室的名称中是否需要有“家族办公室”字样，设立是否需要特殊的审批，目前都缺乏明确规范。

第三，关于设立家族办公室是否需要特殊的资质或牌照，我国现行法律没有特别的规定。金融行业属于高风险行业，所以银行、信托、保险公司等开展相关业务均需取得牌照，法律行业属于高度专业化领域，从业人员也需要取得律师执业证书，这些特殊资质或牌照都是国家在行业准入层面对高风险、专业化的行业进行监管的体现。家族办公室业务也具有高风险、专业化的特征，设立家族办公室是否同样需要取得相关资质，尚待讨论。

第四，缺少全国统一的行业协会进行自律性监管。除了政府层面的监管，各行业普遍存在行业协会，进行内部自律管理。行业协会是介于政府与企业之间，起到咨询、沟通、监督、公证、自律、协调作用的社会中介组织。目前我国没有全国范围内的家族办公室行业协会，仅有一些地方性的行业协会，例如“深圳市家族办公室促进

会”。根据深圳市家族办公室促进会官网的介绍，它是经深圳市民政局批准，由从事家族办公室行业的单位及个人共同发起设立的全国首个家族办公室行业组织。然而，该网站并没有关于协会政策或行业内部准则类的文件，也就是说，作为一个自律组织，深圳市家族办公室促进会在行业自律层面尚无成文的制度依据。

此外，中国家族办公室还需要其他法律制度。具体来说，首先其亟须有一个与保密相关的法律制度可以依据。保密是家族办公室的一大属性，它需要满足高净值客户藏富和低调的要求。因此为保证这方面的优势，家族办公室必须具备完善的保密制度，其中包括主动披露和被动披露（依申请查阅）两个方面。一方面，除非法律法规明确规定或监管要求，家族办公室应尽量避免主动披露其管理的客户的具体信息；另一方面，须赋予客户一定的查阅权利。当然，这样的依申请查阅，须经过一定的程序并规定查阅范围，如必须为客户本人或配偶，仅限查阅客户自身相关信息等。其次，须有明确的责任制度可以依据，即违规泄露客户信息的，要承担相应的法律责任。最后，信托登记制度和信托财产转移制度亟待完善。家族办公室往往采用家族信托作为传承工具，因此完善信托登记制度，也是保证家族信托私密性的一大必需。同时，根据目前财产转移制度的规定，不动产等资产只有经过过户登记后方能发生财产转移，这也会在一定程度上损害家族信托的私密性。

他山之石——境外主流家族办公室行业监管借鉴

美国

美国作为家族办公室的发源地之一，在经历了一系列发展和演变后，当地家族办公室市场已经相当成熟。在美国，已有相当数量的高净值家族通过家族办公室为其打理资产。但为避免过度曝光带来的监管上的麻烦，很多家族办公室选择低调。正如行业中的格言所说，“潜水的鲸鱼不会被捕杀”，这也是大众眼中家族办公室如此神秘、鲜为人知的原因。

美国家族办公室在运营模式和市场监管方面都有值得我们借鉴之处。整体而言，美国家族办公室有以下几大特点。第一，财富规划更具长远性。从世界整体视角来看，美国家族办公室更侧重对财富长远和稳定性的规划，进行3年内短期投资规划的家族办公室占比很低。第二，外包业务的增长速度加快。由于美国家族办公室服务内容逐渐多元化，出于节省内部运营成本的考虑，将业务外包是很多家族办公室的选择。第三，内部管理结构较为完善。随着家族办公室成员数量的增加，内部管理结构的要求也越来越高。另外，美国家族办公室的管理体制也较为完善，内部已形成完整的架构体系。第四，监管措施比较完善。完善的信托业法律体系和严格的监管，使得美国信托业居世界一流水平，这为家族办公室业务的发展和监管奠定了坚实的基础。

2008年次贷危机过后，美国颁布了《多德-弗兰克华尔街改革和消费者保护法》（简称《多德-弗兰克法》），对金融市场开始了史无前例的强监管政策。美国证券交易委员会（SEC）将单一家族办公室定义为“超富家族为管理财富、规划家族未来财务，并为家族成员提供其他服务而创建的法律实体”。根据SEC的“家族办公室规则”，单一家族办公室在美国可以豁免《多德-弗兰克法》的监管，但仍需遵循SEC的信息披露规则，按照会计准则的规定披露其财务信息。而对于联合家族办公室，由于其向多个家族客户同时提供服务，因而具有商业性质，从监管角度被视为面向多位金融消费者提供服务，因此SEC将联合家族办公室认定为属于投资咨询机构，仍在《多德-弗兰克法》的监管范围内。

中国香港

2020年1月7日，香港证券及期货事务监察委员会（SFC）颁布了《有关家族办公室的申领牌照责任的通函》（简称《通函》），旨在为拟于香港开展资产管理或其他服务业务的家族办公室提供一般指引。《通函》也明确指出，香港并无专门为家族办公室设立的发牌制度。

2020年9月8日，SFC又颁布了《与家族办公室牌照申请事宜相关的常见问题指引》（简称《问题指引》）。对“家族”或“家族办公室”，《通函》及香港《证券及期货条例》并没有做出界定，而家族办公室在发牌制度下是否需要申领牌照，也并非取决于该公司是否被称为家族办公室或者其服务的客户是否为家族。

对单一家族办公室的监管，中国香港与美国一样，也采取了较为宽松的政策。虽然《通函》中没有对单一家族办公室做明确定义，但《问题指引》中认为，一般而言，单一家族办公室管理某单一家族的成员资产、投资和长期权益的安排（通常通过由该家族拥有或控制的公司做出）。单一家族办公室是否须申领牌照，取决于以下3项因素。第一，家族办公室提供的服务属于《证券及期货条例》所界定的受规管活动；第二，家族办公室正经营和提供有关服务的业务；第三，有关业务在香港经营。只有当上述3项因素同时存在时，单一家族办公室才需要根据《证券及期货条例》申领牌照。

以下两种类型的单一家族办公室是无须申领牌照的。一种是在某家族企业内部运营的内设型单一家族办公室，因为其并不为家族之外的第三方提供资产管理服务；另一种是以独立的法律实体形式设立，由受托人或持有家族资产的公司全资拥有，但服务范围仅限于集团内部相关公司（包括全资附属公司、持有其所有已发行股份的控权公司，或该控权公司的其他全资附属公司，这一概念类似内地的“关联公司”）的机构。

SFC将为多个高净值家族提供服务的家族办公室称为多家族办公室，也就是本书所说的联合家族办公室。多家族办公室一般来说需要申领牌照，但具体申领哪类证监会牌照，取决于它在香港提供的服务。若其提供的资产管理服务与持牌资产管理公司的活动大致相同，则需要按照第9类受规管活动申领牌照；若其提供证券投资意见和执行证券交易，则需要按照第1类及第4类受规管活动申领牌照；若资产包括期货合约，则需按照第2类及第5类受规管活动申领牌照。

新加坡

新加坡一直被认为是对冲基金、房地产基金和私人股本的重要投资地之一，它也是家族办公室的常设国家之一。新加坡的家族办公室有3种常见的结构类型。第一种结构是客户先成立一个家族信托，信托的受益人为本家族成员，家族信托控股基金实体或资产实体（可装入保单、公司股权、投资组合等），家族办公室作为资产实体或基金实体的外部投资顾问。第二种结构是客户先成立家族信托，信托的受益人为本家族成员，由家族信托持有一个控股公司，再由控股公司持有基金实体或资产实体，家族办公室作为外部投资顾问。第三种结构是不设立家族信托，客户直接设立控股公司，由控股公司同时持有家族办公室和基金实体。

在新加坡设立家族办公室的吸引力之一，是新加坡有税收激励计划，符合条件的基金管理人可以享受税收优惠政策。新加坡“基金税务豁免计划”规定了新加坡基金可以申请的税收激励计划有3种，分别是离岸基金税收激励计划（Offshore.Fund.Tax.Incentive.Scheme，13CA）、在岸基金税收激励计划（Onshore.Fund.Tax.Incentive.Scheme，13R）和增强型基金税收激励计划（Enhanced.Tier.Fund.Tax.Incentive.Scheme，13X）。

在新加坡设立单一家族办公室可以享受13X或13R的税收优惠政策。虽然新加坡金融管理局（MAS）对单一家族办公室的准入标准比较宽松，只有为相关企业提供服务的单一家族办公室可以豁免申请牌照，但是并不是所有的新加坡家族办公室都能够享受税收优惠政策。

13R的适用条件包括：

- 在新加坡成立基金以持有家族的资产，该基金为新加坡注册公司，并且为纳税居民；
- 获得MAS的批准，且获批后投资策略、目标维持不变；
- 雇用以新加坡为基地的基金管理人（持有资本市场服务执照，或由该执照明确豁免）；
- 每年在本地业务至少花费20万新加坡元；
- 在新加坡成立家族办公室以经营基金。

13X的适用条件包括：

- 在新加坡成立基金以持有家族的资产；
- 申请时拥有5000万新加坡元的最低基金规模（可使用在房地产、基础设施、私募股权投资、债务和信贷资金的承诺资本）；
- 获得MAS的批准，且获批后投资策略、目标维持不变；
- 家族办公室雇用至少3个专业投资人员（可为家族成员）；
- 如果基金为新加坡注册公司且为纳税居民，需雇用以新加坡为基地的基金管理人（持有资本市场服务执照，或由该执照明确豁免）；
- 每年在本地业务至少花费20万新加坡元；
- 无法同时享受其他税收优惠。

新加坡的家族办公室设立结构及税收优惠政策，对我们有非常值得借鉴的意义。

家族办公室的运营与信息管理系统

运营与信息管理系统是现代家族办公室的重要组成部分，起到类似基础设施的作用，而其复杂性给家族办公室运营及管理的几乎所有方面带来了极大的挑战。比如新的投资策略往往会受到一种复杂的市场方法影响，迫使家族办公室在评估及监控此类策略的结果时提高相应水平，再比如私募股权直接投资可能需要复杂的所有权结构和报告系统，才能将其纳入家族办公室账簿。

本节将从运营与信息管理系统的重要性出发，介绍这一系统搭建的基本逻辑和落地路径，以及目前中国市场的4个常见问题。

家族办公室为什么需要运营与信息管理系统

瑞银发布的《2021年全球家族办公室报告》显示，家族办公室在核心资产管理以外的3个领域，也就是在一般顾问服务、家族专业服务和行政管理活动的花费，约占总成本的2/3。因此，家族办公室行业的发展趋势是降低行政管理活动成本，提高效率。

理论上，客户关系维护、投资管理、经理尽职调查、资产配置、财富传承等应该得到家族办公室更多的关注和投入，产生更多效能，但实际上，大多数家族办公室将时间和精力用在了查账、更新管理数据、执行会计监督等方面。为了解决这个问题，家族办公室必须建立一套灵活且卓有成效的业务运营和行政管理系统，以管理家族资产，储存历史交易和数据分析信息。

在对系统建设进行投入前，家族办公室需要了解家族的复杂性和信息需求，以提升工作效率，并为家族提供更高级别的服务。因此，家族办公室必须评估其建立和维护一个系统的能力。另外，家族办公室的基础设施必须适应所服务家族不断变化的需求，以及环境的变化和技术的进步。因此，系统不必尽善尽美，而应保持灵活度。

美国家族办公室专家罗思普洛克博士根据北美家族办公室过去运行的经验，总结了评估家族办公室运营与信息管理系统的关键问题。例如：技术对家族办公室的管理起到了积极的推动作用还是消极的阻碍作用？当前家族办公室的技术有哪些趋势？我们在朝哪个方向发展？家族办公室的运营监督和管理方面还存在哪些较大的安全风险和顾虑？家族的文件管理、存储和发布方面还存在哪些问题？优秀的家族办公室在运营和IT方面具有哪些优势和特征？哪些家族办公室的协议、流程或实践经验应当被推广到其他家族办公室？一项新技术的总投入成本和投资回报率分别是多少？我们愿意在技术平台建设上花费多少时间和资金？我们愿意在该系统的长期维护上花费多少时间和资金？这些问题对于尚处于初步阶段的中国家族办公室而言，均具有借鉴意义。

从简单系统到复杂系统的基本逻辑

简单系统一般结合使用标准化财务软件和适合特定报告的表格，完成一般的会计、账单支付和家族资产负债表创建等任务，并提供税务、会计所需的交易详情。基于简单系统，标准化技术结合家族托管人提供的资产报告服务，可以满足家族对金融资产报告、流动性报告和费用报告的需求。简单系统能服务的家族规模通常较小，家族成员在几年内变化不大，每月需要处理的交易次数往往也不多。

随着家族办公室服务的家族发展壮大，进入传承阶段，家族办公室需要思考家族第二代或第三代的需求；银行、托管人或其他外部顾问提供的外部职能数量逐渐增加，报告频率开始接近每月一次，每月处理许多（但不是非常多）的交易。在这种情况下，建议采用小型家族办公室团队加外包服务供应商的模式——即升级为较复杂的基础架构（见图8-1）。

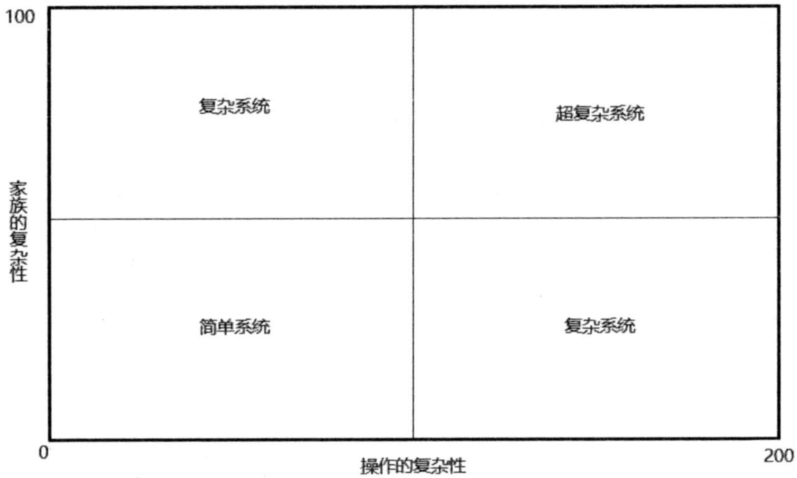

注：根据后文所附《家族办公室复杂性评估表》，判断家族办公室适合哪个象限：对每个问题，分析者分别给出1分、2分、3分的评分。如果问题不适用，就打0分。将每个部分的分数相加，就可以确定这个家族办公室在复杂性图中的位置。

图8-1　系统象限图

对于复杂度更高的家族而言，标准化技术在前期仍占据主导地位。但当需要对接或管理多个不同类型的账户时，家族办公室有必要考虑某些额外的技术需求。比如税务软件帮助诸多家族办公室负责收集、整理和汇总所收到的税务信息，利用复杂系统，家族办公室有能力为外包税务顾问提供信息，并有可能直接将数据录入税务顾问的申报平台。又比如投资监控软件，根据参与度、数据量和申报需求的频率，家族办公室可以考虑购买该软件以跟进投资活动，监控私募投资项目，并为特定的投资项目或资产类别建立现金流模型。

值得注意的是，更新和维护软件的成本较高，在两个系统之间传输数据的成本也很高。这就要求家族办公室在建设系统之初，已经充分了解所服务家族收集、总结、报告并最终保存各种信息的过程、范围和期限，以及维护现有系统所需的长期支持。

附件1：家族办公室复杂性评估表

附表1　家族复杂性评估

家族复杂性	复杂性问题	回复
被服务家族	家族有几代人？ 家族有多少个家族分支？ 家族有多少位家务雇员？ 家族有多少位成员？ 有多少家族成员从事于家族办公室？ 有多少家族成员存在健康问题、残疾或者重大疾病？ 家族信托有多少受益人？	
受服务家族的居住地址及家族专业服务的变更频率	家族定居在几个国家？ （3年内的）家族变故（即出生、死亡、婚姻、离婚）频率是多少？ 家族聘用了多少家律所？ 家族聘用了多少家税务或会计师事务所？ 家族聘用了多少受托方和其他独立顾问？	
资产复杂性	家族拥有多少套住宅？ 家族拥有多少有价值的收藏品？ 家族拥有多少游艇、飞机、汽车等资产？	
家务雇员	家族雇用了多少全职雇员来管理家族财产（如房地产、飞机、游艇）？ 有多少服务供应商管理家族财产？	
教育复杂性	有多少家族成员没有获得商业相关领域的学位？ 有多少家族成员需要接受财富教育？	
家族总复杂性		

附表2　技术复杂性评估

技术复杂性	复杂性问题	回复
报表	每天需要多少份报表？ 每月需要多少份报表？ 每季度需要多少份报表？ 有多少报告为自定义报告而非系统生成报表？ 需要多少种不同类型的报表？	
分析	是否需要自动合并报表和数据？ 是否需要自动汇总报表和数据？ 是否需要申报净资产？	

续表

技术复杂性	复杂性问题	回复
数据管理	是否需要电子签名（e-signature）？ 是否需要文档共享？ 是否需要客户关系管理（CRM）解决方案？ 是否需要文件归档？ 是否需要个人资产文件管理？ 是否需要获得董事会会议记录？	
会计	是否需要运营会计与投资会计？ 是否需要基金会及奖助金会计？ 是否需要薪资核算？ 是否需要信托会计？ 是否需要合伙人会计？ 是否需要资产配置再平衡自动化？	
自动化	是否需要到期登记簿和审批解决方案？ 是否需要任务管理？ 是否需要业务流程工作流？	
通信	是否需要家族日历？ 是否需要家族留言板？ 是否需要家族实时短消息？ 是否需要家族在线门户？ 是否需要家族电子邮件解决方案？	
技术总复杂性		

附表3　财富管理复杂性评估

财富管理复杂性	复杂性问题	回复
投资复杂性	家族投资组合中有多少资产类别？ 这些资产类别中有多少资产？ 投资组合中有多少替代资产？ 有多少内部资金？ 有多少外部资金？ 有多少衍生品？ 每月发生多少证券交易？ 每月发生多少替代交易？ 每年发生多少直接投资交易？ 家族聘用了多少投资顾问？ 一个月会发生多少笔投资交易？ 是否需要财务规划解决方案？ 是否需要遗产规划解决方案？ 是否需要保险计划解决方案？	

续表

财富管理复杂性	复杂性问题	回复
财务/会计/税务复杂性	家族有多少银行/托管账户？ 每月有多少银行/托管账户需对账？ 一个月内发生多少笔现金交易？ 一个月内有多少分红？ 有多少账户可供分红？ 家族要提交多少份纳税申报单？ 家族可接受的税务管辖权范围是什么？ 有多少雇员从事于会计、税务、财务、合规性和相关管理？ 家族创建了多少K-1（实际控制关系账户申报表）？ 家族接收了多少K-1？	
财富管理总复杂性		

附表4　运营复杂性评估

运营复杂性	复杂性问题	回复
实体复杂性	建立了多少个法人实体？ 有多少实体需要予以积极管理（即商业伙伴关系、进行年度分红的信托）？ 建立了多少非投资或信托实体（即经营性或私人基金会、混业经营）？ 有多少实体含有雇员？ 有多少实体包含家族？ 有多少实体包含拥有所有权的非家族成员？ 有多少被动传递实体？ 这些实体分布在多少个地方？ 有多少实体没有运营预算？ 有多少实体没有多年业务计划？	
家族办公室服务	家族需要多少服务？ 家族办公室使用了多少家服务供应商？ 家族企业将能外包或提供多少服务？ 全职家族办公室员工数量有多少？	
生活方式管理复杂性	有多少家族成员需要礼宾服务？ 有多少家族成员需要旅行服务，包括使用私人航空服务？	
运营总复杂性		
家族办公室 总复杂性评分		

从运营角度看系统的自建和外包

从长期来看，任何完善的运营系统都需要良好的反馈循环，确保信息能在各方之间自由流动，并且在系统进行必要升级时，信息可以在没有严重干扰的情况下进行整合。这需要家族办公室与家族、外部供应商和专业顾问之间建立良好的沟通机制。

当家族办公室决定建设运营系统时，首先需要确定谁负责完成相关的信息技术开发工作。家族可以选择在家族办公室的框架内与内部员工构建系统，或者将运营职能外包。

在大多数情况下，家族办公室可能会利用内部员工和外包支持，共同进行家族办公室的运营。家族办公室的内部员工往往是通才和专家，在财务、会计、个人服务和慈善方面拥有丰富的知识，可以回应家族的多种要求。在这种情况下，外部专家可以补充提供具体知识和专业知识。

外部专家包括税务专家、投资顾问、保险公司和人力资源专家。这些外部服务提供者在由内部员工管理的同时，补充了内部员工的知识。外部专家通常专注于特定的任务或针对特定任务提供必要的见解。虽然不是长期的，但是外部服务提供者可能会和家族办公室合作多年，特别是在法律、税务和投资领域。自建和外包家族办公室运营系统，各有利弊（见表8-6）。

一般而言，外部专家主要为技术或系统顾问。如果家族办公室准备增加服务和功能，比如管理和报告家族活动、维护家族档案等，就需要对如何实施或改善技术基础设施等专业问题做出决策。此时，审查和建议适当的系统可能超出内部工作人员的能力范围，所以家族办公室通常雇用外部专家来评估系统的复杂性，并根据专业建议建立或采购系统。这项工作是持续且不断变化的，当系统建立之后，外部专家会培训内部员工使用和维护系统，他们和家族办公室之间有高度协作关系，在整个技术项目完成后才退出家族办公室。此外，当家族办公室的工作范围还包括完成对家族非流动资产的定期评估、协助出售家族生意或重要资产等各类专业工作时，都需要特定领域的专家来开发和落地相关系统功能。

表8–6　家族办公室运营系统自建和外包模式的利弊

自建		外包	
优点	缺点	优点	缺点
隐私	人力资源成本	成本	隐私问题
个性化关注 单点接触	人员流动 劳动力过剩	高质量技术保持连续性	或为预录报告
获得专业战略报告	技术维护成本	以更低价格获得更高质量人才	多个客户关系
数据控制	风险管理		

需要注意的是，将报告、会计、账单支付或其他技术解决方案外包，并不会减少家族办公室的监督责任和投入精力。实际上，第三方的监督或更加严格，要将对系统、流程和技术升级的投资，视为一种审慎的风险管理手段；同时，内部员工能把精力集中在核心竞争力提升上，比如将更多时间用于为家族提供战略咨询和资产管理，而非数据加工。

据我的观察和经验，在家族办公室从简单系统到复杂系统的过渡中，外包关系可能是一个可行且有效的选择。

关于中国家族办公室信息管理系统相关问题的探讨

关于中国家族办公室信息管理系统，有4个常见的问题值得探讨。

第一个问题，日新月异的技术和古老悠久的家族办公室匹配吗？

整体而言，日新月异的技术和绝大多数古老悠久的行业都是匹配的。越是古老悠久的行业，也越是人们长久以来一直存在的需求。举例来说，文字的载体，从最早的龟甲、金属器皿、竹简到纸张，再到互联网，呈现方式也由纯文字到文字配图，再到现在的音视频和实时互动反馈（点赞、收藏、转发）等，但是人们的核心需求，还是阅读、学习、娱乐等。同理，在家族办公室行业，技术也在不断推动业务的发展，中后台的运营和作业享受技术红利带来的效率提升和成本降低，响应时间和应对速度有了质的飞跃；前台人员则可以通过各种新的技术手段，将精力集中在和客户沟通、了解和分析需求，以及制订解决方案上。所以说，日新月异的技术对于家族办公室一定是有积极的推动作用的。

第二个问题，不同的家族办公室在业务运营方面有哪些差异？

一是真正的家族办公室会挖掘匹配客户的需求，并不断进行优化和调整。比如，除了家族资产保值、增值、传承方面涉及的咨询服务、资产规划、资产管理、传承架构、保险规划、税务规划，与家族成员健康发展相关的高端医疗和保险、子女教育、品质生活等，也都是家族办公室可能涉及的业务。二是专业度、规范度及信息系统都需要巨大的投入，而很多伪家族办公室很难做到持续的、规模性的投入，更多的是将资源用在包装上。三是信息透明度和客户参与程度。真正的家族办公室的立场、视角以及利益关系一定是和客户一致的，所以客户在整个业务运营过程中可以看到各个团队是如何协同、配合的，客户也可以在系统中看到底层的尽调信息，或者通过GP参访等形式，直接参与尽调过程。四是在存续服务上，真正的家族办公室运营的业务是几乎永续的，所以存续工作也是其特色之一。比如在股权投资上，很多基金都有7~9年的存续期，在这么久的时间长度中，真正的家族办公室需要持续不断地监控和跟进存续产品的情况，预防和处理风险，同时定期整理和汇总报告，第一时间推送给客户。

第三个问题，信息管理系统的逻辑和方法是什么？客户服务与合规作业的要点是什么？存在哪些安全风险？

首先，通过SOP的制定和持续完善优化，将运营的流程整合在系统当中，降低人为操作的失误。其次，通过在系统中操作、审核及复核，将人工和系统结合，进一步降低出错的概率。最后是风险的监控，系统定期监控、统计和整理数据，反馈给核心风险管理人员，系统维护人员定期收集反馈、优化系统，做到与时俱进。

第四个问题，为什么看似常规的文件管理、存储和发布也有大学问？

由于监管和合规的要求，很多重要的文档只有特定人员才能查看。但随着互联网日益深入几乎所有人的日常生活中，文档的转发和传阅变得十分容易。所以，如何通过各种渠道快速地将特定文件分发到特定人员，其实是有一定难度的。一方面，要通过文件的统一管理服务，将音频、视频、文档、图片等所有文件统一进行存储并进行权限的管理。另一方面，在分发过程中，通过系统的登录验证、功能权限和数据权限，以及文档的加密和水印等各种手段，保证分发安全、快速，同时文件的访问都有统一记录可以回溯。

附件2：优脉家族办公室信息管理系统

系统整体说明

整套系统均为自研成果，以标准的J2EE三层模型架构为基础扩展而来，支持个人电脑（PC）、移动、平板等多终端访问形式。客户、家族办公室成员、优脉员工为此系统的使用人群，基于这3类人群的不同需求，优脉开发了独立的子系统，客户终端子系统与微信深度整合，客户在微信中就可以便捷地访问，及时了解自己购买的产品存续情况及最新的产品信息；优脉为家族办公室成员提供移动（与微信整合）、PC两个版本的终端子系统，家族办公室成员可通过子系统为名下客户完成资产配置，了解名下客户的资产配置情况，管理和维护家族办公室自身的品牌内容，获取优脉提供的支持家族办公室成长的各类培训课件；优脉各岗位员工则使用办公室运营作业子系统，围绕产品生命周期，将运营的标准整合在系统中，规范各个岗位的操作流程。整套系统托管于阿里云平台，物理上独立管理，敏感数据均采用加密存储方式，数据传输环节也采用加密形式，采用严格的角色控制，限制不同等级的用户使用权限，确保用户数据的安全性。

家族办公室所需的系统，是围绕着家族办公室的主要职能进行开发的，主要包括信息记录和跟踪、客户关系管理、报表与分析报告、数据库、投研体系、在线客户服务6个部分。

第一部分：信息记录和跟踪

家族办公室是帮助客户进行资产保值、增值和传承规划的买方顾问，最主要的资产就是客户信任和客户委托。家族办公室提供服务的过程中有大量的信息需要被记录和跟踪，如果完全用手工或者EXCEL表进行记录，不但可能会有遗漏，而且很难长期使用。家族办公室需要记录和跟踪的信息主要有：

①客户的基本情况信息，包括出生年月日、性别、职业、联系地址和电话等。

②客户的账户信息，包括客户使用过的银行账户信息。

③客户的资产配置相关信息，包括资产类型、产品名称、产品的详细说明、定期的存续信息、净值、分配和退出的详细说明等。

④客户的资金变动记录，如认购（申购）金额、分期打款记录、份额确认单、赎

回记录、业绩报酬的份额扣减记录、分红记录、退出分配记录等。

在设计家族办公室的系统时，信息的记录和跟踪以客户和资产（产品）为基本维度。因此，无论是以客户为中心还是以资产为中心，我们都可以看到家族办公室的工作全貌。

第二部分：客户关系管理

客户关系管理是家族办公室的核心业务。作为买方服务机构，家族办公室是服务少数客户的精品服务机构，需要和客户建立深度服务关系和委托关系，这表现在会花大量时间去理解客户和解决客户的全方位财富管理问题。

我们会从两个方面去评估和客户的关系，并以此为标准，建立客户关系管理的评估工具：

①你对客户有多了解？

②你和客户的互信有多少？

第三部分：报表与分析报告

针对家族办公室的主营业务，系统需要提供“报表与分析报告”功能，以便家族办公室对自己的客户和业务定期保持全面的认知。

报表与分析报告（月度/季度/年度）包括：

①家族办公室新增客户分析。

②家族办公室新增资产管理规模（业务）分析。

③家族办公室存续资产管理规模分析。

④家族办公室客户资产管理状况分析。

⑤资产存续状况报告。

第四部分：数据库

与家族办公室主营业务相关的数据，是家族办公室在服务客户过程中必须掌握的，也是后续提供专业服务的重要基础。这些数据需求具体包括：

①宏观数据及报告。

②管理人情况数据。

③策略及产品情况数据。

④管理人尽调报告。

⑤管理人评级。

⑥策略及产品评分。

优脉为家族办公室开发的系统中，包含了8年来筛选、立项、尽调、风控的所有管理人、策略和产品，涉及一级市场、二级市场、保险及家族事务服务。系统中持续更新管理人白名单及产品库白名单，对家族办公室的日常工作有着极高的指导价值。

第五部分：投研体系

如果系统能为家族办公室提供“智能投顾”功能，将大大减少专业人员开发程序进行测算的工作。在系统中，智能投顾将分为3个层次：

①根据定义的资产管理目标（年化收益率、年化波动率和最大回撤率），提供策略选择及策略的战略配置比例，包含使用何种评估模型。

②根据所选择的基金和配置金额，使用蒙特卡洛模型进行数据测算，提供组合的回测数据。

③根据所选的基金，计算各基金的相关性系数。

第六部分：在线客户服务

家族办公室需要让客户定期了解资产的配置情况，可以通过线下面对面交流，也可以通过在线的方式。因此家族办公室的系统中需要包含客户服务的端口，能够将客户的资产情况，实时或者定期传递给客户，并能够定期向客户提供资产配置的报告。

系统部分功能说明

第一，客户需求与诊断咨询系统。

以不断积累的宏观数据、产品数据、观点解读、存续数据作为依据，针对客户的资产配置需求、行业咨询等提问，采用预先设定好的数据模型，给予定性和定量的诊断，并最终出具合理配置建议。

第二，客户资产管理系统。

使家族办公室和家族办公室客户及时了解资产变化情况，产品的开放和关闭、申赎操作、净值变动、深度存续情况等，都会在第一时间推送至客户的移动终端，让客户能够及时、准确地了解到自己资产的变动情况。

第三，办公室运营作业系统。

作为与办公室连接的“桥梁”，办公室运营作业系统固化了前、中、后各个岗位的运营需求，结构化、数据化、标准化地对产品整个生命周期过程中的数据进行采集，将运营的标准整合在系统中，规范了各个岗位的操作流程。

第四，培训及成长支持系统。

汇集了优脉各团队针对家族办公室创设、运营等各个环节的培训课件，采用视频、音频、文字等多种形式，让家族办公室创设人员随时随地进行系统的学习。

后 记

优脉——小荷才露尖尖角

优脉家族办公室联盟是由优脉综合资产管理团队与家族办公室组成的联盟体，联盟成员在保持独立经营的同时，从优脉获得行业领先的创设、运营专业支持，以及各类家族资产管理解决方案的设计、执行和专业管理支持，从而高效地为其客户提供综合性的家族资产传承服务及资产管理服务。

发展历程

2014年，中国经济经历30多年的高速成长与发展，诞生了以企业家为代表的高净值群体，财富管理需求开始增强。但此时，市场上几乎所有财富管理机构都以销售理财产品为主，并不能满足市场的真实需求。这一年，熟悉财富管理行业发展状态的优脉创始团队基于买方定位的愿景和价值观，促成了优脉的创设。

成功建立和运营一家家族办公室绝非易事。要赢得客户的信赖和认同，必须具有宏观研究、资产配置、产品筛选、保险规划、信托设计、风险管理、客户关系、法律税务等各方面的专业能力，能够将客户需求与组合管理策略有效连接，并将组合策略与筛选的投资产品有效连接，最后将管理成果与客户期待有效连接。而家族办公室在中国市场才刚刚萌芽，初创的家族办公室在专业人才、经验和资源方面都十分稀缺，如何克服挑战、快速发展是个难题。

如书中所谈，在海外，家族办公室会选择外包来完成专业工作，从而集中精力做好客户的个性化财富管理服务工作。但在中国，家族办公室仍缺乏专业机构的支持。因此，优脉希望通过自身的能力建设，支持中国的家族办公室、财富办公室健康发展，为客户提供更好的家族资产管理解决方案。

我相信买方顾问这个方向有很大的发展空间，于是找到在保险业的老同事李文煜女士交流，她非常认可这个方向。这给了我很大的信心，我们决定联合发起这个项目，稍后又有两位IT精英——也是我在诺亚投资的老同事马文凯与李敏——很认可我们的方向并充满热情地参与了进来。这个创始团队彼此熟悉，又都有“世界500强”大公司的管理经验和创业公司的工作经历，对流程、体系建设比较熟悉，这为优脉后来的发展奠定了基础。

在公司筹备基本完成后，我去温哥华休假，其间有幸拜访了何伯权先生。我与他聊起正要做的事情，何总当即就表示看好并愿意支持这个事业。他鼓励我说：做正确的事比正确地做事更重要。我颇受鼓舞。

2014年，公司主要聚焦互联网服务平台的建设和探索，经过一年的开发和试用，我们对互联网新技术对高端财富管理领域的应用和影响有了切身体会。

2015年开始，我们注重线上线下的结合，以线上的移动服务系统作为信息管理系统，以线下的面对面服务提升客户体验，为家族办公室及其客户提供风险管理、各类金融资产筛选的专业服务，尝试以收取专业服务费作为盈利模式。

2016—2017年，我们聚焦国内各类资产的风险管理，坚持以专业能力筛选资产，服务市场中刚刚起步的家族办公室和准家族办公室，并在服务过程中理解他们面临的问题，帮助他们解决。

2018年全球经济危机后，人们对风险的认知增强。随着家族办公室客户的增加，优脉的专业能力得到提升，模式和定位受到市场认可，业务逐渐清晰和成熟，并获得了国际知名机构安中集团的青睐。

安中集团是一家欧洲领先的独立资产管理公司，销售和投资网络遍布全球17个国家及地区。2018年，一次偶然的机会让我们相识，也因此结下了不解之缘。安中集团成为优脉B轮融资的战略股东和重要合作伙伴。安中集团董事长彼得罗・朱利安尼（Pietro Giuliani）就为何选择我们作为中国市场的战略合作伙伴时表示：“正如我们过去所说，一家真正的全球资产管理公司不可能放弃像中国这样巨大而重要的市场。我们一直在中国市场寻找志同道合的合作伙伴，无论是在管理团队的创业精神还是商业模式上，我们都在优脉身上看到了20年前的自己。安中集团建立之初的发展模式，恰巧与优脉如今在中国的做法不谋而合。”借助安中集团在全球的专业资源网络，我们对未来有了更多的畅想与憧憬。

2019年，优脉开始将家族资产管理的服务拓展到海外，借助安中集团的全球资源和专业能力，为家族办公室及其客户提供海外资产管理的路径和解决方案。

2020年，新冠疫情暴发，优脉业务活动受阻。我们通过总结整理过去6年的家族办公室服务和经营经验，转战线上，向家族办公室提供系统化的成长发展培训和家族资产管理系列课程。同时，线下的各类资产管理解决方案由于把握了资产市场机会，取得了很好的业绩，受到客户的认可。

这一年，被称作中国创投圈“教父”的阎焱先生成为优脉的股东。我与阎焱先生在一次午餐时一见如故，相谈甚欢。他认为家族办公室的出现是具有时代意义的标志性事件，家族资产将是中国未来最重要的长期资本之一。此后，阎焱先生成为优脉的股东，与我们携手同行。

2021年，优脉服务过的办公室超过80家，总结出了一套在中国支持家族办公室发展的成功模式，并形成了高端圈层网络——优脉·家族办公室联盟。联盟提供的投资建议和解决方案逾150亿元，逐步成为中国家族办公室专业服务领域的领先者。

不破不立

中国财富管理市场在过去10多年间有了很大的发展，但几乎所有理财机构都在卖产品。而投资金融产品与购买一般的产品有很大不同，理财机构需要以客户自身需求为出发点，以专业能力完成复杂的决策。

在财富管理行业成熟的市场，像北美、欧洲、澳大利亚等国家和地区，理财机构基本上是以咨询服务或资产管理的方式服务客户。我们相信，未来中国的财富管理也将朝这个方向变革。为此，优脉对传统财富管理服务机构的经营管理逻辑做出了革命性的实践：

1.重塑财富服务机构的收入获取逻辑——完全以买方定位提供服务，不与任何机构签署代销协议，不自己做投资产品，完全站在客户需求的角度提供专业咨询和各类资产解决方案，并由客户付费。

2.打破了以交易为导向的短期佣金分配模式，转变为客户支付长期服务费模式——建立客户、家族办公室与优脉的利益一致性。优脉与家族办公室是相辅相成的伙伴关系，彼此信任、合作共赢，共同分享专业创造的价值。

3.打破了信息屏障——优脉执行“透明厨房”模式，将金融产品的尽调、立项、风控、投资决策等工作信息完全开放给联盟成员及其服务的客户。

4.打破了财富机构“总分”行政管理逻辑，转变为平台服务架构——对联盟成员提供专业服务，联盟成员自主确定经营目标独立经营，没有任何KPI考核和业绩要求，避免业绩导向的各种激励影响和非客户倾向的业务影响。

5.支持每个联盟成员打造自己的独立品牌，重塑客户归属，让客户资源和客户关系积累成为家族办公室可持续发展的基石。

这些变革在公司创立之初就已确定，但在实际执行过程中却困难重重。比如在践行客户付费的“买方定位”时，公司专门聘请了专业人士，但客户知道我们创立不久，对我们的服务品质和能力有所顾虑，愿意付费的非常少。成本极高但收获甚微，导致公司成立头两年，财务压力很大。为了突破瓶颈，我们反复研究客户的痛点和需求，精炼专业服务的内容和价值，靠着团队的坚持和股东的支持，逐渐走了出来。到2017年，公司实现了盈利。

再比如佣金分配模式的转变。创业初期，我们发现市场上大多数理财师最关注的还是短期佣金，不太能接受以收取服务费的模式获得持续收入。但是今天，越来越多的人做出行动，愿意以这样的模式开展工作。

在这些实际问题的解决过程中，我们慢慢梳理出优脉今后发展的方向。

我们的愿景是“让财富温暖人生”，通过我们的努力让财富为人的幸福创造价值，而非让人成为金钱的奴隶。帮助已经拥有财富的人们更好地管理财富，将财富分配到对社会发展和人类文明更有价值的行业或人身上；在助力社会发展的同时，实现资产的保值、增值，为财富拥有者的家人、后代、身边人及社会的可持续发展创造更大的价值。这句话不仅仅是一个口号，更是优脉的价值所在。

也是在服务家族办公室及其客户的过程中，我们基于业务需求和能力圈要求，逐渐建立起了核心能力，主要体现在两个方面：一是在家族办公室的创设、运营和发展方面提供专业咨询和系统支持，如经营辅导、咨询、培训、信息管理系统等；二是在各类家族资产管理解决方案的设计、管理和支持方面提供专业服务，包括全市场筛选金融资产，组合配置和管理，筛选各种金融法律、税务专业资源等，做好家族资产管理方案的落实。

立足现在，展望未来

家族资产管理不单单是一门生意，也不仅仅是一项业务，更重要的是，它让我们充分感受到被人信赖和专业成长的人生价值。

未来，相信会有更多专业人士、财富人士希望建立自己的家族办公室，他们也将面临我们曾经面对的挑战。过去8年，优脉走过了从0到1的发展阶段。展望未来，我们也将始终坚持买方定位，通过不断累积专业能力与资源，助力更多家族办公室及其客户的发展与成长。这对优脉来说，会是一个从1到100的过程，一个新商业模式更加组织化、规模化、体系化的过程。

我更希望看到的是，一群热爱家族资产管理领域，真诚的、爱学习的专业人士聚集在一起，相互激励、相互学习、共同成长，为客户、为自己、为行业、为社会创造价值，幸福喜乐！

应 松
一位财富管理行业老兵，一个家族办公室行业的排头兵
2022年3月